LA ESCUELA NO ES UNA EMPRESA

PAIDÓS CONTROVERSIAS

Títulos publicados:

1. Ch. Laval - *La escuela no es una empresa*
2. F. Barnaby - *Cómo construir una bomba nuclear*
3. M. Barlow y T. Clarke - *Oro azul. Las multinacionales y el robo organizado de agua en el mundo*

CHRISTIAN LAVAL

LA ESCUELA NO ES UNA EMPRESA

El ataque neoliberal a la enseñanza pública

Título original: *L'école n'est pas une entreprise*
Publicado en francés, en 2003, por Éditions La Découverte, París

Traducción de Jordi Terré

Cubierta de Opalworks

Quedan rigurosamente prohibidas, sin la autorización escrita de los titulares del *copyright*, bajo las sanciones establecidas en las leyes, la reproducción total o parcial de esta obra por cualquier medio o procedimiento, comprendidos la reprografía y el tratamiento informático, y la distribución de ejemplares de ella mediante alquiler o préstamo públicos.

© 2003 Éditions La Découverte, París
© 2004 de la traducción, Jordi Terré
© 2004 de todas las ediciones en castellano,
 Ediciones Paidós Ibérica, S.A.,
 Mariano Cubí, 92 - 08021 Barcelona
 http://www.paidos.com

ISBN: 84-493-1557-3
Depósito legal: B. 10.871/2004

Impreso en Novagràfik, S. L.
Vivaldi, 5 - 08110 Montcada i Reixac (Barcelona)

Impreso en España - *Printed in Spain*

A Clémence

SUMARIO

Agradecimientos 13
Introducción 15
   La vertiente neoliberal de la escuela 17
   ¿Mutación o destrucción de la escuela? 24

Primera parte
LA PRODUCCIÓN DEL «CAPITAL HUMANO»
AL SERVICIO DE LA EMPRESA

1. Nuevo capitalismo y educación 33
   Los momentos de la escuela 36
   Una escuela al servicio de la economía 40
   Hacia la escuela neoliberal 43
   La escuela «flexible» 47
   Descomposición del vínculo entre el diploma
   y el empleo 50
   Una coherencia muy relativa 53

2. Del conocimiento como factor de producción .. 55
   Educación ampliada, cultura útil 57
   La época del «capital humano» 60

Capitalismo y producción de conocimientos 65
Las nuevas fábricas del saber 68
Un modelo que se generaliza 74

3. **La nueva lengua de la escuela** 81
El aprendizaje a lo largo de toda la vida 84
El uso estratégico de las competencias 93
La pedagogía de las competencias 98

4. **La ideología de la profesionalización** 107
La escuela englobada 111
La inversión 116
La profesionalización para todos como nueva
 ideología 121
El caso de la universidad 125

Segunda parte
LA ESCUELA BAJO EL DOGMA DEL MERCADO

5. **La gran ola neoliberal** 135
Un programa de privatización 137
Argumentación de la ideología neoliberal 139
La promoción de la elección 144
La ofensiva liberal de la derecha francesa 149
La escuela como mercado: un nuevo sentido común 154

6. **El gran mercado de la educación** 159
Las formas de la mercantilización 162
Un mercado prometedor 164
La globalización del mercado educativo 167
La privatización de la educación 174
El mercado de las nuevas tecnologías y las ilusiones
 pedagógicas 178
Las nuevas fronteras del *e-learning* 183

SUMARIO

7. **La colonización mercantil de la educación** 189
   La invasión publicitaria en la escuela:
   el ejemplo norteamericano 190
   La situación francesa 198
   ¿Regular la publicidad en la escuela? 202
   Publicidad y objetividad: el ejemplo de Renault ... 205

8. **La comercialización de la escuela y sus efectos segregativos** 211
   De la descentralización a la desregulación 213
   Las políticas del liberalismo escolar 215
   La hipocresía francesa 221
   La segregación a la francesa 225
   La elección como nuevo modo de reproducción ... 230
   La idealización del mercado escolar y la realidad .. 236
   ¿Es eficaz el mercado? 239

Tercera parte
PODER Y GESTIÓN EMPRESARIAL EN LA ESCUELA NEOLIBERAL

9. **La «modernización» de la escuela** 247
   Los sentidos de la modernización 250
   La modernización de la enseñanza
   norteamericana 254
   Los efectos de la racionalización taylorista 260
   La fascinación de la administración escolar
   por la empresa 264
   El culto a la eficacia 269
   Los efectos reductores de la evaluación
   y de la eficacia 273
   La ideología de la innovación 280
   La modernización tecnológica 284

10. **Descentralización, poderes y desigualdades** .. 289
　　Las críticas cada vez más numerosas contra
　　　la uniformidad 292
　　La diversidad contra el centralismo 295
　　La gestión empresarial como horizonte «realista»
　　　de la izquierda 300
　　Una nueva organización descentralizada 303
　　El establecimiento escolar en el centro
　　　del dispositivo 308
　　Escuelas ricas y escuelas pobres 311
　　Control local y mutaciones de valores 316

11. **La nueva «gestión empresarial educativa»** 325
　　¿Democracia o burocracia? 328
　　Filosofía de la gestión empresarial educativa 330
　　Una gestión empresarial retrógrada 336
　　El contrasentido neotaylorista 337
　　La autonomía docente y las jerarquías
　　　intermedias 342
　　Una nueva identidad 348
　　El director de establecimiento pedagogo 354

12. **Las contradicciones de la escuela neoliberal** .. 363
　　El imperio imposible 365
　　Política de austeridad, repliegue educativo y capital
　　　humano 368
　　Los nuevos valores de la escuela 375
　　Las contradicciones de la gestión empresarial
　　　pública a la francesa 379
　　Contradicciones pedagógicas 382
　　El malestar en la institución escolar 388

Conclusión 395

AGRADECIMIENTOS

Quiero expresar mi reconocimiento a todas aquellas y todos aquellos a quienes tuve la suerte de conocer estos últimos años en el club Politique autrement, en el seno del RILC (Red de iniciativas laicas y culturales), en el Instituto de Investigación de la FSU. No olvido mi deuda hacia aquellas y aquellos que me proporcionaron una documentación valiosa o respondieron oralmente a mi curiosidad, en especial Evelyne Roigt y Marcel Touque. A lo largo de este trabajo, pude beneficiarme de las observaciones de Pascal Combemale, Pierre Dardot, Guy Dreux, Joël Koskas, Hugues Jallon, Évelyne Meziani, Régine Tassi y Louis Weber, cosa que agradezco a todos. Ni que decir tiene que los análisis y las reflexiones sometidas aquí a debate público son únicamente responsabilidad de su autor.

INTRODUCCIÓN

La escuela padece una crisis crónica cuyo cuadro clínico presenta con regularidad una abundante literatura. Sin duda, se trata de una crisis de legitimidad. Desde las críticas sociológicas y políticas que mostraron la cara oculta de la escuela —selección social y sumisión del intelecto al orden establecido— hasta las críticas liberales que la atacaron por su falta de eficacia frente al paro y la innovación, la escuela ya no está sostenida por el gran relato progresista de la escuela republicana, sospechosa actualmente de no ser más que un mito inútil. En la cultura de mercado, la emancipación por el conocimiento, vieja herencia de la Ilustración, se considera una idea obsoleta. Ligada a una mutación que desborda ampliamente el mero marco institucional, esta crisis adopta múltiples formas. Los educadores cumplen un papel que ha perdido muchos de sus beneficios simbólicos y de sus ventajas materiales relativas. La masificación escolar no ha desembocado, muy lejos está de ello, en la gran amalgama social y el reino de la meritocracia armoniosa. Las dificultades con que se encuentran numerosos centros escolares con fuerte incorporación popular se agravaron con las políticas liberales que intensificaron la marginación de sectores importantes de la población e incrementaron las desigualdades que afectan de múltiples maneras al funcionamiento de la escuela. Por lo que respecta al propio vínculo educativo, se volvió más difícil a causa de las transformaciones sociales y culturales de mayor calado: desde la progresiva extinción de la reproducción directa de los oficios y las ocupaciones en las familias hasta el peso cada vez más decisivo de la industria mediática en la socialización infantil y adolescente, pasando por la creciente incertidumbre relativa a la validez de los principios normativos heredados, asistimos a un profundo socavamiento de las relaciones de transmisión entre generaciones.

El discurso más habitual sostiene que el conjunto de estas tendencias y estos síntomas requiere una necesaria «reforma» de la escuela, expresión comodín tanto como fórmula mágica, que hace generalmente las veces de pensamiento. Pero ¿qué tipo de escuela pretende construir tal «reforma»?, ¿y a qué tipo de sociedad está destinada tal escuela? Las opiniones actuales más estereotipadas sobre la «reforma» ya no constituyen una etapa en el camino de la transformación social, sino un elemento impuesto por la sola preocupación administrativa del remedio miope, o bien, incluso, el objeto de un extraño culto a la «innovación» por sí misma, desconectada de cualquier aspiración política clara. Sin embargo, es necesario hacer un esfuerzo por superar las críticas del bricolaje innovador y de la reforma incesante, y plantearse la siguiente pregunta: en la sucesión de medidas y contramedidas que afectan al orden escolar, en los informes oficiales que establecen los diagnósticos de la crisis, en la opinión de los administradores y los gobernantes, ¿no se da acaso una determinada idea de la escuela, un nuevo modelo de educación que, conscientemente o no, los actuales promotores de la reforma tienden a traducir en los hechos, al presentar una determinada ideología como si fuera una fatalidad y al convertir una determinada concepción en una realidad que desearían «ineludible»? Sostenemos aquí que una de las principales transformaciones que ha afectado al ámbito educativo en estos últimos decenios —aunque se encontraría también esta mutación en los demás ámbitos sociales— es la *monopolización* progresiva del discurso y de la dinámica reformadora por la ideología neoliberal.

LA VERTIENTE NEOLIBERAL DE LA ESCUELA

El primer objetivo de este trabajo consiste en poner en evidencia el nuevo orden escolar que tanto las reformas sucesivas como los discursos dominantes tienden a imponer, y a mostrar la lógica que delimita los cambios profundos de la enseñanza. Sin duda, se conocen ya algunos de los elementos de este nuevo modelo y se perciben mejor, gracias a trabajos cada vez más numerosos, las tendencias sociales, culturales, políticas y económicas que modificaron el sistema escolar.[1] Pero no siempre se percibe con suficiente nitidez el cuadro en su totalidad, con sus coherencias y sus incoherencias. Eso es lo que hemos intentado hacer aquí al reunir las piezas del rompecabezas. Limitándonos a algunas figuras del discurso dominante, debemos preguntarnos qué relaciones mantienen mutuamente las imágenes del niño-rey, de la empresa divinizada, del gestor empresarial en asuntos educativos, del centro escolar descentralizado, del pedagogo no directivo, del evaluador científico y de la familia consumidora. A primera vista, tales relaciones son poco visibles. La construcción de estas figuras, sus lógicas y sus argumentos, son dispares. Sin embargo, al poner en relación algunas de las transformaciones más importantes de estos veinte últimos años, ya se trate de la lógica de la gestión

---

1. Véanse en especial los trabajos pioneros de Nico Hirtt, con Gérard de Sélys, *Tableau noir: Résister à la privatisation de l'enseignement*, Bruselas, EPO, 1998; *Les Nouveaux Maîtres de l'école*, Bruselas, EPO-VO, 2000; y *L'École prostituée*, Bruselas, Labor, 2001. Véanse asimismo los trabajos de Yves Careil, *De l'école publique à l'école libérale: sociologie d'un changement*, Rennes, Presses universitaires de Rennes, 1998, y *École libérale, école inégale*, París, Nouveaux Regards/Syllepse, 2002.

empresarial, del consumerismo* escolar o de las pedagogías de inspiración individualista, y al compararlas tanto con las transformaciones económicas como con las mutaciones culturales que han padecido las sociedades de mercado, es posible observar por qué y cómo la institución escolar se amolda cada vez más al concepto, cuya configuración general pretendemos trazar aquí, de la *escuela neoliberal.*

La escuela neoliberal designa un determinado modelo escolar que considera la educación como un bien esencialmente privado y cuyo valor es ante todo económico. No es la sociedad quien garantiza a todos sus miembros el derecho a la cultura, sino que son los individuos quienes deben capitalizar los recursos privados cuyo rendimiento futuro garantizará la sociedad. Esta privatización es un fenómeno que afecta tanto al sentido del saber como a las instituciones encargadas de transmitir los valores y los conocimientos, y al propio vínculo social. A la afirmación de la autonomía plena e íntegra de individuos sin relaciones, excepto las que deseen convenir ellos mismos, le corresponden instituciones que no parecen ya tener otra razón de ser que el servicio a los intereses particulares.[2] Esta concepción instrumental y liberal, huelga decirlo, está ligada a una transformación mucho más general de las so-

---

* El neologismo «consumerismo» (procedente del inglés *consumerism*, de *consumer*, «consumidor») hace referencia a la doctrina económica y comercial de las organizaciones de defensa de los consumidores. (*N. del t.*)

2. La concepción dominante de la educación tiene una doble dimensión: es, a la vez, utilitarista en la idea que da del saber y liberal en el modo de organización de la escuela. Si la escuela es un instrumento del bienestar económico, es porque se considera el conocimiento como una *herramienta* que sirve a un interés individual o a una suma de intereses individuales. Parece como si la institución escolar sólo existiera para suministrar a las empresas el *capital humano* del que estas últimas tienen necesidad. Pero, de forma complementaria, es liberal por la importancia que concede al *mercado* educativo. Si el conocimiento es primordialmente, incluso esencialmente, un recurso privado, que engendra ganancias más sustanciosas y procura posiciones sociales ventajosas, de ello puede deducirse fácilmente que la relación educativa debe regirse por una relación de tipo mercantil o debe imitar como mínimo el modelo del mercado.

ciedades y las economías capitalistas. Con mayor precisión, dos tendencias se combinaron para hacer de la escuela un reto capital de civilización y un lugar de fortísimas tensiones.

En primer lugar, la acumulación del capital reposa cada vez más en las capacidades de innovación y de formación de la mano de obra, y por consiguiente en las estructuras de elaboración, de canalización y de difusión de los saberes que todavía están ampliamente a cargo de cada Estado nacional. Si la eficacia económica implica un dominio científico creciente y una elevación del nivel cultural de la mano de obra, al mismo tiempo, a causa de la expansión de la lógica de la acumulación, el coste concedido por los presupuestos públicos debe ser minimizado mediante una reorganización interna o una transferencia de las cargas hacia las familias. Por encima de todo, el gasto educativo debe ser «rentable» para las empresas usuarias del «capital humano».

La globalización de las economías refuerza y modifica esta primera tendencia. La educación, en la misma medida que la estabilidad política, la libertad de circulación financiera, la fiscalidad favorable a las empresas, la debilidad del derecho social y los sindicatos, y el precio de las materias primas, se ha convertido en un «factor de atracción» para los capitales, cuya importancia se va incrementando en las estrategias «globales» de las empresas y en las políticas de adaptación de los gobiernos. En este sentido, se vuelve un «indicador de competitividad», entre otros, de un sistema económico y social.[3] Las reformas liberales de la educación están, por lo tanto, doblemente dirigidas por el papel ampliado del saber en la actividad económica y por las exigencias impuestas por la competencia sistemática entre economías. Las reformas que, a escala mundial, impulsan la descentralización, la estandarización de los métodos y los

---

3. Véase Annie Vinokur, «Mondialisation du capital et reconfiguration des systèmes éducatifs des espaces dominés», *Informations et commentaires*, n° 118, enero-marzo de 2002.

contenidos, la nueva «gestión empresarial» de las escuelas y la «profesionalización» de los docentes están fundamentalmente *competitivity-centred*.[4] Las reformas en curso orientan a la escuela, que antaño encontraba su centro de gravedad no sólo en el valor profesional, sino también en el valor social, cultural y político del saber, valor que era interpretado por lo demás de una forma muy diferente en función de las corrientes políticas e ideológicas, hacia los objetivos de competitividad que prevalecen en la economía globalizada. Hay que calibrar bien la ruptura que se lleva a cabo. La escuela, en la concepción republicana, era el lugar mismo en que se debían contrapesar las tendencias dispersivas y anómicas de las sociedades occidentales cada vez más marcadas por la especialización profesional y la divergencia de los intereses particulares. Estaba primordialmente consagrada más a la formación del ciudadano que a la satisfacción del usuario, del cliente o del consumidor. ¿Qué sucede, al contrario, cuando esta escuela está cada vez más cuestionada por las diferentes formas de la privatización y se limita a la producción de un «capital humano» para mantener la competitividad de las economías regionales y nacionales?

La concepción de la educación que inspira actualmente las reformas está lejos de ser únicamente francesa, y todavía se da una tendencia demasiado acusada, cuando se trata de educación, a no tener en cuenta más que los debates hexagonales. No sin haber incorporado algunas características propiamente nacionales, surgió en gran parte de la ola neoliberal que impregnó profundamente, desde la década de 1980, las representaciones y las políticas de los países occidentales. La «literatura gris» integrada por los múltiples informes oficiales y artículos de expertos en Francia debe compararse con la abundante producción de las organizaciones internacionales, «guardianas de la ortodoxia», si se quiere entender cómo participa la

---

4. Martin Carnoy, *Mondialisation et réforme de l'éducation: ce que les planificateurs doivent savoir*, Unesco, 1999.

«reforma de la escuela» en Francia del nuevo orden educativo mundial. Esta mutación de la escuela no es el producto de una especie de complot, sino de una construcción muy eficaz por cuanto no existe una instancia responsable, ni siquiera varias, que pudiera identificarse fácilmente; el proceso es muy difuso, posee múltiples enlaces nacionales e internacionales, cuyos vínculos no se perciben a primera vista, adopta vías a menudo técnicas y se oculta generalmente tras las mejores intenciones «éticas». Las organizaciones internacionales (OMC, OCDE, Banco Mundial, FMI y Comisión Europea) contribuyen a esta construcción al transformar «actas», «evaluaciones» y «comparaciones» en otras tantas ocasiones para producir un discurso global que extrae cada vez más su fuerza de su extensión planetaria. En este plano, las organizaciones internacionales, más allá de su potencia financiera, tienden a desempeñar cada vez más un papel de centralización política y de normalización simbólica considerable. Si los intercambios entre sistemas escolares no son nuevos, nunca había sido tan claro que un modelo homogéneo podía convertirse en el horizonte común de los sistemas educativos nacionales y que su potencia de imposición se apoyaría precisamente en su carácter mundializado.[5]

La escuela neoliberal todavía sigue siendo una tendencia, y no una realidad consumada. Incluso si aún se trata de una anticipación, esta hipótesis es necesaria para el análisis de las transformaciones en curso. Permite actualizar y poner en comunicación las transformaciones y las políticas concretas, y extraer el sentido de prácticas y políticas *a priori* inconexas. «La hipótesis anticipa. Prolonga la tendencia fundamental del presente»,[6] decía Henri Lefebvre. Describir el nuevo modelo de

---

5. Christian Laval y Louis Weber (comps.), *Le Nouvel Ordre éducatif mondial, OCM, Banque mondiale, OCDE, Commission européenne*, París, Nouveaux Regards/Syllepse, 2002.
6. Henri Lefebvre, *La révolution urbaine*, París, Gallimard, 1970, pág. 11.

la escuela no significa, sin embargo, que en la escuela hoy, y especialmente en Francia, la doctrina liberal de aquí en adelante sea la triunfadora. Este modelo, al menos cuando se expone *explícitamente*, sigue siendo rechazado por gran número de refractarios a la nueva ideología tanto en Francia como en el mundo entero.

Por otra parte, sería excesivamente simple pensar que todas las dificultades de la escuela actual se reducen a la aplicación de estas reformas de inspiración liberal. Por no recordar más que algunos fenómenos capitales, el aumento del alumnado en el colegio, el instituto y la universidad es una tendencia de largo alcance en nuestras sociedades. Si es posible pensar que actualmente desemboca en una masificación mal ideada, mal preparada y demasiado poco financiada, no es la consecuencia de una doctrina diseñada con vistas a resultados programados. La falta de medios, la penuria de los educadores y la sobrecarga de las clases, si manifiestan indudablemente un empobrecimiento de los servicios públicos, se deben igualmente a una vieja tradición de las élites económicas y políticas que, contentándose con una prodigalidad de palabra, conceden con cicatería los medios financieros cuando se trata de la instrucción de los niños de las clases populares. Marc Bloch, a partir de la experiencia de la derrota de 1940, formulaba antiguamente esta observación.[7] Por lo que respecta a la centralización burocrática que caracteriza a la administración francesa, engendra desde hace mucho tiempo un espíritu de casta, alimenta el desprecio de las esferas superiores hacia una base considerada inútil o inmóvil, un autoritarismo del jefe y un fetichismo del reglamento, y, en definitiva, una irritación general de los administrados y los funcionarios que puede volver a veces seductoras determinadas soluciones liberales extremas. Finalmente, y quizá sobre

---

7. Marc Bloch, *L'Étrange Défaite*, París, Gallimard, 1990, págs. 256-257 (trad. cast.: *La extraña derrota*, Barcelona, Crítica, 2003).

todo, la escuela está atravesada por una contradicción capital, ampliamente expuesta por numerosos autores, entre las aspiraciones igualitarias conformes con el imaginario de nuestras sociedades y la división social en clases, contradicción que no deja de acelerar la imposición de la concepción liberal de la escuela que pretende superarla y que, en realidad, la agrava. La fuerza del nuevo modelo y la razón por la cual se impone poco a poco reside precisamente en el hecho de que el neoliberalismo se presenta en la escuela, y en el resto de la sociedad, como la *solución* ideal y universal para todas las contradicciones y disfunciones, cuando verdaderamente este remedio alimenta el mal que se supone que debe curar. Con la imposición de este modelo liberal, la cuestión escolar no es ya tan sólo lo que se llama un «problema social», sino que tiende a convertirse en una cuestión de civilización. En una sociedad con una importante capacidad de producción, el acceso universal a la cultura escrita, humanista, científica y técnica, a través de la educación pública y las instituciones culturales, se vuelve una utopía realizable. Sin embargo, esta posibilidad no puede ser realizada por al menos dos razones asociadas. La primera consiste en la preeminencia de la acumulación del capital sobre cualquier otra aspiración consciente de la sociedad. Realizar este derecho universal a la cultura supondría, en efecto, un incremento de la financiación pública —en la modalidad de impuestos o cotizaciones sociales— que atentaría contra las políticas liberales de rebaja de las deducciones obligatorias, rebaja que apunta al incremento del gasto privado y la expansión de la esfera mercantil en detrimento de la esfera pública. En este contexto, el derecho a la educación sólo puede degradarse en una demanda social solvente que se dirigirá cada vez más, y de manera muy poco igualitaria, a una educación privada. El otro límite procede de la presión de las solicitaciones mercantiles y las diversiones individuales que aprisionan el deseo subjetivo en la jaula estrecha del interés privado y el consumo. El disfrute de la mercancía se convierte en la forma social dominante del placer de los sentidos y del espíritu. Salvo si disponen de una célula familiar muy protectora, los jóvenes son desviados fácilmente por la «socialización-atomización» mercantil de los disfrutes intelectuales y, por este motivo, ingresan con mayor dificultad en la cultura transmitida por la escuela. En la sociedad de mercado, el consumo prevalece sobre la transmisión.

¿MUTACIÓN O DESTRUCCIÓN DE LA ESCUELA?

Nuestro propósito pretende refutar la engañosa oposición entre inmovilistas y renovadores. Pretende igualmente evitar las tesis alarmistas y catastrofistas, a veces necesarias, pero que desmovilizan cuando parecen significar que, al haber muerto la buena vieja escuela republicana, «todo está perdido». La escuela plantea cuestiones complejas que no se podrían reducir a dicotomías simplistas o a diagnósticos demasiado apresurados, sobre todo cuando desembocan con un poco de precipitación en la muerte clínica. Si compromete el sentido de la vida individual y colectiva, si conecta el pasado con el futuro y mezcla las generaciones, la educación pública es también un campo de fuerzas, una confrontación de grupos e intereses, y una lucha continua de lógicas y de representaciones. Las relaciones de fuerza no son ni esencias ni fatalidades. La cuestión que querríamos plantear en este trabajo se refiere al contenido y la dinámica del modelo escolar que se impone hoy en las sociedades de mercado. ¿Se trata de adaptar más estrechamente la escuela a la economía capitalista y a la sociedad liberal, adaptación que pondría cada vez más en peligro la autonomía de la institución escolar pero que no la destruiría, o bien nos enfrentamos a un movimiento más decidido hacia la liquidación de la escuela en tanto que tal?

Esta última tesis la propuso Gilles Deleuze con una fórmula magistral: «Se nos quiere hacer creer en una reforma educativa, cuando se trata de una liquidación».[8] Según Deleuze, estaríamos abandonando las sociedades de encierro y de «recomienzo» analizadas por Michel Foucault, en las que el individuo pasa sucesivamente por una serie de instituciones discontinuas (familia-escuela-fábrica-hospital), para entrar en las sociedades de control total y permanente, en las cuales «nunca se termina nada» y sobre todo no con un control continuo que garantiza una flexibilidad y una disponibilidad ilimitada de los dominados. El análisis de las recientes mutaciones escolares suministra, como veremos, argumentos sólidos a la tesis de la *desescolarización*, cuya pareja es una *pedagogización* generalizada de las relaciones sociales. ¿No estamos en el «aprendizaje a lo largo de toda la vida», fórmula desde ahora oficialmente reconocida que expresa perfectamente la dilatación de la relación pedagógica? El desarrollo de las tecnologías de la información y la individualización de la relación con los saberes ¿no son otros tantos síntomas de la decadencia de la forma escolar? El universo de los conocimientos y el de los bienes y servicios parecen confundirse, hasta el punto de que cada vez son más numerosos los que ya no entienden la razón de ser de la autonomía de los campos del saber ni la significación tanto intelectual como política de la separación entre el mundo escolar y el de las empresas. Con la universalización de la conexión mercantil entre los individuos, parece haber llegado la época de un declive de las formas institucionales que acompañaron a la construcción de los espacios públicos y de los Estados-naciones.

A pesar de estos síntomas principales, debemos, sin embargo, poner en cuestión los límites de esta evolución en razón de sus propias consecuencias. Si responde bien a determinadas tendencias, la tesis de la decadencia irreversible de la

---

8. Gilles Deleuze, entrevista con Toni Negri, *Futur Antérieur*, n° 1, primavera de 1990, recogida en *Pourparlers*, París, Éditions de Minuit, 1990, pág. 237 (trad. cast.: *Conversaciones: 1972-1990*, Valencia, Pre-Textos, 1999).

institución escolar ¿no presenta acaso un aspecto ilusorio y excesivo con respecto a los imperativos funcionales de la economía capitalista y de las exigencias del orden social? Si todavía no nos encontramos en la liquidación brutal de la forma escolar en tanto que tal, asistimos con toda seguridad a una mutación de la institución escolar que se puede asociar a tres tendencias: una desinstitucionalización, una desvalorización y una desintegración. Estas tendencias son inseparables de aquellas que se encaminan a una recomposición de un nuevo modelo de escuela.

¿Desinstitucionalización? La adaptabilidad a las demandas y la fluidez en las respuestas que se esperan de esta escuela, concebida a partir de ahora como suministradora de servicios, desembocan en la *licuefacción* progresiva de la «institución» en tanto que forma social caracterizada por su estabilidad y su autonomía relativa. Esta propensión está directamente vinculada al modelo de la escuela como «empresa educadora», administrada según los principios de la nueva gestión empresarial y sometida a la obligación de resultados e innovaciones. La institución está conminada a transformarse en una «organización flexible».

¿Desvalorización? Aun cuando, en los discursos oficiales, se reconoce más que nunca la educación como un factor esencial de progreso, podemos comprobar la erosión de los fundamentos y las finalidades de una institución que estaba consagrada a la transmisión de la cultura y a la reproducción de las referencias sociales y simbólicas de la sociedad en su conjunto. Los objetivos que se pueden llamar «clásicos» de emancipación política y de realización personal que se habían asignado a la institución escolar se sustituyen por los imperativos prioritarios de la eficacia productiva y de la inserción laboral. Asistimos, en el ámbito de la escuela, a la transmutación progresiva de todos los valores en el solo valor económico.

¿Desintegración? La introducción de los mecanismos de mercado en el funcionamiento de la escuela, mediante la promoción de la «elección de las familias», es decir, de una concepción consumista de la autonomía individual, favorece la desintegración de la institución escolar. Las diferentes formas de consumo educativo llevan a cabo de manera descentralizada y «flexible» una reproducción de las desigualdades sociales según nuevas lógicas que apenas tienen nada que ver con la «escuela única». El nuevo modelo de escuela funciona con la «diversidad» y la «diferenciación», en función de los públicos y las «demandas».

Estas tendencias que conducen a un nuevo modelo escolar no han llegado a su término y las contradicciones que encierran no han despuntado por completo. Sin mencionar siquiera la resistencia de los docentes y los usuarios, la escuela, al menos en el presente período, se caracteriza por su *hibridación*, curiosa mezcla de determinados aspectos propios del sector financiero («servicio a la clientela», espíritu «empresarial», financiamiento privado) y de determinados modos de mando y prescripción característicos de los sistemas burocráticos más coercitivos. Por un lado, se somete progresivamente a esta escuela híbrida a la lógica económica de la competitividad, directamente en relación con el sistema de control social que aspira a elevar el nivel de productividad de las poblaciones activas. Por este lado, la escuela que se perfila se parece cada vez más a una empresa «al servicio de intereses muy diversos y de una amplia clientela», para retomar una fórmula de la OCDE, lo que la conduce a diversificarse según los mercados locales y las «demandas sociales». Por otro lado, se presenta como una megamáquina social gobernada desde arriba por un «centro organizador» poderoso y directivo, dirigido a su vez por estructuras internacionales e intergubernamentales que definen de forma muy uniforme los «criterios de comparación», las «prácticas idóneas» pedagógicas y de gestión empresarial y los «buenos contenidos» correspondientes a las competencias requeridas por el mundo económico. A este respecto, la escuela francesa es un buen ejemplo de este híbrido de mercado y de burocracia que algunos consideran una evolución «moderna» de la institución.

Para analizar las mutaciones de la escuela francesa en su lógica de conjunto, procuramos superar, tanto como nos fue posible, las separaciones de enfoques, de métodos y de disciplinas: la historia a largo plazo debe proporcionar una perspectiva a corto plazo porque lo que sucede en la escuela tiene raíces profundas; la dimensión nacional, que no puede ser eliminada en materia de enseñanza, debe relativizarse mediante obligadas comparaciones; la función económica de la escuela, cada vez más fundamental en el marco del nuevo capitalismo, debe vincularse con las mutaciones sociales, políticas y culturales; las determinaciones económicas y sociales externas deben relacionarse con las transformaciones internas de la institución escolar de naturaleza organizativa, sociológica o pedagógica; y las construcciones ideológicas siempre deben relacionarse con las experiencias de los individuos en las sociedades de mercado en construcción. No es necesario decir que cada uno de estos aspectos habría merecido desarrollos más extensos, que no se puede permitir un libro de carácter general como éste. Aquí hemos intentado articular tres grandes tendencias, que se corresponden con las tres partes de este libro: la inclusión de la escuela en el nuevo capitalismo, la introducción de las lógicas de mercado en el campo educativo y las nuevas formas de poder de la gestión empresarial en la escuela francesa. Dicho de otra manera, en el nuevo orden educativo que se dibuja, el sistema educativo se encuentra al servicio de la competitividad económica, está estructurado como un mercado y debe ser gestionado a la manera de las empresas.

Finalmente, porque se nos acusará rápidamente de conservadurismo si no nos adherimos con el entusiasmo necesario a los dogmas modernistas o, al contrario, de ser liquidadores de la escuela republicana si pensamos que determinadas transformaciones son indispensables para defender mejor la vocación emancipatoria de la escuela y hacer más igualitario el acceso a la cultura, es necesario repetir aquí que el chantaje de la modernidad o el reproche de traición ya no deberían desempeñar un papel en los debates y análisis sobre la escuela. Si nos parece indispensable llevar a cabo un cambio en la escuela y, en ciertos puntos, de manera *radical*, también nos parece necesario distinguir cuidadosamente dos lógicas de transformación. Hay una que intenta desmantelar lo que era al principio la educación pública, la apropiación por todos de las formas simbólicas y los conocimientos necesarios para el juicio y el razonamiento, y que promociona en su lugar aprendizajes sumisos a las empresas y destinados a la satisfacción del interés privado. Y lo que es más, en nombre de la «igualdad de oportunidades», se pone en funcionamiento una lógica mercantil que consolida e incluso incrementa las desigualdades existentes. Éste es el declive en el que actualmente nos encontramos involucrados. Y hay otra transformación, totalmente opuesta, que aspiraría a mejorar para el mayor número las condiciones de asimilación y de adquisición de los conocimientos indispensables para una vida profesional, pero también, mucho más ampliamente, para una vida intelectual, estética y social tan rica y variada como fuese posible, según los ideales, que la izquierda defendió drante mucho tiempo antes de olvidarse de ellos, de la *escuela emancipadora*. Se traiciona a estos ideales si se hace de la escuela una antecámara de una vida económica y profesional muy poco igualitaria. Esta aspiración de universalización de la cultura dirige aquí el análisis del modelo neoliberal de la escuela. Ni que decir tiene que esta crítica, si es una condición previa, no reemplaza a la construcción de una educación universal digna de este nombre, obra colectiva donde las haya.

PRIMERA PARTE

LA PRODUCCIÓN DEL «CAPITAL HUMANO» AL SERVICIO DE LA EMPRESA

CAPÍTULO 1

NUEVO CAPITALISMO Y EDUCACIÓN

> *Es previsible que la educación deje de ser paulatinamente un medio cerrado, que se distingue del medio profesional como otro medio cerrado, y que ambos desaparezcan en provecho de una terrible formación permanente, de un control continuo que se ejercerá sobre el obrero-estudiante de secundaria o sobre el ejecutivo-universitario.*
>
> GILLES DELEUZE, *Conversaciones: 1972-1990*

El nuevo modelo escolar y educativo que tiende a imponerse está fundado, en primer lugar, en el sometimiento más directo de la escuela a la razón económica. Es muestra de un economicismo aparentemente simplista cuyo primer axioma es que las instituciones en general y la escuela en particular sólo tienen sentido en el servicio que deben prestar a las empresas y a la economía. El «hombre flexible» y el «trabajador autónomo» constituyen así las referencias del nuevo ideal pedagógico.

Una doble transformación tiende a redefinir la articulación de la escuela y la economía en un sentido radicalmente utilitarista: por una parte, la competencia acrecentada en el seno del espacio económico mundializado; y por otra, el papel cada vez más determinante de la cualificación y del conocimiento en la concepción, la producción y la venta de bienes y servicios. Las organizaciones internacionales de ideología liberal, acompañadas en esto por la mayoría de los gobiernos de los países desarrollados que propulsaron esta concepción de la escuela, han convertido la competitividad en el axioma dominante de los sistemas educativos: «La competitividad económica es también la competitividad del sistema educativo».[1] Los objetivos estratégicos de la «materia gris» o de los «recursos humanos» se han vuelto cada vez más importantes en la competición entre empresas transnacionales y entre economías nacionales. Si damos crédito a los expertos internacionales consultados por la OCDE, estamos entrando en un nuevo modelo educativo. Uno de ellos, James W. Guthrie, presenta así sus principales características: «La inteligencia, cuando adquiere valor mediante la educación, en otros términos, *el capital humano*, se está convirtiendo con rapidez en un recurso económico primordial y podría suceder que este "imperativo" fuera dando nacimiento paulatinamente a un modelo educativo internacional. Los países miembros de la OCDE esperan de sus sistemas educativos y de los diversos programas de formación profesional que participen masivamente en el crecimiento económico y lleven a cabo reformas en este sentido».[2] No se podría expresar mejor el sentido de las transformaciones. El control directo y más estrecho de la formación inicial y profesional es uno de los grandes objetivos de los medios

---

1. Alto Comité Educación-Economía, *Éducation-économie: Quel système éducatif pour la société de l'an 2000?*, París, La Documentation française, 1998, pág. 8. El informe añade que «hoy en día uno de los elementos esenciales de la competitividad económica de un país está constituido por el nivel de formación de su población, por el *stock* de conocimientos acumulados en ella, incluso mucho más que por el bajo nivel del salario invertido en su mano de obra».

2. «L'évolution des politiques économiques et son incidence sur l'évaluation des systèmes éducatifs», *Évaluer et réformer les systèmes éducatifs*, OCDE, 1996, pág. 70.

económicos. No sólo esta formación va a determinar el nivel de eficacia económica y el dinamismo de la innovación, sino que ofrecerá un mercado muy prometedor para las empresas. La educación no sólo aporta una contribución fundamental a la economía, no sólo es un *input* que entra en una función de producción, sino que a partir de ahora se concibe como un factor cuyas condiciones de producción deben quedar totalmente sometidas a la lógica económica. En este sentido, se la considera como una actividad que tiene un coste y un rendimiento, y cuyo producto es asimilable a una mercancía. Como decía con su habitual *oportunidad* el antiguo ministro de la Educación Nacional Claude Allègre, la formación es «el gran mercado del siglo venidero».

El carácter esencial del nuevo orden educativo reside en la pérdida progresiva de la autonomía de la escuela, que viene acompañada por una valorización de la empresa erigida en ideal normativo. En esta «colaboración» generalizada, la propia empresa se vuelve «cualificadora» y «educadora», y acaba por confundirse con la institución escolar en las «estructuras de aprendizaje flexibles».[3] El *Libro blanco* de la Comisión de las Comunidades Europeas resume bien esta tendencia: «Hay convergencia entre los Estados miembros en la necesidad de una mayor implicación del sector privado en los sistemas de educación y/o de formación profesional y en la formulación de las políticas de educación y de formación para tener en cuenta las necesidades del mercado y las circunstancias locales, por ejemplo, bajo la forma del estímulo a la colaboración de las empresas con el sistema de educación y de formación, y de la integración de la formación continua por las empresas en sus planes estratégicos».[4]

---

3. Véase Martin Carnoy y Manuel Castells, *Une flexibilité durable*, OCDE, 1997, págs. 37-38.
4. Comisión de las Comunidades Europeas, *Croissance, compétitivité, emploi, les défis et les pistes pour entrer dans le XXIe siècle*, 1993, pág. 122.

LOS MOMENTOS DE LA ESCUELA

Las mutaciones del capitalismo permiten dar cuenta, al menos en parte, de la naturaleza de las reformas en curso. El nacimiento y el desarrollo de un aparato de educación y de instrucción separado de la familia y de los medios de trabajo constituyen una de las grandes transformaciones de Occidente. Esta tendencia pertenece a una transformación de conjunto de estas sociedades marcada por la autonomización de los diferentes órdenes de la religión, de la política, de la economía y del pensamiento. Este «desencaje» (*disembeddedness*) general de las esferas sociales, para retomar la expresión de Karl Polanyi, está acompañado por su racionalización.[5] Si el desarrollo de una institución especialmente consagrada a la difusión del saber no encuentra sus primeras razones en la formación de la mano de obra, sino más bien en la construcción de las burocracias religiosas y políticas, que implicaba la expansión de la cultura escrita a sus curas párrocos directos como a muchos de aquellos con quienes ellas estaban en relación de comunicación, será en cambio cada vez más estimulada y orientada, desde los comienzos de la revolución industrial, por la demanda de las industrias y de las administraciones en materia de cualificación.[6]

Esta transformación quedará algo enmascarada en Francia por el predominio, conservado durante mucho tiempo, de las finalidades culturales y políticas de la escuela, que explica que haya sido considerada durante mucho tiempo un fundamento de la identidad nacional y un elemento básico del orden repu-

---

5. Véase Karl Polanyi, *La Grande Transformation*, París, Gallimard, 1988 (trad. cast.: *La gran transformación*, Barcelona, Grijalbo Mondadori, 1993). Véase igualmente Max Weber, prefacio a *L'Éthique protestante et l'esprit du capitalisme* (1904), París, Flammarion, col. «Champs», 2000 (trad. cast.: *La ética protestante y el espíritu del capitalismo*, Madrid, Alianza, 2002).
6. Véase Louis Fontvieille, «Croissance et transformation du système éducatif et de formation en France aux XIXe et XXe siècles», en Jean-Jacques Paul, *Administrer, gérer, évaluer les systèmes éducatifs*, París, ESF, 1999.

blicano. Es sabido que el Estado se definió en primer lugar como un educador de la nación, en lucha contra la Iglesia para asegurar su hegemonía simbólica e ideológica, y que no dudó en adoptar mucho de su adversario, tanto en el plano organizativo como en el plano pedagógico, para realizar esta gran obra.[7] Sin embargo, según una sutil combinación, la escuela siempre mantuvo vínculos más o menos directos, en función de las épocas y las competencias, con el universo del trabajo. La propia expansión de la escolarización depende en gran medida de los recursos que nacen del desarrollo económico, no sin desfases más o menos importantes entre las fases de fuerte crecimiento económico y los impulsos de la escolarización.[8] En sus formas y en sus materiales, tanto en su moral como en sus modalidades pedagógicas, el sistema escolar supo hacer un sitio tanto a los valores del trabajo como a la orientación profesional diferenciada de los alumnos en la sociedad industrial. Desde la segunda mitad del siglo XIX, al lado de la enseñanza secundaria clásica, se abrieron ramificaciones, secciones y establecimientos destinados a incrementar el nivel profesional de la mano de obra y a abastecer a la industria y al comercio de directivos. Sin embargo, a pesar de los avances en esta vía profesional durante el período de entreguerras, la lógica dominante de la escuela siguió siendo durante mucho tiempo la que Bernard Charlot calificó como «político-cultural».[9]

Siguiendo a este autor, podríamos distinguir tres períodos históricos: un período en el cual la principal función de la escuela era la integración moral, lingüística y política en la nación; luego, un período en el cual es el imperativo industrial nacional el que más bien dictó su finalidad a la institución; y, fi-

---

7. Véase el ejemplo de las escuelas normales primarias estudiado por Christian Nique, *L'Impossible Gouvernement des esprits*, París, Nathan, 1991.
8. Véase Louis Fontvieille, *op. cit.*
9. Véase Bernard Charlot, *L'école en mutation*, París, Payot, 1987, y *L'école et le territoire, nouveaux espaces, nouveaux enjeux*, París, Armand Colin, 1994, págs. 27-48.

nalmente, la fase actual, en la que la sociedad de mercado determina más directamente las mutaciones de la escuela. Sin embargo, no debemos concebir la evolución de la escuela según un desarrollo lineal. Desde el siglo XVI, se asentó una concepción utilitarista de la educación que no dejó después de alimentar la crítica de los sistemas escolares establecidos. Con el advenimiento de una sociedad menos religiosa y más científica y técnica, menos tradicional y más productiva, las formas y los contenidos escolares heredados fueron poco a poco discutidos. El propio saber experimentó una transformación capital al ser considerado cada vez más como una herramienta capaz de «resolver problemas».[10] Fue, sin duda, Francis Bacon quien, en los umbrales del siglo XVII, formula de la manera más nítida el viraje utilitarista que llevará varios siglos realizar: *Knowledge is power*, el saber es un poder. El individuo sólo desea saber para mejorar su fortuna, y esto desde las primeras experiencias del niño. El hombre en busca de la felicidad aumenta los poderes de sus facultades por medio del perfeccionamiento de su saber. La «gran rebelión baconiana»,[11] según la fórmula de Spencer, contra la escolástica concibe así el saber como un stock que se acumula, como un capital cuya función consiste en incrementar la capacidad humana de dominio de la naturaleza con el fin de hacerla servir más eficazmente al servicio del bienestar. Ésta es la proposición capital, y no podríamos insistir bastante en su importancia. *Nec plus ultra* de la representación que se harán las nuevas clases activas de la industria —burguesía y proletariado— es el zócalo común del liberalismo y del socialismo. A partir de esta «revelación» del trabajo y la felicidad terrestre, la crítica utilitarista atacará las formas y los contenidos pedagógicos propios de la civilización cristiana y la cultura clásica del

---

10. Michel Freitag, *Le Naufrage de l'université*, París, La Découverte/Mauss, 1995, págs. 38-39.
11. Herbert Spencer, *De l'éducation intellectuelle, morale et physique* (1861), Marabout Université, 1974, pág. 74.

humanismo, y denunciará en el saber escolar el alejamiento de la práctica, la separación de la vida cotidiana e incluso la abstracción de los conocimientos. Defectos estos que manifestarán la naturaleza esencialmente aristocrática y ornamental del conocimiento hasta entonces transmitido. Al contrario, los criterios de eficacia en la producción y el comercio responderían a exigencias democráticas: el pueblo necesita ciertos conocimientos ligados a la práctica para su bienestar. Los demás, al ser inútiles, se devalúan.

El neoliberalismo actual no se ve obligado a efectuar una brusca transformación de la escuela. Mucho tiempo antes, numerosos autores se emplearon en la definición y la construcción de una escuela conforme enteramente con el «espíritu del capitalismo». La mutación presente no es en realidad más que la actualización, en una fase más madura de la sociedad de mercado, de una tendencia operante desde hace demasiado tiempo. Para darse mejor cuenta de ello, basta con releer a los clásicos. En Spencer, por ejemplo, que fue uno de los principales teóricos utilitaristas de la educación a mediados del siglo XIX,[12] se vuelven a encontrar los argumentos desarrollados antes de él por Benjamin Franklin, pero también por Rousseau y muchos otros, a favor de una educación que prepararía para la «vida plena». «Lo que más se descuida en nuestras escuelas es precisamente aquello que más necesitamos en la vida»,[13] dice Spencer. Y entre estas necesidades, las más importantes son las que están relacionadas con las profesiones y los negocios. También se recuperaba lo que Adam Smith ya había destacado cuando proponía introducir una dimensión mercantil en las relaciones entre los individuos y los establecimientos educativos: si se desea que las escuelas enseñen cosas útiles, es necesario que respondan más a una demanda que al conformismo de la corporación o al capricho de los patronos. El mercado es el mejor estimulante de

---

12. Herbert Spencer, *op. cit.*
13. *Ibid.*, pág. 31.

la ambición de los propietarios, porque permite que sus intereses y sus deberes se identifiquen.[14]

UNA ESCUELA AL SERVICIO DE LA ECONOMÍA

Estas concepciones utilitaristas y liberales se impondrán en varias etapas. Después de la Segunda Guerra Mundial, el período de fuerte crecimiento económico se caracterizó por las exigencias de mano de obra por parte de una industria poderosa y por la correspondiente pujanza del alumnado en todos los niveles diferentes al de la escuela elemental: preescolar, secundaria y superior. Es la época del gran compromiso del *Welfare State* que conoció el desarrollo extensivo del sistema escolar, de 1946 a 1973, en el curso del cual predomina una lógica cuantitativa, tanto en el plano del alumnado como en el de las inversiones. Este período está marcado por la aspiración a la igualación de las condiciones y por el sometimiento más manifiesto y directo del aparato escolar al sistema productivo. Las décadas de 1960 y 1970 están dominadas por la obsesión de proveer un número suficiente de trabajadores cualificados a la industria francesa y de formar igualmente a los futuros consumidores capaces de utilizar los productos más complejos fabricados por el sistema industrial. Otros factores, en especial de naturaleza ideológica, intervinieron poderosamente, comenzando por la creencia progresista en la identidad del crecimiento económico, la democracia política y el progreso social, expresada, por ejemplo, en el Plan Langevin-Wallon, referencia capital de la izquierda política y sindical en la posguerra.[15]

---

14. Adam Smith, *Recherches sur la nature et les causes de la richesse des nations*, vol. II, libro V, cap. 1, sección 3, París, Garnier Flammarion, 1991 (trad. cast.: *La riqueza de las naciones*, Madrid, Alianza, 2002).

15. Guy Brucy y Françoise Ropé, *Suffit-il de scolariser?*, París, De l'Atelier, 2000, pág. 24.

Por otra parte, a partir de la década de 1960, el Estado se dota de categorías de análisis y de herramientas de gestión destinadas a ejercer la regulación y la adaptación de los «flujos de mano de obra». Esta «indistrialización de la formación» no reclama inversiones únicamente financieras, sino que exige igualmente «inversiones simbólicas», es decir, creaciones de formas institucionales y clasificaciones que estructuren la relación salarial: por ejemplo, los diplomas y las cualificaciones, los niveles de colocación y el conjunto de los procedimientos de orientación de los alumnos. Es a partir del Cuarto Plan (1960-1965) cuando aparecen los primeros esfuerzos de planificación coordinada de la mano de obra y de la formación, prolongados y amplificados por los trabajos del Quinto Plan (1965-1970). La idea principal consiste en determinar con la mayor exactitud, por extrapolación de las tendencias observadas, un ajuste optimo entre la mano de obra y las necesidades de la economía. Se juzga entonces que el análisis de la relación «formación-empleo» debe determinar la estructura y la magnitud óptima del sistema educativo en función de las necesidades previstas de las empresas.[16]

Este período está marcado por una crítica de inspiración tecnocrática de la enseñanza llamada tradicional o clásica que se puede encontrar en los informes del Plan y en ciertos medios sindicales y patronales, y que se confunde a menudo con una crítica política y sociológica de un sistema no igualitario. Asimismo se expresa en las organizaciones internacionales y muy especialmente en los trabajos de la OCDE, que se consideran actualmente como textos pioneros. La obra de Lê Thành Khôi, *L'Industrie de l'enseignement*, resume al comienzo de la década de 1970 su argumentación.[17] El autor comprueba

---

16. Véase Lucie Tanguy y otros, *L'Introuvable Relation formation-emploi*, París, La Documentation française, 1986.
17. Lê Thành Khôi, *L'Industrie de l'enseignement*, París, Minuit, 1973. El libro es excelente y premonitorio desde cualquier punto de vista. Su lectura muestra cómo la mayoría de los temas que desarrollaron después la OCDE o la Comisión Europea ya estaban en germen en esta literatura modernizadora treinta años antes.

que, en lo sucesivo, la enseñanza, transformada en varias etapas en una verdadera industria de masas, no podrá ser descrita sistemáticamente sino con ayuda de categorías económicas. Esta interpretación de la enseñanza distingue tres funciones de la educación moderna: la formación de una mano de obra cualificada, la transformación cultural, que prevalece sobre la herencia, y la formación de ciudadanos responsables.[18] Esta mutación señala para el autor el fin del humanismo clásico fundado en el desinterés y la libre actividad humana. La primera función la impone el crecimiento económico y el desarrollo del bienestar. La escuela, que ya no es la única fuente del saber, deberá en adelante «enseñar a aprender», de modo que el niño pueda ordenar y seleccionar la información confusa, incompleta y tendenciosa de la cultura comercializada de masas. Esta primera educación escolar no es más que el preludio de una educación permanente, una formación cotidiana, acompañada de numerosas sesiones de reciclaje periódico —por ejemplo, cada tres o cinco años, según los sectores— «a fin de que el productor actualice sus conocimientos y se adapte a una tecnología en renovación».[19] Además, la universidad debe crear conocimientos nuevos y no contentarse con transmitir la herencia de las generaciones pasadas. A partir de esta exigencia, el autor concluye que la escuela y la universidad deben convertirse en cuasi empresas que funcionen según el propio modelo de las marcas privadas y se sometan a la exigencia del máximo «rendimiento». El autor insiste aún en la variable clave del «rendimiento de la enseñanza», que deben garantizar las nuevas tecnologías, y en el imperativo de adaptar la enseñanza a la «modernidad» para evitar los despilfarros y las pérdidas de tiempo: «La escuela no es nada si no prepara para la vida», dice el autor, que coincide sin saberlo con el utilitarismo de Spencer.[20]

18. *Ibid.*, pág. 110.
19. *Ibid.*, pág. 115.
20. *Ibid.*, pág. 178.

Sin duda, no se trata de privatización ni de rentabilidad en un sentido propiamente mercantil. El papel de la oferta educativa en el marco de un servicio público parece predominar porque se trata de que el Estado contribuya a la modernización de la sociedad y a la eficacia global de la economía. Sin embargo, es conveniente resaltar que este discurso modernizador representó históricamente un medio para redefinir, contra el humanismo tradicional, el sistema de enseñanza como una máquina productiva que responde a los modos de razonamiento y orientación que se pueden aplicar a otros sectores de la producción. Tales propuestas, en la medida en que aparentaban ir en el sentido de los prometedores avances de la ciencia y del «desarrollo de las fuerzas productivas», recabaron fácilmente la adhesión de numerosos progresistas.

A pesar de estas críticas, durante bastante tiempo se pudo mantener una cierta conciliación entre la misión cultural y política de la escuela y el nuevo imperativo económico, lo que permitió a muchos creer que la mano visible del Estado podría asociar armoniosamente en el futuro los progresos espirituales y el desarrollo de la producción, a condición, sin embargo, de circunscribir menos los estudios a las antiguas humanidades y abandonar toda ilusión respecto al desinterés de la cultura. Este gran compromiso histórico que pretendía combinar el desarrollo económico de la nación con la idealización de la burocracia francesa, «educadora de los espíritus», preparaba, sin embargo, las impugnaciones neoliberales de las décadas 1980-1990.

HACIA LA ESCUELA NEOLIBERAL

Las reformas impuestas a la escuela estarán, a continuación, cada vez más guiadas por el deseo de la competición económica entre sistemas sociales y educativos, y por la adaptación a las condiciones sociales y subjetivas de la movilización económica general. Las «reformas orientadas por la competitividad» (*competitiveness-driven reforms*) tienen como finalidad en primer lugar la mejora de la productividad económica a través de la mejora de la «calidad del trabajo».[21] La estandarización de los objetivos y de los controles, la descentralización, la mutación de la «gestión empresarial educativa» y la formación de los docentes son fundamentalmente reformas «centradas en la productividad» (*productivity-centred*). Pero la escuela neoliberal pretende también elevar la calidad de la fuerza de trabajo en su conjunto sin elevar el nivel de los impuestos e incluso, tanto como sea posible, reduciendo el gasto público. De ahí el lanzamiento en la misma época de todas las campañas de opinión y todas las políticas, tanto a nivel mundial como a escala nacional, y en todos los registros de la actividad educativa, destinadas a diversificar la financiación de los sistemas educativos apelando mucho más abiertamente al gasto privado, a administrar más «eficazmente» la escuela al modo empresarial, a reducir la cultura impartida únicamente a las competencias indispensables para la empleabilidad de los asalariados, a fomentar una lógica de mercado en la escuela y la competición entre familias y alumnos por el «bien raro», y por tanto caro, de la educación.

Desde la década de 1980, aparece una concepción a la vez más individualista y más mercantil de la escuela. Esta nueva fase está relacionada con la desestructuración de la sociedad industrial que los economistas llaman «fordista» y la norma de empleo que le es propia. Después del giro de ciento ochenta grados del gobierno socialista, el Estado deja intervenir más abiertamente a las lógicas de mercado, quiere reducir su perímetro de acción y adopta como modelo la empresa privada. En el plano de la administración escolar, se tiende hacia la descentralización, la diversificación, la gestión empresarial moderna y el «pilotaje por la demanda». Durante este período,

---

21. Martin Carnoy, *op. cit.*, pág. 37.

los imperativos de eficacia impuestos a la escuela comienzan a volverse preponderantes en primer lugar a causa del control de los costes, luego por razones de competencia entre regiones y entre empresas, y, finalmente, por razones específicamente ideológicas: se considera progresivamente a la escuela como una empresa más, forzada a plegarse a la evolución económica y a obedecer las exigencias de los mercados. La retórica gestora se vuelve cada vez más dominante por parte de los responsables del mundo político y de la alta administración escolar. El «Estado regulador», según la expresión propuesta por Bernard Charlot, tiene tendencia a delegar en los peldaños inferiores y en los servicios desconcentrados la actividad cotidiana racionalizada según las reglas de gestión empresarial llamada «participativa» y en conformidad con el esquema de la contractualización entre niveles y tipos de administración y con la generalización de las «colaboraciones» entre «actores» de todo tipo. Se juzga que este Estado, guiado por los nuevos principios de la actividad pública, ha de definir las grandes perspectivas y evaluar *a posteriori* los resultados de una gestión más autónoma con ayuda de un aparato estadístico riguroso que debe permitir el «pilotaje» de las unidades locales y periféricas. La descentralización del sistema escolar ha sido pensada y desarrollada según este mismo esquema.[22]

Tomando como pretexto los numerosos y cada vez más manifiestos defectos de un aparato burocrático que se había hipertrofiado y masificado en el gran período del Estado desarrollista, se acentuaron las presiones, en nombre de la eficacia y la democracia, para introducir los mecanismos de mercado y los métodos de gestión inspirados por la lógica empresarial. En el terreno de los hechos, una política de territorialización abrió progresivamente la vía para una *desregulación* escolar que se consideraba que respondía a las nuevas necesidades socia-

22. Véase B. Charlot y J. Beillerot (comps.), *La Construction des politiques d'éducation et de formation*, París, PUF, 1995, pág. 79.

les, versión *soft* de la mano invisible de los liberales: «La doctrina imperante invierte la proposición anterior: tanto en educación como en los demás ámbitos, no se trata ya de corregir las imperfecciones del mercado mediante la intervención del Estado, sino de reemplazar las insuficiencias del Estado mediante la promoción del mercado supuestamente autorregulador, es decir, de establecer la superioridad ética de la asociación de las preferencias individuales por medio de procedimientos mercantiles sobre la deliberación como modo de elaboración de las elecciones sociales».[23] El papel tutelar del Estado educador se pone en duda cuando la «elección de las familias» es reconocida y estimulada por la desectorialización de los establecimientos, la publicación de las listas de resultados de los centros escolares y todas las formas de apelación a la responsabilidad individual. El modelo del mercado tiende a imponerse, al menos como referencia ideológica, y de una manera muy eufemística cuando es la izquierda la que se afana con diligencia en esta vía. Se considera que la institución escolar, en este nuevo contexto, ha de producir una oferta que aspire a satisfacer una demanda de consumidores prevenidos. A finales de la década de 1990, se impone la fría comprobación: «La ofensiva neoliberal en la escuela es un proceso ya muy avanzado».[24]

Esta mutación debe ser contextualizada en el marco más general de las transformaciones del capitalismo a partir de la década de 1980: mundialización de los intercambios, mayor peso de las finanzas en las economías, liberación del compromiso del Estado, privatización de las empresas públicas y transformación de los servicios públicos en análogos de empresas, expansión de los procesos de mercantilización del ocio

23. A. Vinokur, «Pourquoi une écononomie de l'éducation?», en Jean-Jacques Paul, *op. cit.*, pág. 316.
24. Yves Careil, «Le néo-libéralisme dans l'école: un processus déjà bien engagé», *Nouveaux Regards*, nº 6, junio de 1999.

y la cultura, movilización general de los asalariados en una «guerra económica» general, revisión de las protecciones de los asalariados y disciplinarización mediante el miedo al paro. Mucho más que una «crisis» pasajera, a lo que asistimos es a una mutación del capitalismo. Su objetivo crucial es el debilitamiento de todo lo que contrapesa el poder del capital y todo lo que, institucional, jurídica y culturalmente, limita su expansión social.[25] Todas las instituciones, mucho más que la economía, se vieron afectadas, inclusive la institución de la subjetividad humana: el neoliberalismo aspira a la eliminación de toda «rigidez», incluso psíquica, en nombre de la adaptación a las situaciones más variadas con las que se encuentra el individuo tanto en su trabajo como en su existencia. La economía ha sido colocada más que nunca en el centro de la vida individual y colectiva; los únicos valores sociales legítimos son la eficacia productiva, la movilidad intelectual, mental y afectiva, y el éxito personal. Eso no puede dejar indemne al conjunto del sistema normativo de una sociedad y su sistema educativo.

LA ESCUELA «FLEXIBLE»

Las transformaciones de la organización del trabajo, por un lado reales y por otro idealizadas en el discurso oficial, explican en gran parte el tipo de mutaciones escolares reclamadas por las fuerzas económicas y políticas dominantes. El ideal de referencia de la escuela es en adelante el «trabajador flexible», según los cánones de la nueva representación de la gestión empresarial. El contratista no aguardaría ya del asalariado una obediencia pasiva a prescripciones definidas con precisión, sino que desearía que se sirviese de las nuevas tecnologías y entendiese mejor el conjunto del sistema de producción o de

---

25. Véase M. Vakaloulis, *Le Capitalisme postmoderne: Éléments pour une critique sociologique*, París, PUF, 2001.

comercialización en el que se inserta su función, que pudiera hacer frente a la incertidumbre y diera prueba de libertad, iniciativa y autonomía. Desearía, en suma, que en lugar de seguir ciegamente las órdenes venidas de arriba, fuera capaz de discernimiento y de espíritu analítico para prescribirse a sí mismo una conducta eficaz *como si* estuviera dictada por las exigencias mismas de lo real. La autonomía que se espera del asalariado, que consiste en que se imparta órdenes a sí mismo, que se «autodiscipline», no puede darse pues sin un determinado incremento de saber. En una palabra, sería preciso que incorporase las maneras de hacer y los conocimientos necesarios para el tratamiento de los problemas en un universo más complejo, según las fórmulas vigentes. Para ello, la autodisciplina y el autoaprendizaje van unidos. La jerarquía burocrática y el taylorismo de tipo clásico tenderían así a eclipsarse ante un autocontrol generalizado. La nueva «regulación» en el trabajo radicaría en un mayor margen de acción concedido a la periferia y a un autocontrol fundado en el cumplimiento de los objetivos. Paralelamente, y de acuerdo con la doctrina del capital humano, el trabajador se proveería de conocimientos y competencias a lo largo de toda su vida, sin que se pudiera ya definir por un empleo estable o un estatuto determinado: «En la era de la información, el trabajador ya no se define en términos de empleo, sino en términos de aprendizaje acumulado y de aptitud para aplicar este aprendizaje a diversas situaciones dentro y fuera del lugar de trabajo tradicional».[26] La noción rectora es la de «empleabilidad» individual.

Sin que se afirme siempre con claridad, la escuela debería adaptarse y debería adaptar a los futuros asalariados a esta representación del trabajo y de la nueva subjetividad que se espera de los «jóvenes». La Comisión de las Comunidades Europeas destaca así que «el establecimiento de sistemas más flexibles y abiertos de formación y el desarrollo de las capaci-

---

26. Martin Carnoy y Manuel Castells, *op. cit.*, pág. 39.

dades de adaptación de los individuos serán efectivamente cada vez más necesarios a la vez para las empresas, con el fin de mejorar la explotación de las innovaciones tecnológicas que ponen a punto o adquieren, y para los propios individuos, una proporción importante de los cuales corre el riesgo de tener que cambiar cuatro o cinco veces de actividad profesional en el curso de su vida».[27] Como dicen los expertos de la OCDE, «los contratistas exigen de los trabajadores no sólo que tengan una mayor cualificación, sino también que sean más flexibles y "capaces de formarse"».[28] Para producir estos asalariados adaptables, la propia escuela, con anterioridad al mercado de trabajo, debería ser una organización flexible, en renovación permanente, que responda tanto a los propósitos muy diferenciados y variables de las empresas como a las diversas necesidades de los individuos. La Comisión Europea presenta incluso como la «cuestión fundamental» esta mayor flexibilidad de la escuela.[29] No sólo se trata de aumentar los niveles de competencia de los asalariados, sino que todavía es necesario que toda la educación recibida tienda a ajustarse mejor al «destinatario del servicio», a saber, la empresa. En una sociedad cada vez más marcada por la inestabilidad de las posiciones, ya sean profesionales, sociales o familiares, el sistema educativo debería preparar para afrontar situaciones de *incertidumbre* creciente. La nueva pedagogía «no directiva» y «flexiblemente estructurada», la utilización de las nuevas tecnologías, un «menú» más amplio de opciones ofrecido a los alumnos y los estudiantes, y el hábito adquirido de un «control continuo» son pensados como una propedéutica para la «gestión de las situaciones de incertidumbre» en las que el trabajador se verá inmerso al acabar sus estudios. Si las formaciones profesionales demasiado rigurosamente adaptadas a em-

---

27. Comisión de las Comunidades Europeas, *op. cit.*, pág. 124.
28. OCDE, *Du bien-être des nations, le rôle du capital humain et social*, 2001, pág. 30.
29. Comisión Europea, *Livre blanc: Enseigner et apprendre, vers la société cognitive*, 1995, págs. 44-45.

pleos específicos son a veces declaradas anacrónicas —porque los asalariados tendrán más a menudo que cambiar de empresas y de puestos en el seno de cada empresa—, son innumerables los textos que afirman que la enseñanza debe en lo sucesivo dotar a los alumnos de «competencias de organización, de comunicación, de adaptabilidad, de trabajo en equipo y de resolución de problemas en contextos de incertidumbre». La *competencia* primordial, la metacompetencia, consistiría en «aprender a aprender» para hacer frente a la incertidumbre erigida en exigencia permanente de la existencia y de la vida profesional.

DESCOMPOSICIÓN DEL VÍNCULO ENTRE EL DIPLOMA Y EL EMPLEO

Tras estos discursos machacones, se perfilan importantes transformaciones. El período llamado «fordista» del capitalismo aseguró el establecimiento de un conjunto de instituciones y de procedimientos de protección social fundados en el reconocimiento de derechos y estatutos que procuraron a los asalariados una relativa estabilidad que regularizara no sólo el consumo, la evolución salarial y la carrera, sino también el propio transcurso de la vida. Esta institucionalización del asalariado es la que, según muchos economistas y sociólogos, permitió la integración de la clase obrera al garantizarle los suficientes recursos para consumir lo que las empresas taylorizadas producían en serie y con escaso coste. Igualmente, en este período muchos más individuos pudieron presagiar una progresión social no sólo para sí mismos, sino también para sus hijos gracias a sus estudios. La escuela, como parte subvencionada en el «compromiso fordista» y la «sociedad salarial»,[30] concedió así títulos a personas dotadas de derechos reconocidos por con-

---

30. Robert Castel, *Les Métamorphoses de la question sociale: une chronique du salariat*, París, Fayard, 1995.

venciones colectivas, y contribuyó al establecimiento de estatutos que eran otros tantos puntos de apoyo en los que podían basarse para vender su fuerza de trabajo. Aun cuando la relación entre diploma y empleo nunca ha sido general y unívoca, el diploma era en gran medida el fundamento de la jerarquía interna de los asalariados, especialmente en la función pública, pero tenía igualmente como característica el hecho de derivar de una esfera escolar que, por su autonomía relativa, poseía la fuerza simbólica suficiente para volverlo relativamente independiente de las relaciones de fuerza inmediatas en el mundo profesional. Esto es especialmente cierto por lo que respecta a los diplomas técnicos y profesionales que permitían a los asalariados no depender directamente de las exigencias cambiantes y arbitrarias de los contratistas. El vínculo entre un «buen diploma» y un «buen oficio» se presentaba como una relación necesaria en una sociedad estatutaria. Si la enseñanza técnica fue objeto de un relativo desprecio, debido sobre todo a la división social y técnica del trabajo, constituyó un vector de reconocimiento de las cualificaciones y otorgó a muchos un sentimiento de dignidad personal y utilidad social, condiciones de una acción colectiva persistente.

El período neoliberal del capitalismo tiende a cambiar el vínculo, que vuelve más laxo e impreciso, entre el diploma y el valor personal reconocido socialmente. Este título escolar y universitario, en una época en la que se declara que el saber es un «producto perecedero» y que las competencias mismas son objeto de una «destrucción creadora» permanente, tiende a perder su fuerza simbólica. En el momento en que se difunde, se considera cada vez más como una fuente de rigidez que ya no se adecua a los nuevos imperativos de adaptabilidad permanente y reactividad inmediata de la empresa. Este cuestionamiento debe relacionarse, evidentemente, con las transformaciones del trabajo. El salariado fue atomizado en múltiples estatutos, subestatutos y sin estatutos. La identidad en el trabajo —y por el trabajo— se debilitó con el paro de masas y la inestabilidad creciente de los empleos y puestos de trabajo de que son víctimas los asalariados. La inseguridad afecta no sólo a la posesión de un empleo, sino también al contenido del oficio, la naturaleza de las tareas, la participación en una empresa y las cualificaciones que se poseen en una organización del trabajo más «fluida». El debilitamiento del valor simbólico de los diplomas, el establecimiento de prácticas de evaluación de las competencias en estricta relación con las situaciones profesionales y la influencia cada vez mayor de las empresas en la determinación de los contenidos de formación, participan de esta pérdida de seguridad casi ontológica de los trabajadores, cuya magnitud han mostrado algunos estudios sobre la descualificación social.[31] En definitiva, el valor social de los individuos amenaza con depender cada vez más estrechamente de competencias personales que el mercado de trabajo confirmará de la manera menos institucional y menos «formal» posible. A medida que va perdiendo su dimensión colectiva y sus formas jurídicas, el trabajo se parece cada vez más a una mercancía como las otras.

La tendencia actual a la desinstitucionalización de la relación entre el diploma, la cualificación y el oficio deriva de este debilitamiento de la posición de los asalariados que encuentran cada vez menos *seguridad* en las instituciones y menos referencias estables acerca de su propio valor y su identidad, y por esto mismo se les culpabiliza de su propia suerte. En efecto, la transformación del mercado de trabajo acentuó la vulnerabilidad de los posesores de títulos escolares, a los que se solicitó una experiencia profesional o, al menos, una «puesta a prueba» en múltiples períodos de prácticas y empleos precarios. Algunos informes oficiales refuerzan la idea según la cual los diplomas otorgados por las universidades apenas ya tendrán valor al cabo de algunos años después de su primera con-

---

31. Véase, por ejemplo, Serge Paugam, *Le Salarié de la précarieté*, París, PUF, 2000.

cesión, lo que no hace más que subrayar la disparidad creciente entre el valor jurídico de un título y su valor social.[32] Se asigna entonces a la escuela y a la universidad un papel ambiguo que consiste en mantener con diplomas de validez temporal la precarización del valor escolar y profesional de los individuos.

UNA COHERENCIA MUY RELATIVA

Parece como si la contradicción entre la adquisición de saber por parte de las jóvenes generaciones, que reclama estabilidad, seguridad del valor de lo que se aprende, respeto por una cultura común y construcción de una personalidad, y las necesidades económicas, particulares y cambiantes, tuviera que ser cada vez mayor. Mientras la «profesión» a la que preparaba la escuela permitía proyectar un porvenir relativamente estable y el cumplimiento de una «función» social en un conjunto comprensible, la profesionalización, por lo demás parcial, de los estudios no tenía todos los efectos devastadores que puede tener cuando la vida futura ya no evoca más que la fábrica amenazada de traslado o la deriva de trabajo en trabajo. El capitalismo «flexible» y «revolucionario» socava la confianza a largo plazo, y desacredita los compromisos, la preocupación por el patrimonio cultural y el sentido de los sacrificios por el otro. ¿Cómo hacer compatibles el nomadismo inherente a esta deriva profesional reservada a los asalariados del futuro y la afiliación confiada a una cultura y unos valores? Desde luego es fácil esperar que la escuela «inculque a los alumnos las nociones de autonomía, de rápida adaptación a los cambios y de movilidad», pero no se ve con claridad cómo podría hacer-

---

32. El informe de Attali afirma, en este sentido, que «ningún diploma tendrá ya legitimidad permanente». Jacques Attali, *Pour une modèle européen d'enseignement supérieur*, MEN, 1998, pág. 19.

lo en el seno de una esfera social y cultural en vías de desintegración. La contradicción que expresan todos los síntomas asociados a esta pérdida del porvenir se instala en el corazón de la subjetividad. Los especialistas en educación de la OCDE se percataron de que lo que estaba en juego era la estabilidad misma de las sociedades occidentales, no sólo amenazadas por la crisis financiera, sino también por los efectos deletéreos de la «pérdida de referencias» de las jóvenes generaciones y la «crisis del vínculo social».[33] Si la toma de conciencia es loable, aunque tardía, no se ve bien cómo podría la escuela por sí sola remediar la «degradación del entorno social», es decir, las desigualdades, la inseguridad social, la anomia creciente, la delincuencia, etc. Sobre todo, no se ve bien cómo una escuela cuyos móviles sean los mismos de la sociedad de mercado podría contrarrestar los efectos disolventes que el curso actual del neoliberalismo engendra.

---

33. Véase OCDE, *op. cit.*, 2001. En especial el cap. 3: «Le rôle du capital social», págs. 45 y sigs.

CAPÍTULO 2

DEL CONOCIMIENTO COMO FACTOR DE PRODUCCIÓN

Las sociedades de mercado se caracterizan por la subordinación de todas las actividades a la lógica de la valorización del capital, considerada en lo sucesivo como una evidencia, una fatalidad o un imperativo al que ningún ser razonable puede sustraerse. A este respecto, convendría meditar las intuiciones premonitorias de Nietzsche en *Schopenhauer como educador* y en las conferencias *Sobre el porvenir de nuestras escuelas*. En estas últimas, de manera muy especial, Nietzsche se pregunta por el sentido real de las grandes peroratas acerca de la «necesidad de cultura» de la época moderna. La cultura clásica, reservada a unos pocos, se desmorona, constata el filósofo. En lo sucesivo, lo que se entiende por «cultura universal» es una cultura totalmente diferente de la que las universidades y los centros de secundaria se proponían impartir a los alumnos, y que aspiraban a formar espíritus intelectualmente preparados y dotados para los pensamientos más elevados. La nueva cultura, que hoy llamaríamos de masas, ya no se propone reproducir y prolongar el esfuerzo de los grandes genios de las generaciones anteriores. Está subordinada a tres finalidades específicas: la finalidad económica, la finalidad política y la finalidad científica. La primera subordinación es de lejos, según Nietzsche, la que tiene efectos más importantes: si acarrea la «extensión» y la «ampliación» de la cultura, lo hace con el fin de aumentar la riqueza personal y colectiva. Es «uno de los dogmas preferidos de economía política en los tiempos actuales»,[1] como manifiestan los escritos de James Mill o de John Stuart Mill sobre el tema de la educación. La democratización de la cultura está cada vez más guiada por la eficacia económica e impide cualquier forma de cultura «que produzca solitarios, que se proponga fines más allá del dinero y el beneficio, y que exija mucho tiempo»,[2] añade Nietzsche. Se necesita una cultura rápida, económica, que cueste pocos esfuerzos y permita ganar mucho dinero. Mucha gente es llamada al saber, pero es un saber que debe ser útil y servir al objetivo del bienestar. «La verdadera tarea de la cultura consistiría entonces en crear hombres tan corrientes como fuera posible, en el sentido en que se habla de una "moneda corriente". Cuantos más hombres corrientes haya, más feliz será un pueblo; y el propósito de las instituciones de enseñanza contemporáneas no podría ser precisamente otro que el de hacer progresar a cada uno hasta el punto en que su naturaleza le permita volverse "corriente", formar a cada uno de tal modo que, a partir de su cantidad de conocimiento y de saber, obtenga la mayor cantidad posible de felicidad y de ganancia.»[3] En una palabra, Nietzsche observa de forma muy lúcida hasta qué punto una lógica de la eficiencia se apodera poco a poco del ámbito cultural y escolar. Este diagnóstico sobre la evolución de la enseñanza puede prolongarse: lo que nos amenaza no es una especie de malthusianismo generalizado tirando a la baja del nivel cultural, sino un doble movimiento de difusión social y de instrumentalización de la cultura por parte de los intereses económicos privados.

---

1. Friedrich Nietzsche, *Sur l'avenir de nos établissements d'enseignement*, en *Oeuvres philosohpiques complètes, Écrits posthumes 1870-1873*, París, Gallimard, 1975, pág. 94 (trad. cast.: *Sobre el porvenir de nuestras escuelas*, Barcelona, Tusquets, 1980).
2. *Ibid.*
3. *Ibid.*

Estas transformaciones que afectan a la importancia y a la naturaleza de los conocimientos son fundamentales para el desarrollo de la educación. El saber ya no es un bien que se debe adquirir para participar en una esencia humana universal como en el antiguo modelo escolar que reservaba sólo a unos pocos, hay que recordarlo, este bien supremo, sino una inversión más o menos rentable en individuos desigualmente dotados y capacitados. Los valores que hasta ese momento habían constituido el mundo escolar se sustituyen por nuevos criterios operacionales: la eficacia, la movilidad y el interés. Y es que la escuela cambia de sentido: ya no es el lugar de asimilación y de frecuentación de las grandes narraciones que forjan caracteres estables para situaciones sociales bien definidas, sino un lugar de formación de caracteres adaptables a las variaciones existenciales y profesionales en movimiento incesante.

EDUCACIÓN AMPLIADA, CULTURA ÚTIL

Inmediatamente después de los acontecimientos de 1968, Michel Crozier, en su obra *La sociedad bloqueada*, había celebrado este cambio de significación de la cultura «que ya no es un lujo inútil reservado a una minoría de aristócratas privilegiados y algunos creadores marginales». Se ha convertido en «un instrumento esencial de acción en un mundo racionalizado que sólo puede ser dominado por medio de la utilización de modos de razonamiento que necesitan un aprendizaje cultural».[4] De un modo genérico, el utilitarismo que caracteriza al «espíritu del capitalismo» no está *contra* el saber en general, ni siquiera contra el saber para el mayor número, sino que considera el saber como una herramienta al servicio de la eficacia

---

4. Michel Crozier, *La société bloquée*, París, Seuil, 1970. Reedición en «Points/Seuil», 1995, págs. 149-150 (trad. cast.: *La sociedad bloqueada*, Buenos Aires, Amorrortu, 1972).

laboral. Todavía es más cierto en la actualidad, en una época en la que el capitalismo «fundado en el saber», «cognitivo» e «informacional», requiere una elevación del nivel de conocimiento de la población. La organización patronal europea European Round Table (ERT),[5] por ejemplo, recuerda la necesidad de llevar a cabo importantes inversiones financieras y humanas en la educación, al destacar que de ello depende el futuro económico y social de Europa. El experto de la OCDE que ya hemos citado, James Guthrie, destaca que «antes, un país debía en gran parte su influencia a las riquezas que podía extraer del suelo, pero en nuestros días su poder se encuentra cada vez más subordinado a las riquezas espirituales. [...] Cada vez se considera más la inteligencia humana —cuando ha sido desarrollada por la educación y se asocia a competencias muy especializadas— como el recurso económico primordial de una nación, del que esta última tiene una máxima necesidad».[6] La Lifelong Learning Strategy se sitúa en esta perspectiva: «La población de Europa debe empeñarse en un proceso de aprendizaje a lo largo de toda su vida. La integración creciente del conocimiento en el entorno industrial transforma a los trabajadores en "trabajadores cognitivos" (*knowledge workers*)».[7] Esta posición se apoya en un argumento muy extendido. La vida profesional, incluso en los escalafones subordinados, por no hablar genéricamente de la vida social, implica hoy en día una capacidad intelectual y unas facultades simbólicas, incluso elementales, que únicamente una escolaridad re-

---

5. La ERT (o Mesa Redonda Europea de los Industriales), fundada en 1985 por unos cuarenta grandes patrones europeos, es uno de los principales *think tanks* que inspiran las relaciones de la Comisión Europea, muy especialmente en materia de educación.
6. James W. Guthrie, «L'évolution des politiques économiques et son incidence sur l'évaluation des systèmes éducatifs», *Évaluer et réformer les systèmes éducatifs*, OCDE, 1996, pág. 71.
7. ERT, *Investing in Knowledge: The Integration of Technology in European Education*, 1997, pág. 6.

lativamente prolongada del conjunto de la juventud puede asegurar.

Es cierto que algunos medios patronales o políticos continúan defendiendo y practicando, en nombre de las exigencias presupuestarias debidas a las políticas liberales o en nombre de los riesgos de cambio en la posición social, un malthusianismo educativo que pretende hacer retroceder el esfuerzo en materia de educación.[8] Pero muchos «responsables» abogan más bien por un *aumento* de este esfuerzo, a condición, sin embargo, de que se focalice en los conocimientos técnicos y los saberes útiles, que se consideran más adecuados para los jóvenes procedentes de las clases populares y se adaptan a las necesidades de las empresas. Nos encontramos por tanto frente a una doble reivindicación: por una parte, a favor de una importante inversión educativa y, por otra, a favor de una reducción de los conocimientos considerados inútiles y enojosos cuando no tienen una relación evidente con una práctica o un «interés».[9] Estos responsables políticos y económicos que pretenden combinar la educación de masas y la determinación más estricta de los contenidos en función de la utilidad económica y social coinciden en esto con algunos reformadores pedagógicos harto imprudentes que, en nombre de la democratización, consideran que los niños de las clases populares no pueden *a priori* recibir la cultura de la élite. En esto reside el carácter a menudo equívoco de las nociones de «democratización», de «cultura de base» o de «cultura común», nociones todas ellas que pueden recibir interpretaciones muy diferentes según los objetivos políticos y los valores que les sirvan

---

8. Véase en este punto Jean-Pierre Terrail (comp.), *La Scolarisation de la France. Critique de l'état des lieux*, París, La Dispute, 1997, pág. 230.

9. Michel Crozier y Bruno Tilliette llaman así al hecho de «aligerar la complejidad que aplasta a los individuos, lo que exige una reducción del volumen de los conocimientos que deben asimilarse, mientras que la escuela tiende a multiplicarlos sin cesar» (Michel Crozier y Bruno Tilliette, *Quand la France s'ouvrira*, París, Fayard, 2000, pág. 145).

de referencia y que exigen, por consiguiente, elaboraciones cuidadosas.[10]

LA ÉPOCA DEL «CAPITAL HUMANO»

La doctrina dominante en educación encuentra hoy en día su centro de gravedad en las teorías del *capital humano*. Estas últimas, por muy ideológicamente sesgadas que sean, revelan una tendencia muy real del capitalismo contemporáneo a utilizar saberes cada vez más numerosos, bajo su doble aspecto de factores de producción y de mercancías. Los economistas llaman capital humano al «stock de conocimientos evaluables económicamente e incorporados a los individuos».[11] En primer lugar, se trata de las cualificaciones obtenidas, ya sea en el sistema de formación, ya en la experiencia profesional. En un sentido más amplio, esta noción puede englobar las múltiples bazas que un individuo puede hacer valer en el mercado y hacer que los contratistas admitan como fuentes potenciales de valor, por ejemplo, la apariencia física, el civismo, la manera de ser y de pensar o el estado de salud. Así, según la OCDE, el capital humano reuniría «los conocimientos, las cualificaciones, las competencias y características individuales que faciliten la creación del bienestar personal, social y económico».[12] Sin ser completamente original, la concepción del capital humano experimentó un inmenso éxito en los organismos internacionales y entre los gobiernos occidentales no sólo porque propone una estrategia de «crecimiento sostenible», como dicen sus promotores, sino también porque proporciona una justificación económica a los

---

10. Véanse sobre este tema los trabajos de la asociación «Défendre et transformer l'école pour tous», así como la obra publicada por el Institut de recherches de la FSU: Hélène Romian (comp.), *Pour une culture commune*, París, Hachette, 2000.

11. Véase D. Guellec y P. Ralle, *Les Nouvelles Théories de la croissance*, París, La Découverte, col. «Repères», 1995, pág. 52.

12. OCDE, *op. cit.*. 2001, pág. 18.

gastos educativos, la única que cuenta hoy en día desde el punto de vista de los «responsables». Por otra parte, la noción, como veremos, presenta la ventaja de reflejar el debilitamiento del vínculo entre el diploma escolar y el empleo, y de justificar una mayor selectividad por parte de los contratistas en un período en que la inflación de los títulos tiende a incrementar la importancia de las componentes «informales», sobre todo de origen social, en la apreciación de la «empleabilidad» de los asalariados.

Para entender el éxito de esta noción, hay que partir de algunas consideraciones generales. Los trabajos del economista norteamericano Edward F. Denison permitieron mostrar, en la década de 1960, que el crecimiento económico estaba ligado no sólo al aumento cuantitativo de los factores de producción (capital y trabajo), sino también a la calidad de la mano de obra, calidad que se podía imaginar que procedía en parte de la educación.[13] Teniendo en cuenta esta relación, la prolongación del crecimiento no podía confiarse sólo a las inversiones físicas, ni tampoco al incremento del volumen de la mano de obra: era necesario «invertir» en un nuevo tipo de capital.[14] La noción de capital humano, sin constituir la revolución de la teoría económica estándar que algunos vieron en ella, permitía desplazar la apreciación que se tenía del gasto educativo más del lado de las inversiones que del lado del consumo. La nueva noción se difundió por múltiples canales y por intereses diversos, hasta el punto de que los partidos de izquierda y los sindicatos adoptaron por su cuenta este razonamiento, en la

---

13. Edward F. Denison, *Why Growth Rates Differ? Postwar Experience in Nine Western Countries*, Washington, D. C., Brookings Institution, 1967. Véase Éric Delamotte, *Une introduction à la pensée économique en éducation*, París, PUF, 1998, pág. 99.
14. *Ibid.*, pág. 83. Véase también Denis Clerc, «La théorie du capital humain», *Alternatives économiques*, marzo de 1993, y Élisabeth Chatel, *Comment évaluer l'éducation? Pour une théorie sociale de l'action éducative*, Lausana y París, Delachaux et Niestlé, 2001. Para una visión de conjunto de los trabajos sobre el tema, véase OCDE, *op. cit.*, 2001, págs. 30 y sigs.

década de 1970, debido a la legitimidad que parecía aportar a los esfuerzos del Estado en materia de enseñanza pública.

Esta metáfora del «capital humano» desemboca, sin embargo, en una visión muy empobrecida de los efectos de la «inversión en el saber», considerado fundamentalmente como una fuente de beneficios de productividad. Los riesgos de reducción son especialmente perceptibles en la versión ultraliberal de esta teoría defendida por otro economista norteamericano, Gary Becker. Para Becker, el capital humano es un bien privado que procura una renta al individuo que lo posee. Esta concepción estrictamente individualista está de acuerdo con los presupuestos de la teoría liberal ortodoxa: el individuo posee recursos propios que intentará acrecentar a lo largo de toda su existencia para aumentar su productividad, sus ganancias y sus ventajas sociales. Se entiende pues que no puede haber nada desinteresado en la adquisición de tal capital humano. Esta concepción supone que la «elección del oficio» es unidimensional: lo único que importa es el beneficio que proporcionará la profesión escogida. Con ello, olvida todas las representaciones del porvenir, ligadas a las condiciones presentes, a los valores heredados y a las oportunidades percibidas, y desconoce que la relación de un individuo con la vida activa es una relación que pone en juego tanto una historia personal y colectiva como las relaciones entre las clases sociales, los sexos y los grupos de edad.[15] En la concepción utilitarista de la elección profesional, todo está dirigido por el esfuerzo racional con vistas a la adquisición de beneficios monetarios suplementarios, y el esfuerzo mismo determinado por la tasa de rendimiento que se espera de la inversión. Su financiación debe depender de las ganancias esperadas, de los usos y del grado de generalidad de las competencias adquiridas. Si el gasto educativo se destina primordialmente a la formación

---

15. Para un análisis de las representaciones que estructuran la búsqueda de empleo, véase Francis Vergne, *De l'école à l'emploi, attentes et représentations*, París, Nouveaux Regards/Syllepse, 2001.

de un capital humano, se plantea en efecto la cuestión de saber quién debe pagar, quién debe determinar los contenidos y quién debe ser el artífice de esta formación. En función de las ganancias proyectadas, la financiación debe repartirse entre el Estado, la empresa y el individuo. Desde luego, el Estado no debe desinteresarse de la educación, porque existen «externalidades positivas», es decir, efectos benéficos para toda la colectividad. Pero si debe tomar a su cargo una parte de los gastos educativos, debe crear igualmente las condiciones para que los individuos efectúen las elecciones racionales y asuman los costes que legítimamente les corresponden. Si los poderes públicos deben garantizar la formación inicial, dada la altísima rentabilidad social de las inversiones que le son consagradas, deben reclamar igualmente financiaciones privadas, procedentes de las familias y de las empresas, especialmente en un período marcado por la «intensificación de las presiones presupuestarias».[16] Diversificar las fuentes de financiación se presenta como la única vía racional, porque hace que las familias soporten una parte creciente del gasto proporcional a las ventajas privadas que obtienen a cambio. Cuando la OCDE y el Banco Mundial exhortan a una financiación diversificada o a una «cofinanciación» de la educación, se están refiriendo a esta lógica del «rendimiento educativo».

Las implicaciones sociales de esta diversificación de la financiación están lejos de ser insignificantes. Se considera que el análisis de tipo costes/beneficios explica las diferencias en la inversión educativa. Los estudiantes más dotados tienen interés en continuar sus estudios porque la inversión, en este caso, es muy rentable, mientras que los menos dotados tienen más bien interés en abandonar sus estudios y entrar cuanto antes en la vida profesional. La teoría del capital humano, en contra de ciertas aspiraciones a la «equidad» por parte de la OCDE y el Banco Mundial, no es nada igualitaria. Al contrario, Gary

---

16. OCDE, *Analyse des politiques d'éducation*, 1997, pág. 24.

Becker legitima las desigualdades escolares por el cálculo racional del individuo: los alumnos dotados aprenden deprisa y, a cambio de un coste limitado, acumulan un capital muy rentable, mientras que los menos dotados tienen dificultades para obtener diplomas cuyo coste no compensará los beneficios futuros.[17] Ésta es la lógica que funciona en el mercado de la formación permanente erigida por algunos como modelo para la educación básica y cuyo efecto más seguro es una producción de desigualdades entre quienes más se benefician de ella, los ejecutivos, y quienes sacan menos provecho, los asalariados ejecutantes. Desde este punto de vista, la estrecha articulación entre la escuela y la empresa no es necesariamente más democrática.

Estas concepciones ultrautilitaristas de la educación ejercen actualmente mucha influencia en las representaciones dominantes. Es de temer que contribuyan a reforzar la enseñanza a varias velocidades que ya conocemos, en la que los alumnos más «rentables» se benefician de inversiones más importantes que aquellas que se dedican a los que «rinden» menos. Aun cuando una extensa literatura empírica muestra que la correlación entre la inversión en la formación y el nivel de remuneración está muy lejos de ser tan simple como proclaman los economistas liberales —es necesario añadir múltiples variables para interpretar las relaciones observadas, en especial la tendencia de los empresarios a contratar personal sobrecualificado—, lo principal se mantiene: la concepción de la educación como una inversión productiva con vistas a un rendimiento individual goza de una inmensa aceptación y una amplia difusión. Por el rodeo de las organizaciones económicas y financieras internacionales, esta concepción constituye hoy en día el fundamento ideológico del *nuevo orden educativo mundial*.[18]

---

17. Véase Denis Clerc, *op. cit.*

18. Véanse sobre este punto los trabajos del Institut de recherches de la FSU y, en especial, Christian Laval y Louis Weber (comps.), *op. cit.*

CAPITALISMO Y PRODUCCIÓN DE CONOCIMIENTOS

Las teorías modernas del capital humano, de la «economía del conocimiento» o de la «nueva economía» no fueron las que descubrieron el papel creciente de la ciencia en la producción, papel que ya había observado Smith y analizado Marx. En el primer capítulo de *La riqueza de las naciones*, Smith describe el carácter positivo y acumulativo de los efectos de la división del trabajo en el progreso técnico y señala que «una buena parte (de los descubrimientos) se debe a la industria de los constructores de máquinas, desde que esta industria se convirtió en el objeto de una profesión particular, y otra a la habilidad de aquellos a los que se denomina científicos o teóricos, cuya profesión consiste en no hacer nada, sino observarlo todo, y que, por esta razón, se encuentran con frecuencia en disposición de combinar las fuerzas de las cosas más alejadas y diferentes».[19] Smith efectúa aquí la exposición resumida de una evolución más compleja: desde hace mucho tiempo la división social del trabajo permitió que los grupos humanos desarrollaran su capacidad intelectual al margen de las exigencias de la producción material y a una distancia (relativa) del trabajo directamente productivo. A la escala de la sociedad, la mayor diferencia entre los grupos sociales residía en esta división entre el trabajo intelectual y el trabajo material, condición esencial para una acumulación ampliada de los conocimientos ligados al trabajo social. En el siglo XX, esta tendencia a la «capitalización del saber» se acentuó muy claramente.

A esta división general entre el trabajo intelectual y el manual, se añadió una segunda. En el seno mismo del proceso de producción, los «conocimientos vivos», incorporados a los trabajadores, fueron a la vez capturados y sustituidos por los saberes formalizados que se impusieron como fuentes de prescripciones y normas exteriores a los movimientos profe-

---

19. Adam Smith, *op. cit.*, libro I, cap. 1, pág. 77.

sionales, saberes que se convirtieron en el patrimonio de determinadas categorías de asalariados. A este respecto, el taylorismo no es más que un momento de una larga evolución. El desarrollo de la ciencia en uno de los polos de la sociedad y esta capitalización de los saberes técnicos en el interior de la esfera productiva unificaron sus efectos para convertir «la ciencia» en un stock de conocimientos inmediatamente útiles en la producción, traducidos en herramientas, códigos y programas.[20] Esta articulación de las actividades intelectuales y productivas no es un acontecimiento reciente. Ya había sido destacada por Marx, quien, en los *Grundrisse*, como también más tarde en *El capital*, insistía en el sometimiento de las ciencias a la lógica de la acumulación del capital: «La invención se transforma en una rama de los negocios y la aplicación de la ciencia a la producción inmediata determina las invenciones al mismo tiempo que las solicita». El concepto marxista de «fuerzas productivas», derivado del concepto de «facultades productivas» que se encuentra en los economistas del siglo XVIII y en Saint-Simon, engloba no sólo los instrumentos y la organización del trabajo, sino también el «nivel de habilidad medio del obrero» y el «desarrollo de la ciencia y sus posibilidades de aplicación tecnológica».

La expansión de la investigación en los países capitalistas desarrollados da prueba de esta importancia cada vez más decisiva de los conocimientos considerados como componentes esenciales del éxito económico. El conjunto de los gastos de Investigación y Desarrollo (I+D) en los 29 países de la OCDE representa más de 470.000 millones de euros, o sea, alrededor de un tercio del PIB francés, y experimenta un incremento absoluto muy fuerte a partir de la década de 1980 (cerca del 75 % de alza entre 1981 y 1996). Su concentración es asimismo muy manifiesta: la OCDE realiza casi el 90 % de los gas-

---

20. Véase Dominique Foray, *L'Économie de la connaissance*, París, La Découverte, «Repères», 2000, págs. 46 y sigs.

tos de I+D en el mundo, encabezados por los de Estados Unidos, que representan más del 40 % de los gastos de la OCDE. Estos datos llevan a algunos teóricos a pensar que habríamos entrado en las economías fundadas en el conocimiento. Esta idea incluso se ha convertido en un eslogan, encargado de resumir las doctrinas y estrategias políticas y económicas de los países de la OCDE. Según algunos, incluso, nos encontraríamos en una nueva economía que reposa sobre leyes muy diferentes de las antiguas en la medida en que el conocimiento es un factor de producción cuyos rendimientos son crecientes, al contrario de lo que sucede con los factores «físicos» del capital y del trabajo: la utilización de una unidad suplementaria de información, lejos de disminuir la productividad marginal de esta unidad, tiende a incrementarla en razón del carácter acumulativo del conocimiento.[21] Estas teorías y estas representaciones señalan la tendencia: si la acumulación de los conocimientos desempeña un papel creciente en la producción, la ciencia se encontrará sometida cada vez más estrechamente a las exigencias de valoración del capital.

Esta subordinación de los saberes a la economía, ya muy perceptible en la segunda mitad del siglo XIX, no ha hecho más que acentuarse después, con la multiplicación de los laboratorios y centros de investigación en las empresas gigantes, con los acercamientos múltiples entre las investigaciones privada y pública, y con el importante aumento de las inversiones en I+D y de las patentes.[22] El ejemplo norteamericano del MIT, a menudo erigido en modelo, muestra hasta qué punto la investigación aplicada, dirigida por la industria, puede llegar a dominar la producción de los saberes. El desarrollo tanto de las biotecnologías como de las actividades espaciales o las investigaciones relativas a la información y a la comunicación

---

21. Véase Dominique Guellec, *L'Économie de l'innovation*, París, La Découverte, «Repères», 1999, y D. Guellec y P. Ralle, *op. cit.*
22. Dominique Foray, *op. cit.*, págs. 20-21.

confirma a una escala más amplia esta creciente interpenetración de los sectores productivos y de las instituciones universitarias. La producción de conocimientos se ha convertido a la vez en una actividad mercantil específica por las formas jurídicas de su apropiación privada (patentes, derechos de autor) y en una importante fuente de beneficios para las empresas que los utilizan. Una de las características del capitalismo moderno consiste precisamente en la organización sistemática de la investigación sobre una base capitalista con el objetivo de proporcionar dividendos tecnológicos a las firmas. El número de empleos en el sector de la producción de conocimientos crece mucho más rápido que la media de los demás sectores; los conocimientos científicos y la innovación tecnológica experimentan una aceleración notable al mismo tiempo que se verifica una obsolescencia cada vez más rápida de los equipamientos, especialmente en el terreno informático, según un proceso de «destrucción creadora» que parece desbocarse.[23] Esta situación en la que «todas las ciencias se encuentran atrapadas al servicio del capital», como dice Marx, parece exigir un aumento continuo de la mano de obra cualificada y altamente cualificada, fenómeno que puede explicar una de las razones de la masificación escolar que experimentaron las escuelas secundarias y las universidades en los países capitalistas desarrollados desde la década de 1950.

LAS NUEVAS FÁBRICAS DEL SABER

En función de esta misma lógica, se puede comprender mejor la expansión de las «universidades empresariales», primero en Estados Unidos en la década de 1950 y luego, más recientemente, en Europa. Según algunos estudios, existirían en Francia una treintena, generalmente dependientes de un gran gru-

---

23. *Ibid.*, pág. 31.

po. Si todavía es difícil prever su evolución, a falta de perspectivas de conjunto, sin embargo se puede señalar que, en algunos casos, tienden a distinguirse de los centros de formación para ejecutivos de «altos potenciales» al convertirse en verdaderos lugares de formación capaces de incorporar estudiantes en el exterior y de otorgar diplomas.[24] De forma más general, un nuevo campo de acumulación del capital se abre con la transformación de las universidades en fábricas de producción del saber eficaz. La producción de los conocimientos y el propio saber están modelados en lo sucesivo por el «capitalismo universitario».[25] En realidad, es toda la cadena de producción de los conocimientos la que tiende a transformarse según los imperativos de valorización del capital como muestra el ejemplo de Norteamérica. A comienzos de la década de 1970, con la importancia adquirida por las «industrias de inteligencia» y por la valorización del capital humano considerado como una variable estratégica en la competición económica, la investigación universitaria fue la primera que se transformó en una producción de bienes sometidos al régimen de los derechos de propiedad y comercializables en los mercados. La concesión de licencias y el depósito de patentes se volvieron actividades habituales, generadoras de ganancias embolsadas a la vez por la institución, los investigadores y los socios financieros del sector privado. En el curso de la década de 1980, los sucesivos gobiernos tanto de Estados Unidos como de Canadá favorecieron fiscalmente la financiación privada de la investigación universitaria y permitieron que los laboratorios se apropiaran legalmente de los resultados de sus trabajos financiados con fondos públicos. En 1980, la ley Bayh-Dole fue la primera de las que autorizaban a las universidades a patentar las invenciones financiadas por el

---

24. Véase, con un enfoque más apologético, Annick Renaud-Coulon, *Université d'entreprise. Vers une mondialisation de l'intelligence*, París, Village Mondial, 2002.

25. Véase David F. Noble, *Digital Diploma Mills*, Part I, «The Automation Education», octubre de 1997, <http://www.communication.ucsd.edu/dl/ddm1.html>.

gobierno y luego a venderlas (antes de la adopción de esta ley, estas patentes se atribuían al gobierno federal), lo que benefició a las universidades con una aportación de fondos cada vez más importante procedente de firmas privadas. Esta ley, decisiva para el desarrollo de la comercialización de la investigación, reforzó el tejido de las relaciones entre las universidades y las firmas privadas. La intención de partida era relanzar la productividad y hacer frente al «desafío japonés» o, más generalmente, asiático.[26] Si en un primer momento se trataba de vender ideas nuevas surgidas de la investigación, esta ley condujo a una inversión de las relaciones entre las empresas y las universidades. Los laboratorios se fueron transformando paulatinamente en «centros de beneficio» integrados en una institución universitaria también metamorfoseada en un lugar de acumulación del capital. Las universidades crearon filiales privadas encargadas de comercializar las patentes y de efectuar las inversiones financieras. Las redes y los «socios» se multiplicaron con la industria, la mayoría de las veces bajo la forma de subvenciones más o menos disfrazadas. Mientras los riesgos y los costes seguían estando ampliamente socializados, los beneficios se habían privatizado. Esta política dio lugar a un profundo desequilibrio que perjudicaba a las actividades pedagógicas, reducidas a la ración de manutención. Numerosos investigadores se desinteresaron de la enseñanza, menos lucrativa que la investigación comercializada, y los departamentos más alejados de las actividades rentables vieron mermados sus medios, rebajados los salarios e incrementado el alumnado por curso.

Las direcciones de empresas y las administraciones universitarias pusieron en marcha colaboraciones y compartieron una concepción reductora de los cometidos universitarios al servicio de las actividades económicas. El acuerdo entre la universi-

---

26. Después, Japón adoptó medidas similares al modificar su legislación para conceder a los investigadores del sector público la mitad de los derechos de patente sobre sus invenciones.

dad de California (Berkeley) y la firma farmacéutica suiza Novartis, firmado en noviembre de 1998, ilustra particularmente este fenómeno. Al término de este acuerdo, Novartis asignaba veinticinco millones de dólares al departamento de microbiología, es decir, un tercio del presupuesto del departamento, mientras que la universidad concedía como contrapartida a la firma privada el derecho de apropiarse de más de un tercio de los descubrimientos de los investigadores universitarios y el de negociar las patentes de invención que se derivaban de ellos.[27] Este tipo de acuerdos no es raro desde que los Estados norteamericanos vieron estancarse sus recetas fiscales y tuvieron que efectuar manifiestos recortes en los presupuestos educativos. Si, por ejemplo, el Estado de California suministraba el 50 % del presupuesto total de Berkeley a mediados de la década de 1980, en 1997 no aportaba más que el 34 %. Aun cuando la financiación pública en Estados Unidos siga siendo importante, una parte cada vez mayor de la investigación universitaria está financiada a partir de ahora por donaciones privadas.

La búsqueda del beneficio sólo ha afectado a la investigación. En la década de 1990, la expansión de las «redes» y la posibilidad de vender cursos en línea a los particulares y a las empresas se presentaron como otras tantas oportunidades para «rentabilizar» la enseñanza misma. Entonces, toda la institución, hasta en sus actividades fundamentales, se vuelve un lugar de valorización del capital. Eso afecta a las condiciones de trabajo y a los estatutos de los investigadores y los docentes. Una gran parte de los docentes y los investigadores pierden su posición de pequeños productores independientes —a menudo comparados con las profesiones liberales o los artesanos— para convertirse en trabajadores industriales sometidos a una disciplina, a una intensificación del trabajo y a exigencias y controles reforzados por parte de la administración,

---

27. Eyal Press y Jennifer Washburn, «The Kept University», *The Atlantic Monthly*, marzo de 2000.

que reducen considerablemente su autonomía. Esta evolución transforma a una minoría de docentes y administradores en verdaderos capitalistas que disponen de suficientes recursos financieros, institucionales y cognitivos para obligar a trabajar a algunos de sus «colegas» con menor titulación, poder y dinero, y a algunos de sus estudiantes, a cambio de promesas de colocación o de remuneraciones simbólicas y materiales. Prosiguiendo las primeras experiencias en América del Norte del *e-learning* mercantil, la introducción en Internet de los cursos permite en numerosos casos imponer a los docentes normas pedagógicas sobre la forma y el fondo de «productos» pedagógicos cada vez más precisos y agravar su carga de trabajo. Estos «productos» pedagógicos comercializados escapan a la inspección de los productores y pueden circular bajo el único control de la administración en tanto que mercancías etiquetadas por la institución universitaria.

La introducción de los valores de mercado en el funcionamiento universitario no deja de tener consecuencias. Los donantes imponen su logotipo en las paredes y el mobiliario, vuelven a bautizar los edificios y promueven cátedras a cambio de una denominación que revela el origen de los fondos. El ejemplo más caricaturesco de esta hibridación entre la universidad y las marcas privadas lo relata Ibrahim Warde, quien describe así la nueva *business school* de la Universidad de California: «La familia Haas (heredera del fabricante de vaqueros Levi Strauss), que efectuó la donación más importante, obtuvo que la *business school* llevara su nombre. Las cátedras fueron financiadas por grandes empresas. La de la decana del establecimiento, Laura D'Andrea Tyson, una antigua consejera económica de Clinton, lleva por ejemplo el título de "Bank of America Dean of Haas"».[28] Esta práctica de dotación de las cátedras está muy difundida entre las marcas que intentan modificar o mejorar su

---

28. Ibrahim Warde, «L'université américaine vampirisée par les marchands», *Le Monde diplomatique*, marzo de 2001.

imagen social. Eyal Press y Jennifer Washburn, en su investigación sobre la universidad norteamericana, señalan, por ejemplo, que la marca Freeport McMoRan, una compañía minera acusada por su nociva conducta ecológica en Indonesia, creó una cátedra sobre medio ambiente en la facultad de Tulane. La mezcla de géneros perjudica a la ciencia, mantiene una cultura del secreto y favorece por doquier la penetración de la lógica del beneficio inmediato, y en primer lugar en los «cerebros» de los investigadores y los universitarios: «Los rectores de universidad, cuyo papel se parece al de los viajeros de comercio, se juzgan ante todo por su capacidad para conseguir fondos».[29] Los centros universitarios sirven de cobertura a los intereses privados, que aportan su marca y su garantía «científica» a las operaciones comerciales y al trabajo de presión [*lobbying*]. En estos casos, los docentes y los investigadores desempeñan el papel de portavoces de estos intereses, inclusive en las más prestigiosas revistas. En algunos casos, los fondos aportados por la parte privada limitan abiertamente la libertad de pensamiento y la reflexión crítica. Ibrahim Warde informa de este modo que la marca Nike «recientemente suspendió su participación financiera a tres universidades (Michigan, Oregón y Brown) con el pretexto de que sus estudiantes habían criticado alguna de sus prácticas en los países pobres, en especial en materia de empleo de niños».[30] Noam Chomsky cita el caso de un estudiante de informática en el MIT que se negó a contestar una pregunta en un examen, aunque conocía la respuesta, bajo el pretexto de que otro de sus profesores, comprometido en una investigación para la industria, le había impuesto formalmente el secreto en ese tema.[31] No es difícil extraer una conclusión: el valor mer-

---

29. Eyal Press y Jennifer Washburn, *op. cit.*
30. *Op. cit*, pág. 21.
31. Noam Chomsky, «Assaulting Solidarity, Privatizing Education», mayo de 2000, en la página del Aped: <http://users.swing.be/aped/documents/d0095 Chomsky.html>.

cantil de las investigaciones prevalece sobre su contenido de verdad, en la medida en que este término tenga alguna validez en la nueva configuración, o por decirlo de otro modo, la verdad, base hasta entonces de la actividad teórica, está «deconstruida» por el mercado. Para algunos observadores norteamericanos, la «disciplina por el dinero» que se impone en el mundo universitario, al dejar al mercado el cuidado de repartir los recursos y las recompensas, introduce muy serias amenazas en la vida intelectual y el pensamiento, tan peligrosas como las del maccarthismo.[32] Es de temer que, con las prerrogativas concedidas en numerosos casos al sector privado, la lógica de apropiación privada de los conocimientos choque frontalmente con la ética que guía a la investigación intelectual, de la que forma parte la rivalidad, pero también la libre circulación de ideas y la crítica abierta de los trabajos pasados o en curso.

UN MODELO QUE SE GENERALIZA

Esta política de hibridación institucional y de subordinación efectiva fue animada por todos los partidarios del liberalismo económico. La OCDE, en nombre de la importancia de la innovación «schumpeteriana» en el crecimiento económico, invita a los Estados a levantar cualquier obstáculo a la cooperación entre universidades y empresas para favorecer la innovación: «La innovación ya no sólo depende de los resultados de las empresas, las universidades, los institutos de investigación y las autoridades reglamentarias, sino que hoy en día es tributaria de su cooperación. [...] Por eso, es conveniente eliminar los obstáculos a la cooperación y a la constitución de redes, y promover la colaboración entre las universidades, las instituciones públicas de investigación y las empresas. En mu-

---

32. David Harvey, «University, Inc.», *The Atlantic Monthly*, octubre de 1998.

chos países de la OCDE, los investigadores en las universidades no son estimulados a dedicarse a investigaciones que podrían dar lugar a una aplicación comercial, ni a cooperar con las empresas. Estados Unidos es uno de los primeros países que ha tomado medidas en este terreno».[33]

La aceleración de esta comercialización de la investigación pública se puede observar en todos los países capitalistas desarrollados. Está favorecida por el refuerzo del papel de la propiedad intelectual muy especialmente en el campo de las ciencias de la vida y la informática, campos sometidos cada vez más a una expansión de la patentabilidad. Así, Maurice Cassier y Jean-Paul Gaudillière escriben: «La década de 1990 estuvo marcada por la difusión de las prácticas de apropiación en el campo de la investigación genómica en un contexto de estrechamiento de lazos entre la ciencia, la medicina y el mercado. Hasta el día de hoy, se han depositado más de un millar de patentes de fragmentos de genes. Los contratos de investigación entre los laboratorios farmacéuticos y los laboratorios públicos, con cláusulas de confidencialidad y de exclusividad, se han multiplicado».[34] Esta tendencia fue reforzada por leyes que facilitasen la apropiabilidad y la transferibilidad mercantil de los conocimientos según el modelo de la Bayh Dole Act. Está vinculada, sobre todo, a la evolución de las prácticas y de las instituciones. Los canales que permiten la interpenetración de los medios de la investigación y la empresa se multiplicaron, y muy especialmente bajo la forma de instituciones de investigación situadas en la intersección del sector público y el sector privado, y que producen a la vez bienes públicos y bienes pri-

---

33. Jean Guinet y Dirk Pilat, «Faut-il promouvoir l'innovation?», *L'Observateur de l'OCDE*, octubre de 1999, pág. 69.

34. Maurice Cassier y Jean-Paul Gaudillière, «Droit et appropiation dans le domaine des biotechnologies, quelques remarques sur l'évolution récente des pratiques», *Réseaux*, n° 88-89, 1998. Véase igualmente Brigitte Chamak, «Conséquences des brevets sur les séquences génomiques: le cas des brevets sur les tests de prédisposition au cancer du sein», *Nouveaux Regards*, n° 15, otoño de 2001.

vados.[35] En numerosos países occidentales, la aportación de fondos públicos a un laboratorio está incluso condicionada por la firma de un contrato con una o varias empresas privadas.

La lógica del beneficio se introdujo masivamente en una universidad francesa globalmente subfinanciada. En Francia, por cierto, el hábito del eufemismo hizo que se hablara de «colaboración», de «realismo», de «eficacia» y de «innovación». Sin embargo, en este terreno, el liberalismo mimético no es muy difícil de descubrir y, por otra parte, los representantes de primera fila confiesan claramente la imitación del modelo universitario norteamericano.[36] Claude Allègre declaraba así: «Al contrario que la cultura francesa, la cultura norteamericana es la cultura de la movilidad y de la asunción de riesgos. No somos los descendientes de los que cruzaron el Atlántico, sino los descendientes de los que se quedaron de este lado».[37] Según el informe redactado por Jacques Attali, las universidades deben convertirse cada vez más en un entrelazamiento de empresas, laboratorios y servicios de financiación capitalista. Podrán «amparar empresas nacientes de las que podrán sacar, si lo desean, una parte de capital».[38] Según un giro retórico clásico, el informe Attali pretende encauzar la mercantilización que amenazaría a la universidad francesa por un camino que no haría más que prepararla: «Si se quiere evitar que empresas de escala mundial decidan satisfacer por sus propios medios sus futuras necesidades de formación mucho más de lo

---

35. Véase Jean-Loup Motchane, «Génoplante ou la privatisation des laboratoires publiques», *Le Monde Diplomatique*, septiembre de 1999.

36. Véase Christophe Charles, «Université et recherche dans le carcan technocratique», *Le Monde diplomatique*, septiembre de 1999.

37. Entrevista concedida por la revista norteamericana *Science*, citada por Christophe Charles. Este último comenta así esta declaración: «Los responsables europeos están fascinados por un modelo norteamericano reputado por asociar una baja financiación pública y una significativa financiación privada, e integrar investigación fundamental, investigación aplicada, innovación tecnológica y desarrollo de las empresas [...]».

38. Jacques Attali, *op. cit.*, págs. 24-25.

que lo hacen hoy, las universidades deberán contribuir a la creación de empresas y a su desarrollo. Para esto, tendrán que valorizar su investigación, adquirir patentes y organizar empresas en su seno».[39] Los propios educadores deben poder convertirse en empresarios y confundir en la más completa legalidad sus funciones de docencia, investigación y gestión empresarial: «El estatuto de los docentes tendrá que ser enmendado para permitirles mayor movilidad y, en especial, la participación en la creación de empresas innovadoras fundadas en el resultado de sus investigaciones, sin tener necesariamente que abandonar de un modo definitivo su estatuto de funcionarios», sigue diciendo el mismo informe. Esta visión desembocó en una serie de estímulos que favorecen una comercialización cada vez más marcada de los resultados científicos. La ley sobre innovación e investigación presentada por Claude Allègre en julio de 1999 pretende facilitar la creación de empresas por parte de los investigadores, los intercambios entre organismos públicos de investigación y empresas privadas y la constitución de estructuras profesionales de valorización. En especial, prevé la posibilidad de que los investigadores y los docentes-investigadores creen empresas en tanto que asociados, administradores o dirigentes sin dejar de ser funcionarios, mientras que los textos precedentes limitaban las relaciones del antiguo funcionario que creaba una empresa con su organismo de origen.[40] En agosto de 2002, esta política culminó en una serie de facilidades concedidas a los empresarios, investigadores y asalariados del sector privado para convertirse en docentes-investigadores de la universidad. Esta concepción retiene de su modelo norteamericano la idea según la cual se supone que la colaboración produce un «beneficio mu-

39. *Ibid.*, pág. 19.
40. Las informaciones detalladas sobre estas medidas se encuentran en Christophe Jacquemin, «Profession: entrepreneur-chercheur», XXI*e* siècle: *Le magazine du ministère de l'Éducation nationale, de la Recherche et de la Technologie*, n° 4, abril de 1999.

tuo» porque «la batalla económica mundial es la batalla de la materia gris», según las declaraciones de Claude Allègre.[41] En ninguna parte se considera el riesgo de la impugnación de la autonomía de la investigación, indispensable para el progreso del conocimiento, ni siquiera la forma de afrontar los casos, sin embargo muy probables, de conflicto de intereses a causa de la confusión de los géneros, de la mezcla de las financiaciones y del solapamiento de los estatutos personales.

Al tener que responder, sin mediación y sin demoras, a las exigencias económicas más apremiantes, se vulneran los propios fundamentos de la universidad y de la escuela. El economista Ernest Mandel explicaba ya por esta transformación la crisis estudiantil de finales de la década de 1960 y comienzos de la década de 1970: «Lo que se ha convertido en la tarea esencial de la enseñanza superior en la tercera era del capitalismo ya no es la producción de "hombres razonables", de burgueses cultivados, es decir, de individuos capaces de juzgar y decidir razonable y rigurosamente —lo que se adecuaba a las necesidades del capitalismo de libre competencia—, sino la de asalariados intelectualmente muy cualificados».[42] La educación humanista, por muy ilusoria que haya podido ser su pretensión a la universalidad en una sociedad de clases, al aspirar al completo desarrollo de todas las facultades intelectuales, morales y físicas, se proponía como meta la emancipación intelectual y, como referencia ideal, un hombre completo para quien el trabajo no constituía la exclusiva ocupación de la vida. Al contrario, la educación, en la era neoliberal, aspira a la formación del asalariado o, más generalmente, del «activo» cuya existencia parece reducirse a la aplicación de conocimientos estratégicos en el ejercicio de una profesión especializada o de

---

41. Véase la entrevista con Claude Allègre, *L'Expansion*, 4-7 de noviembre de 1999.

42. Ernest Mandel, *Le Troisième Âge du capitalisme*, vol. 2, París, Éditions 10/18, 1976, pág. 94.

una actividad considerada socialmente útil. Al no tener ya como horizonte más que el campo de las profesiones y las actividades existentes, encierra en un presente al que es necesario adaptarse cueste lo que cueste eliminando la utopía de una liberación. Según la justa expresión de André Tosel, estamos en la época de la escuela «desemancipadora».[43]

---

43. Véase André Tosel, «Vers l'école désémancipatrice», *La Pensée*, n° 318, abril-junio de 1999.

CAPÍTULO 3

LA NUEVA LENGUA DE LA ESCUELA

La educación debe ser considerada como un servicio prestado al mundo económico.

Informe de la European Round Table,
febrero de 1995

No existe educación sin ideal humano, sin una idea de la excelencia humana. Sin duda, son poco numerosos los autores y actores implicados en el terreno educativo que pongan abiertamente en duda el famoso tríptico jerarquizado de los fines de la escuela republicana: formar al trabajador, instruir al ciudadano y educar al hombre. ¿Cómo podría erigirse abiertamente como referencia la sumisión directa a los imperativos económicos? Y, sin embargo, los «hombres nuevos» que hay que formar, si se presta atención a los discursos más habituales, son en primer lugar los trabajadores y los consumidores del futuro. Tras el creyente, tras el ciudadano del Estado, tras el hombre cultivado del ideal humanista, la industrialización y la mercantilización de la existencia redefinen al hombre como un ser esencialmente económico y como un individuo esencialmente privado. Cuando se pregunta cuál es el «polo de la educación» en la actualidad, para retomar la expresión de Durkheim,[1] es decir, el ideal a la vez uno y diverso que recapitula el «alma» de un sistema educativo, es necesario volverse hoy hacia las categorías económicas que permiten pensar la persona humana como un «recurso humano» y un consumidor que satisfacer.[2]

Esta transformación de las referencias normativas debe volver a ubicarse en el movimiento de revalorización de la empresa, «motor y modelo de la sociedad civil» en la representación dominante. En ruptura con los ideales clásicos de la escuela, se suponía que la referencia al mundo de la empresa aportaba, «llaves en mano», las soluciones radicales a la crisis de la centralización burocrática y al conjunto de las dificultades introducidas por la rápida masificación de la población escolarizada de mediados de la década de 1980. Esta referencia no sólo sirvió de justificación al acercamiento de los dos mundos, escolar y económico, sino que fue asimismo el medio que permitió modificar las referencias internas de la propia escuela, su modo de funcionamiento, su organización, la naturaleza de la autoridad que allí reina e incluso sus principales cometidos.[3] La institución escolar ya no encuentra su razón de ser en la más equitativa distribución posible del saber, sino en las lógicas de productividad y rentabilidad del mundo industrial y mercantil. Estas lógicas de eficacia que se imponen no son «axiológicamente neutras», como dicen los gerentes empresariales que presumen de filosofía y sociología, no son únicamente técnicas, sino que son, al contrario, profundamente culturales y políticas.

---

1. Émile Durkheim, *Éducation et sociologie*, París, PUF, 1985, pág. 50 (trad. cast.: *Educación y sociología*, Barcelona, Península, 2003).
2. Véase sobre este punto Riccardo Petrella, «L'éducation victime de cinc pièges», *Le Monde diplomatique*, octubre de 2000.
3. Jean-Pierre Le Goff realizó un excelente análisis de la penetración de los temas de la modernización de la gestión empresarial en la escuela. Véase Jean-Pierre Le Goff, *Le Mythe de l'entreprise*, París, La Découverte, 1992, en especial el capítulo VII.

La institución escolar, en su conjunto, experimentó, como otras instituciones, pero con una intensidad excepcional, una verdadera «transferencia terminológica», que preparó las reformas de inspiración liberal.[4] Se supone que todo el léxico que acompaña al «pensamiento-gestión» puede aplicarse a la acción educativa en todas sus dimensiones. Este trabajo de redefinición de la institución escolar como «empresa educativa» fue llevado a cabo a partir de finales de la década de 1970, durante un cierto número de coloquios, en el curso de intercambios con los expertos internacionales y los administradores de países donde el proceso estaba más avanzado (por ejemplo, Canadá), en determinadas revistas vinculadas al medio de los personales de dirección y de la administración del Ministerio de Educación Nacional,[5] y en múltiples trabajos de peritaje o de intención formativa. Basta con recordar la inflación galopante del léxico de la gestión en la nueva lengua de la escuela para dar una idea aproximada de este fenómeno. A la vuelta de la década de 1980, la pedagogía se convierte incluso en una «gestión», incluso en una «gestión mental», y algunos proponen concebir al profesor como un «gerente de su clase».[6] Saberes, innovación y colaboración, todo responde a esta lógica que tiene el atractivo de las visiones totalizantes. Estos

---

4. Un ejemplo de esta operación de traducción sistemática: un director de colegio, en un número de la revista *Éducation et management*, presenta su cometido del siguiente modo: «Gestionar es tener en cuenta todos los parámetros materiales y humanos, evaluar para conseguir la mejor rentabilidad posible, es decir, el éxito escolar del mayor número», cartas de los lectores en *Éducation et management*, n° 19, pág. 32.

5. Quizá las huellas más evidentes de la constitución del «referencial» doctrinal de la gestión empresarial educativa se encuentren en la revista *Éducation et management*, publicada por el CRDP de Créteil. La confusión de los géneros se inscribió de entrada en el frontón de la revista. El subtítulo, en forma de oxímoron, de esta revista constituye su programa: «Los valores de la escuela y el espíritu de empresa».

6. Alain Louveau, «À quand le professeur manager?», *Éducation et management*, n° 10, noviembre de 1992. Para una exposición del uso del término en el mundo educativo, véase Marcelle Stroobants, «Autour des mots "gestion" et "compétence"», *Recherche et formation*, n° 30, 1999, págs. 61-64.

discursos permitieron colocar simbólicamente a la institución escolar bajo la jurisdicción de una lógica gestora extraña a su antigua referencia cultural y política, pero también someterla a la presión de las lógicas sociales y económicas que hasta entonces le eran exteriores, al favorecer así la interiorización de nuevas metas y la constitución de nuevas identidades profesionales.

Esta supeditación del sistema escolar a las necesidades económicas implica una *hibridación* de las categorías de inteligibilidad y de legitimidad. En la intersección entre la economía y la educación, en una zona de solapamiento léxico, las palabras de acuerdo, connivencia y transición de una esfera a otra permitieron una concepción homogénea de los campos de la economía y de la enseñanza. Por ejemplo, la noción de *aprendizaje a lo largo de toda la vida*, estrechamente asociada a las de *eficacia* y de *rendimiento*, o incluso a la de *competencia*, permiten pasar de la lógica económica a la lógica escolar en nombre de una representación esencialmente práctica del saber útil y gracias a categorías mentales homogéneas. La construcción de estas categorías de doble cara, educativa y productiva, no debe ser descuidada. El cambio se debe al hecho de que se quiere pensar de manera *continua* lo que hasta entonces era fundamentalmente *discontinuo*, es decir, el paso del estado de escolarizado al de activo.

EL APRENDIZAJE A LO LARGO DE TODA LA VIDA

Enmascarada por el debate siempre muy apasionado entre los defensores de la «instrucción» y los partidarios de la «educación», se produjo una mutación cuando el término genérico de «formación» se impuso con un sentido especial. Sin duda, la noción es antigua y sus raíces, que evocan la «adquisición de forma» del ser humano mediante la acción pedagógica, son profundas. Pero en el uso reciente del término, la finalidad profesional parece dirigir, de manera teleológica, las etapas de la «formación» que llevan a ella. La enseñanza escolar se considera cada vez más una «formación inicial», es decir, preparatoria para la formación profesional, y dando por supuesto, por tanto, que recibe legítimamente, en *feedback*, instrucciones de esta última, especialmente en materia «comportamental». La justificación de la escuela consiste en asegurar una especie de acumulación primitiva del capital humano. La cultura general ya no debe estar guiada por motivos desinteresados, en tanto que, en la empresa, ya no se reclama una especialización demasiado estricta, sino un zócalo de competencias necesario para el trabajador polivalente y flexible. La «formación inicial» que debe servir para la adquisición de una «cultura» básica orientada en función de motivos profesionales ampliamente difundidos exige una pedagogía gobernada por los imperativos de la inserción laboral, de la comunicación en un grupo, de la «presentación de uno mismo» y, sobre todo, de la «resolución de problemas en una situación de incertidumbre».

Pero no se entendería del todo el nuevo alcance que encierra la expresión de *formación* si no se percibiera que la propia empresa pretende ser formadora e intenta asociar más estrechamente producción y formación. Puesto que es en el ejercicio mismo de la actividad donde el trabajador aprende sobre todo a efectuar las elecciones óptimas que se esperan de él, la empresa debe intentar convertirse en una «organización cualificante» o «educadora».[7] Esta concepción confiere a la empresa un «punto de vista» sobre la educación y una legitimidad para intervenir en la «formación inicial».[8] Por este motivo, los medios patronales abogan por que la enseñanza con-

---

7. C. Sauret, «Les organisations qualifiantes, processus de développement des compétences professionnelles», *Entreprise et personnel*, abril de 1989.
8. Véase Lucie Tanguy, «Racionalisation pédagogique et légitimité politique», en Françoise Ropé y Lucie Tanguy (comps.), *Savoirs et compétences: De l'usage de ces notions dans l'école et l'entreprise*, París, L'Harmattan, 1994, págs. 23-61.

ceda un lugar cada vez más amplio a las maneras de ser y de hacer, para que ponga el acento en las operaciones, las actividades y las producciones, y ponga en juego todos los aspectos de la personalidad. La enseñanza renovada según los deseos de los directores de empresa debe permitir al trabajador asimilar los discursos y reproducirlos en situación de interacción entre los miembros de la empresa o en las relaciones con los clientes y los proveedores; adherirse a las retóricas movilizadoras; investigar y utilizar informaciones nuevas; y ser así capaces de responder a las exigencias de autonomía controlada que la organización espera del asalariado.

En estrecha relación con el uso especial del término de «formación», la expresión de «aprendizaje a lo largo de toda la vida», lanzada a partir de la década de 1970 y retomada en 1996 por la OCDE, se convierte en un *leitmotiv* del discurso dominante. La nueva consigna preconizada por la OCDE, la Comisión Europea o la Unesco parece muy loable. En una perspectiva humanista, podría expresar un progreso en la difusión de los más amplios conocimientos al mayor número. En apariencia, la idea central del «nuevo paradigma» escolar es a la vez seductor e impregnado de justicia: que se aprenda durante toda la vida supone la oferta de programas de aprendizaje continuo que permitan perfeccionamientos, recuperaciones y reanudaciones de los estudios.[9] Es lo que, por otra parte, parece sugerir la OCDE: «El aprendizaje de por vida debe responder a varios objetivos: favorecer la realización personal, especialmente enriquecer el ocio (en particular durante la jubilación); reforzar los valores democráticos; animar la vida colectiva; mantener la cohesión social; y favorecer la innovación, la productividad y el crecimiento económico».[10] Las transformaciones económicas, ya se trate de la mundialización

---

9. Sería una equivocación creer en una novedad radical. Véase Lê Thành Khôi, *op. cit.*, pág. 211.

10. OCDE, *Apprendre à tout âge*, 1996, pág. 15.

de los intercambios o de las nuevas organizaciones de trabajo, conducirían al mismo tiempo al progreso social y cultural. Con esta retórica generosa, el capitalismo flexible se presenta espontáneamente como cada vez más «liberador». Esta noción sería también el eje de una reestructuración del sistema global de enseñanza, que implicaría colaboración, formación inicial adaptada a la formación continua y validación de las adquisiciones de la experiencia en unidades capitalizables.[11] Supondría igualmente una redefinición del papel de los poderes públicos y un nuevo reparto tanto de las funciones entre el Estado central y las colectividades territoriales como entre el sector público y el sector privado.

En realidad, la expresión y la idea son profundamente ambivalentes. Tan rica en perspectivas democráticas es la propuesta de no limitar la educación únicamente al comienzo de la vida como es necesario preguntarse por el sentido real del empleo que hacen de ella la OCDE, la Comisión Europea y los diferentes gobiernos occidentales, y por las políticas que se derivan.[12] La significación que las esferas dirigentes proponen es claramente utilitarista. En efecto, el orden de los objetivos no nos puede engañar: el esfuerzo de conocimiento se exige por razones de interés personal y de eficacia productiva. La Comisión Europea define el reto sin rodeos: se trata de convertir Europa en «la economía del conocimiento más competitiva y más dinámica del mundo», lo que lleva consigo la constitución de un «espacio europeo de la educación y la formación a lo largo de toda la vida».[13] Se supone que la escuela inicial dota al joven con un «paquete de competencias básicas», se-

---

11. Pierre Laderrière, *L'Enseignement: une réforme impossible? Analyse comparée*, París, L'Harmattan, 1999, pág. 17.

12. Véase, sobre este punto, Yves Baunay y Annie Clavel (comps.), *Toute la vie pour apprendre, un slogan ou un véritable droit pour toutes et pour tous*, París, Nouveaux Regards/Syllepse, 2002.

13. Comunicación de la Comunidad Europea, «Réaliser un espace européen d'éducation et de formation tout au long de la vie», 21 de noviembre de 2001.

gún la expresión empleada por la Comisión Europea, y debe consagrarse antes que nada a «enseñar a aprender», especie de marco general sin contenido muy definido. El contenido de este saber se delega fundamentalmente en los usos productivos ulteriores, de acuerdo con una lógica instrumental del saber. La Comisión Europea, la OCDE o el ERT no carecen de una determinada representación de lo que debería ser la cultura escolar ni de la intención de influir en ella en el momento en que se les presente la ocasión. Lo importante no es la calidad y la cantidad de conocimientos adquiridos, en la medida en que éstos pueden ser inútiles, e incluso un estorbo. Lo esencial reside en la capacidad para el trabajador de continuar aprendiendo durante toda su existencia aquello que tenga para él una utilidad profesional. Esta capacidad de «aprender a aprender» no puede separarse del resto de competencias profesionales ni de las relaciones mantenidas con el otro en el grupo de trabajo. Creatividad, buena disposición en el grupo y manejo de los códigos de base son otras tantas condiciones de esta facultad permanente. En otros términos, los análisis convergentes de los medios industriales y las esferas políticas consisten en pensar que la escuela debe proporcionar herramientas suficientes para que el individuo adquiera la autonomía necesaria para una autoformación permanente, para un continuo «autoaprendizaje». Por esto, debe abandonar todo lo que se asemeje a una «acumulación» de saberes superfluos, impuestos y fastidiosos. En esta perspectiva, el *lifelong learning* prepararía menos para conseguir un «diploma», que permitiría acceso al empleo y al estudio de una carrera, que para las «competencias de base mercantilizables» (*marketable skills*), que permitirán la adaptación permanente del asalariado a las transformaciones económicas y a las necesidades del mercado. No es difícil entender que en una economía en la que, como se dice, el asalariado está condenado de por vida a desaparecer, el trabajador tenga que estar preparado para reciclarse lo más fácil y lo más rápidamente posible. La noción de «aprendizaje a lo largo de toda la vida» permite articular así de forma sintética la elevación del nivel de competencias de los asalariados y la flexibilidad de los modos de adquisición de los saberes correspondientes a las mutaciones tecnológicas y económicas aceleradas del capitalismo moderno.

Si el objetivo sigue siendo esencialmente económico, los diferentes textos de referencia de este «espacio europeo de la educación y la formación a lo largo de toda la vida» dan una definición muy amplia de la expresión que incluye la realización personal, la ciudadanía activa, la integración social y no sólo la inserción laboral y el rendimiento en el trabajo. Pero ¿de qué sirve esta retórica, generalmente confinada al final de los párrafos o en las notas a pie de página, si la meta principal es tan manifiestamente predominante? La política educativa de la Comisión Europea se encuentra, en realidad, subordinada a objetivos de adaptación de la mano de obra a las nuevas condiciones del mercado de trabajo, como muestra el *Mémorandum sur l'éducation et la formation tout au long de la vie* (30 de octubre de 2000), que inscribe deliberadamente la educación y la formación a lo largo de toda la vida en una lógica de empleo. El «nuevo paradigma» presenta el grave peligro de la confusión de los lugares, la disolución de los contenidos y el empobrecimiento cultural, cuando se interpreta en la lógica restrictiva del capital humano. En efecto, se supone que toda la estructura de la educación se recompone a partir de esta noción. La concepción conduce a poner en el mismo plano múltiples formas de «aprendizaje de por vida» que deben articularse, e incluso entrelazarse, de una forma a la vez flexible y compleja en una «estructura de la oferta de formación» diversificada.[14] Esta combinación pasa por la apertura de la escuela hacia el exterior y la conduce a constituir «colaboraciones»

---

14. La OCDE ya había avanzado tales perspectivas. «Se admite que el aprendizaje se desarrolla en múltiples contextos, formales e informales», OCDE, *Analyse des politiques d'éducation*, 1997.

múltiples y duraderas con otras partes interesadas: familias, colectividades locales y empresas, todas estas instancias consideradas como otras tantas «organizaciones educadoras». Si se sigue el *Mémorandum* europeo, varios modos de adquisición de saberes son posibles: al lado de la educación formal (la escuela), existe una educación no formal (la experiencia profesional) y una educación informal (la experiencia social), que componen una *lifewide learning*, un «aprendizaje que abarca todos los aspectos de la vida». Los mundos familiares, locales y profesionales deben interpenetrarse, por ejemplo, reforzando «la iniciación práctica en el trabajo en los programas ordinarios» y multiplicando las ofertas de formación para los asalariados ya ocupados. En una palabra, la vía propuesta, llamada «sistémica», es la de la flexibilización del sistema de formación, de su desespecialización y de su integración en un «proceso» continuo de adaptación a las situaciones complejas y cambiantes. En la «sociedad cognitiva» no puede existir una esfera separada del mundo profesional, exclusivamente consagrada a los saberes académicos, no existe verdaderamente un lugar «gratuito» que no dependa de la categoría totalizante del aprendizaje; sólo puede haber «puentes», «redes de aprendizaje», «itinerarios flexibles», «colaboraciones» y todas las formas de interpenetración facilitadas por el uso de las nuevas tecnologías.

Este «nuevo paradigma» pretende «responsabilizar a "los ciudadanos" ante su deber de aprender». En este sentido, más que una respuesta a las necesidades de autonomía y de realización personal, lo que dirige esta pedagogización de la existencia es más bien una obligación de supervivencia en el mercado de trabajo. De este modo, se completan la autonomía y la autodisciplina. Si los individuos no son capaces de «administrar la incertidumbre» y de «asegurar su empleabilidad», en una sociedad en la que el riesgo de marginalización y de exclusión es cada vez mayor, la eficacia global de la economía disminuirá. Los costes producidos por una fracción demasiado grande de la población económicamente inútil incrementarán las cuentas sociales y las cargas fiscales. La realización personal no es, por otra parte, «gratuita»: al contrario, se considera una fuente de ganancias para la empresa y la sociedad.[15] Se trata de permitir que los individuos «se protejan ante el riesgo» que se corre cada vez más en el mercado de trabajo sin dejar de satisfacer las expectativas de las empresas en materia de innovación y de creatividad.[16]

Ejercido dentro y fuera de las instituciones, el aprendizaje a lo largo de la vida se encuentra en todas partes y en ninguna, se confunde con la vida de un eterno estudiante «responsabilizado» por su continuo deber de aprender.[17] Por eso es el tema principal de una estrategia desreguladora que pone al mismo nivel a las instituciones escolares, las empresas, las familias (aprendizaje a domicilio) y las asociaciones en un cajón de sastre que pretende, en nombre de las necesidades del individuo y la lógica de la demanda, crear un vasto mercado de la educación en el que ofertantes y financiaciones sean cada vez más numerosos y diversificados.[18] Los textos de la Comisión Europea, y en especial el *Mémorandum sur l'éducation et la formation*, son muy reveladores de esta gestión individualista. El individuo se ve emplazado ante sus responsabilidades de «estudiante» en el marco de una vida más arriesgada y más abierta a la elección individual. No le corresponde a una institución

---

15. OCDE, *Analyse des politiques d'éducation*, 1997.
16. Véase Comisión Europea, *Rapport Reiffers: Acomplir l'Europe par l'éducation et la formation*, 1997, pág. 20.
17. Como señala la OCDE, esta noción «está en conformidad con las necesidades engendradas por las mutaciones que transforman profundamente a los países de la OCDE, los cuales están sometidos a fenómenos tales como los períodos de continuo crecimiento económico, la innovación tecnológica, la mundialización, la desreglamentación de los mercados, la evolución demográfica y la expansión de las nuevas economías», en *Analyse des politiques d'éducation*, 1997.
18. El *Mémorandum sur l'éducation et la formation tout au long de la vie*, de octubre de 2000, habla de «ósmosis» entre los sectores de la enseñanza, formales, no formales e informales (y este último se confunde con «la vida cotidiana»).

de educación imponer, ni siquiera moldear, unos estudios universitarios, sino que son los individuos los que construyen, planifican y escogen según sus apetencias y su interés personal bien entendido: «La voluntad individual de aprender y la diversidad de la oferta, tales son las postreras condiciones indispensables para un funcionamiento exitoso de la educación y la formación a lo largo de toda la vida», señala este texto. Y todavía se muestra más claro: «En el seno de las sociedades del conocimiento, el papel principal corresponde a los individuos mismos. El factor determinante es esta capacidad que posee el ser humano para crear y explotar los conocimientos de la forma más eficaz e inteligente, en un medio ambiente en perpetua transformación». Estas aparentes banalidades no deben ocultar la concepción que las urde: a las demandas individuales debe responder una oferta diversificada a la vez en sus contenidos, sus niveles y sus métodos. Lejos de establecer garantías colectivas en el marco de instituciones, esta visión de la formación se pretende profundamente no institucional. Es el individuo «responsabilizado», es decir, consciente de las ventajas y los costes del aprendizaje, el que debe realizar las mejores elecciones de formación para su propio bien. Esto supone que, para escoger de forma lúcida lo que debe aprender, se encuentre bien informado por las «agencias de orientación». Éstas sacarán a la luz su motivación, le proporcionarán las informaciones pertinentes y le «facilitarán la toma de decisión».[19] En cuanto a los docentes, se convertirán en «los guías, tutores y mediadores» que habrán de acompañar a los individuos aislados en su itinerario de formación.

---

19. El *Mémorandum* compara el oficio de orientador con el de corredor de Bolsa: «El futuro papel de los profesionales de la orientación y del consejo podría describirse como un papel de "corretaje". Teniendo presentes los intereses del cliente, el "corredor en orientación" es capaz de explotar y adaptar un amplio abanico de informaciones que le ayuden a decidir el mejor camino que seguir en el futuro» (pág. 33).

EL USO ESTRATÉGICO DE LAS COMPETENCIAS

Las palabras no son neutras, ni siquiera cuando se pretenden únicamente técnicas, operatorias y descriptivas. Sustituir la palabra «conocimiento» por la de «competencia» no carece de importancia. Desde luego, no se trata de la palabra «competencia» en sí misma, tomada al margen de las relaciones que mantiene con sus habituales vecinas, o con aquellas a las que reemplaza, y al margen del contexto de la acción social. Y si se entendiera con ella objetivos tan amplios como «aprender a ser», «aprender a hacer» o «aprender a convivir», además del objetivo de «aprender a conocer»,[20] todavía sería posible leer estas expresiones según las más tradicionales perspectivas humanistas. Incluso se podría sostener que el «ingreso por las competencias» permite remitirse al ámbito jurídico en el que el término implica una relación muy definida entre los poderes y los estatutos. Sin embargo, el actual éxito del término sólo se relaciona muy lejanamente con una reactivación de los ideales de Erasmo o de Rabelais y tiene muy poco que ver con una consolidación de los derechos de los asalariados. El empleo estratégico que se hace de ella tanto en la empresa como en la escuela es inseparable de la nueva «gestión de los recursos humanos» en la que la escuela desempeña el papel primitivo. Incluso este uso está más bien destinado a impugnar las tareas tradicionales de la escuela, la transmisión de los conocimientos y la formación intelectual y cultural en el sentido más amplio del término.

Esta noción de «competencia» es el objetivo de numerosos, y un tanto embrollados, debates en los que no vamos a entrar.[21] La noción es polisémica (tiene un sentido en derecho,

---

20. Son los «cuatro pilares de la educación», según el informe en la Unesco de la Comisión Internacional sobre la Educación para el Siglo XXI, presidida por Jacques Delors (*L'Éducation, un trésor est caché dedans*, París, Odile Jacob, 1996).

21. Es «una de esas nociones encrucijada cuya opacidad semántica favorece el uso inflacionista que se ha hecho de ella en lugares diferentes por agentes con intereses diversos. [...] Es forzoso reconocer que la plasticidad de este término es un ele-

en lingüística y en psicología cognitiva) y se presta, por consiguiente, a múltiples usos sociales, lo que refuerza su evidencia y su aparente neutralidad. La dificultad reside aquí en el hecho de que el término puede designar realidades variadas, y tanto puede encerrar indudables avances democráticos como conducir a verdaderas regresiones. «Noción encrucijada» para algunos, «atractivo extraño» para otros, la competencia permite, por ejemplo, que se reconozcan a los asalariados conocimientos prácticos no certificados por los diplomas y que los contratistas no están dispuestos a reconocer espontáneamente. Algunos sindicatos son favorables a la valorización y la validez de las competencias profesionales cuando no han sido reconocidas socialmente mediante la traducción simbólica de un diploma o de otro título. Gran parte de la cualificación profesional, cuando no está sancionada institucionalmente, no encuentra, en efecto, en el contratista su justo reconocimiento y su retribución correspondiente. Igualmente, se podría sostener que la noción, cuando apunta a la asociación del conocimiento con la práctica, pone en duda la división a menudo demasiado rígida entre lo «abstracto» y lo «concreto», división sobre la cual se fundan la selección escolar y la distribución de los empleos. Pero, por otra parte, se inscribe en el conjunto de las herramientas de evaluación y remuneración, de control y vigilancia, a disposición de los contratistas que intentan racionalizar con la mayor exactitud su mano de obra concebida como «stock de competencias». La «competencia», como recuerdan Françoise Ropé y Lucie Tanguy, designa un conocimiento inseparable de la acción, asociado a una habilidad, que depende de un saber práctico, o de una facultad más general que el inglés designa con el término *agency*. De ese modo, se designan las capacidades para realizar una tarea con ayuda de herramientas materiales y/o instrumentos intelectuales. Un opera-

---

mento de la fuerza social que reviste y de las ideas que vehicula», escriben F. Ropé y L. Tanguy, *op. cit.*, pág. 14.

rio, un técnico o un médico poseen competencias profesionales. En este sentido, la competencia es aquello por lo cual un individuo es útil en la organización productiva. La noción tendría tanto mayor pertinencia actualmente cuanto las transformaciones del trabajo, en particular con la difusión de las nuevas tecnologías de la información, rompen los antiguos vínculos entre un oficio, un ramo y un diploma o, incluso, en la medida en que permiten trascender la antigua oposición entre trabajadores intelectuales y mecánicos. Sin duda alguna, todo esto tiene su parte de verdad, pero el uso predominante que determina su significación principal y su eficacia simbólica depende de consideraciones estratégicas. En el contexto actual, la noción está en la base de los discursos que construyen las relaciones de fuerza entre los grupos sociales. La competencia está estrechamente conectada con la exigencia de eficacia y de flexibilidad exigida a los trabajadores en la «sociedad de la información».

En el ámbito económico y profesional, si la noción de «competencia» viene así cada vez más a sustituir a la noción de «cualificación», esto se debe a que, en la antigua sociedad salarial, la cualificación funcionaba como una categoría inmediatamente social que llevaba aparejado un conjunto de garantías y derechos. Desde la Liberación, estaba codificada según escalas a partir de acuerdos nacionales o por ramos, se definía en referencia a niveles de diplomas y constituía la base de las remuneraciones. Este reconocimiento de la cualificación en las convenciones grupales equivalía a una plasmación colectiva de los juicios sociales sobre el valor de las personas y de los trabajadores por la intermediación de un Estado detentador, gracias al sistema educativo, de la evaluación legítima.[22] La cualificación certificada con un diploma concedía así al Estado educador una función de garantía en última instancia del valor personal.

---

22. Véase Danielle Collardyn, *La Gestion des compétences*, París, PUF, 1996, pág. 57.

Lo que no dejaba de otorgar un poder a veces excesivo a los veredictos escolares, como señaló profusamente la sociología crítica de Pierre Bourdieu. Pero esta sociedad salarial se deshace, y las dimensiones institucionales y colectivas de la relación salarial se descomponen. La función mediadora del Estado se impugna en nombre de una mayor transparencia del mercado y de una mayor individualización de las relaciones sociales. La impugnación que contiene implícitamente la promoción de la noción de competencia se inscribe en esta tendencia. El empresariado sostiene en adelante un discurso de desconfianza con respecto al título escolar. Según él, el diploma fija la jerarquía profesional, bloquea la movilidad y la actualización constante de los conocimientos prácticos, estorba la evaluación y la recompensa de los resultados efectivos. Al denunciar únicamente el efecto de «casta» del diploma —que, paradójicamente, concierne muy especialmente a las direcciones de las grandes empresas—, pero olvidando con demasiada facilidad hasta qué punto el diploma puede ser un medio de resistencia frente a la arbitrariedad patronal hacia los trabajadores de baja o mediana graduación, los directores de empresa pretenden convertir a la «competencia» en una herramienta que permita el análisis refinado de la empleabilidad, la vigilancia constante de la mano de obra y el dominio más estricto sobre el trabajo. Esta herramienta de poder se utiliza más en la medida en que las relaciones de fuerza en las empresas dejen una gran libertad a las direcciones para la apreciación de la eficacia de su personal, y en que la transformación de las tecnologías permita medir cada vez más estrechamente los rendimientos efectivos de los empleados. La competencia no se valida tanto mediante un título que permita hacer valer de manera segura y estable su valor, sino que justifica más bien una evaluación permanente en el marco de una relación no igualitaria entre el contratista y el asalariado. Se pasa así de un sistema en el que el juicio sobre el valor de una persona depende de una institución pública a un sistema en el que la evaluación compete más directamente al juego del mercado de trabajo. El mercado se convierte así, en lugar del Estado, en la instancia mediadora que debe fijar los valores profesionales de los individuos.

Definida como una característica individual, la categoría de *competencia* participa de la estrategia de individualización perseguida por las nuevas políticas de gestión de los «recursos humanos». Como cualidad personal reconocida en un momento dado, no es sujeto de ningún derecho, no vincula al trabajador con ningún grupo, con ninguna historia colectiva, sino que tiende más bien a su aislamiento y a la desintegración de su itinerario profesional. El contratista ya no compra tan sólo un servicio productor durante un tiempo definido, ni siquiera una cualificación reconocida en un marco colectivo como en los tiempos de la regulación fordista de posguerra, sino que compra sobre todo un «capital humano», una «personalidad global» que combina una cualificación profesional *stricto sensu*, un comportamiento adaptado a la empresa flexible, una inclinación hacia el riesgo y la innovación, un compromiso máximo con la empresa, etc. Como mostraron Luc Boltanski y Ève Chiapello, la gestión empresarial moderna introduce en la relación salarial la dimensión «personal», volviendo así en su provecho lo que había evidenciado *contra* el taylorismo la preocupación por el factor humano.[23] Esta «personalización» participa de una tendencia a la desmaterialización de la producción que modifica todas las actividades y las asemeja a servicios en los que son las personas quienes suministran directamente la satisfacción y no los productos suministrados por los trabajadores.

---

23. Luc Boltanski y Ève Chiapello, *Le Nouvel Esprit du capitalisme*, París, Gallimard, 1999 (trad. cast.: *El nuevo espíritu del capitalismo*, Madrid, Akal, 2002).

LA PEDAGOGÍA DE LAS COMPETENCIAS

Tras esta sustitución de la cualificación por la competencia, se opera el reemplazo de una validación por el Estado del valor personal por un «mercado del valor profesional» más flexible y transparente. Sin embargo, no se suprime la contradicción: es necesaria una norma general que materialice la competencia, que garantice una «medida común», función que cumple precisamente el certificado escolar. En la medida en que no es posible prescindir completamente del sistema educativo, la tendencia consiste en introducir en la escuela la «lógica de la competencia» y en combinar así el etiquetado del sistema educativo y la determinación más estricta de la formación de la mano de obra por las empresas que son sus usuarias.

Sería necesario, por consiguiente, que la escuela pasara de una *lógica de conocimientos* a una *lógica de competencia*. Basta aquí con citar las declaraciones realizadas por los expertos de la OCDE, de la European Round Table o de la Comisión Europea para percatarse de la importancia concedida a esta mutación pedagógica. La OCDE, por ejemplo, asocia la lógica de la gestión empresarial y la nueva pedagogía de un modo particularmente explícito: «Cuando los educadores empezaron a cooperar con las empresas, descubrieron otra razón importante para ya no desconfiar del mundo de los negocios: los objetivos de los dos socios estaban a menudo mucho más próximos de lo que uno y otro habían imaginado. Durante mucho tiempo se creyó que existía un conflicto inevitable entre el propósito preciso de preparar a un niño para el trabajo y el objetivo de cultivar su espíritu. En la medida en que las empresas necesitan trabajadores con cualificaciones técnicas vinculadas a tareas específicas, este conflicto sigue siendo muy real. Pero las cualidades más importantes exigidas en el mundo del trabajo y las que las empresas desean incitar a que enseñen las escuelas son progresivamente de orden más genérico. La adaptabilidad, la capacidad de comunicar, de trabajar en equipo o de dar muestras de iniciativa —estas cualidades y otras competencias "genéricas"— son ahora fundamentales para asegurar la competitividad de las empresas. Ahora bien, esta tendencia refleja la transformación que experimenta, por otro lado, la pedagogía. Gran cantidad de educadores desean abandonar la tradición que consiste principalmente en la transmisión de conocimientos a sus alumnos y prefieren enseñarles a reflexionar y a aprender por sí mismos. Felizmente para tales docentes y sus alumnos, dejar que los jóvenes tomen iniciativas y decisiones en clase constituye una excelente preparación para el mundo laboral moderno. Es cierto que no todos los enseñantes están dispuestos a poner el acento en estas aptitudes, del mismo modo que muchas empresas no saben todavía utilizarlas. Pero las empresas que tienen las políticas más avanzadas en materia de recursos humanos se encaminan con frecuencia en el mismo sentido que las escuelas que desarrollan los programas de estudio más innovadores».[24] El *Mémorandum* de la Comisión Europea, ya citado, no dice otra cosa. Los docentes llamados a convertirse en «guías, tutores y mediadores de aprendizaje» deberán adaptarse a las demandas de los más variados individuos y grupos pluriculturales, lo que implica la revisión de arriba abajo de los objetivos y los métodos de la enseñanza.

En Estados Unidos, una comisión compuesta por dirigentes económicos y educativos, el SCANS (Secretary's Commission on Achieving Necessary Skills), redactó en 1991 un informe titulado «What Work Requires of Schools» (Lo que el mundo del trabajo espera de la escuela) . En este documento, se esperan cinco competencias fundamentales de los futuros asalariados, que conciernen a la gestión de los recursos, el trabajo en equipo, la adquisición y la utilización de la información, la comprensión de las relaciones complejas y el uso de

---

24. Centro para la Investigación y la Innovación en la Enseñanza (CERI), *Écoles et entreprises: un nouveau partenariat*, OCDE, 1992, pág. 11.

diversos tipos de tecnología. En este texto como en otros, la misión principal que se encomienda a la escuela consiste en dotar a los futuros trabajadores de aptitudes trasladables a contextos profesionales versátiles: «leer, escribir y calcular» son competencias indispensables para comunicar los mensajes. Si «reflexionar» es una competencia importante, lo es porque ayuda a «resolver problemas» y a disponer de los medios para aprender a aprender. Las cualidades morales adquiridas deben favorecer la integración en un grupo. Se trata de inculcar un «espíritu de empresa» que un informe de la OCDE define como la adquisición de «ciertas disposiciones, aptitudes y competencias del individuo: creatividad, iniciativa, aptitud para la resolución de problemas, flexibilidad, capacidad de adaptación, asunción de responsabilidades y aptitud para el aprendizaje y el reciclaje».[25]

En la medida en que la «competencia profesional» no es reductible únicamente a los conocimientos escolares, sino que depende de los «valores comportamentales» y de las «capacidades de acción», se obliga a la escuela a adaptar a los alumnos a los comportamientos profesionales que se les reclamarán más tarde. Numerosos administradores y diseñadores de programas se aplicaron con ahínco a esta tarea de «modernización» de los contenidos y los métodos de enseñanza. La enseñanza técnica se vio especialmente afectada por esta nueva manera de concebir los cometidos de la escuela. Las comisiones profesionales consultativas que reúnen a los representantes del mundo escolar y del mundo industrial recibieron como función la de establecer referenciales de formación a partir de los referenciales de empleos fundados en los inventarios pormenorizados y exhaustivos de las competencias teóricas, comportamentales y prácticas requeridas. No es que se hayan su-

---

25. *Ibid.*, pág. 30. Véase, con un mismo enfoque, Comisión de las Comunidades Europeas, *Livre blanc: Enseigner et apprendre vers la société cognitive*, 1995, págs. 31 y sigs.

primido los saberes, sino que se tiende a no ver ya en ellos más que herramientas o stocks de conocimientos operativos utilizables para resolver un problema, tratar una información o realizar un proyecto. La competencia, puesto que se supone que debe permitir el hacerse cargo de una situación concreta, no puede describirse ni juzgarse al margen de las tareas prescritas observables y objetivables según criterios precisos. La evaluación, si es posible en situación operacional, se vuelve verdaderamente el centro del proceso de aprendizaje e induce a descomponer los saberes en tareas separadas y en realizaciones y operaciones múltiples. Hervé Boillot señala que «los saberes disciplinarios se ven así recompuestos en una multiplicidad de actos y de operaciones mentales que el "alumno" debe identificar y dominar, es decir, poder reproducir en *situación*. El aprendizaje se refiere, por tanto, a la adquisición de competencias cognitivas, competencias fragmentadas que sirven de soporte para la determinación pedagógica de *objetivos* que describen de manera detallada las tareas por realizar que ponen en juego estas competencias y a las que, para la *evaluación*, debe poder corresponder en cada ocasión un comportamiento observable».[26]

Más allá de la enseñanza técnica y profesional, todos los medios de enseñanza se «reformatean» según la «lógica de la competencia». Algunas fechas importantes balizan esta generalización. Si ya el informe Bourdieu-Gros de 1989 (*Principe pour une réflexion sur les contenus d'enseignement*) se aventuraba a desarrollar la idea de una «tecnología intelectual» bajo la forma de «herramientas de pensamiento» y de métodos separados de los contenidos, fue sobre todo la creación del Conseil National des Programmes, como consecuencia de la gran consulta de 1989, la que marcó una inflexión. El Acta de los

---

26. Hervé Boillot, «La "democratisation": simulacre et démocratie», en J. Plantier (comp.), *Comment enseigner? Les dilemmes de la culture et de la pédagogie*, París, L'Harmattan, 1999, pág. 56.

programas, publicada en el *Journal officiel* del 6 de febrero de 1992, formula la nueva doctrina en la materia, como ha señalado L. Tanguy. Los conocimientos se reinterpretan en el léxico de las competencias, los objetivos, las evaluaciones y los contratos. Redefine el programa escolar como una suma de «competencias terminales exigibles al final de los cursos, de los ciclos o de la formación, y le asigna las modalidades de evaluación correspondientes».[27] El informe Fauroux retomó esta idea al proponer la institución de un referencial nacional de competencias asociado a una batería de pruebas, «verdadera panoplia de instrumentos de medida poco costosos en tiempo de corrección». En la escuela primaria, se imponen cartillas de competencias que encierran la actividad educativa en estrechas prescripciones. Desde el parvulario mismo, la evaluación modifica la mirada de los educadores y su trabajo con los niños. En el curso de la década de 1990, los boletines trimestrales y los libros escolares introducen la «lógica de la competencia» en los juicios y los veredictos escolares. Más generalmente, los grandes programas de evaluación dirigidos por la OCDE apelan igualmente a esta noción de competencias sociales en la «vida real», a partir de las cuales se invita a los gobiernos a juzgar y corregir los sistemas educativos.[28]

Los programas cambian de significación y se transforman en guías que prescriben objetivos descompuestos y explícitos, llegando en ocasiones a indicar incluso las duraciones de enseñanza que les corresponden y las diversas etapas que debe seguir cada lección. La elaboración de referenciales, según el modelo de la formación continua, se sistematizó en la formación inicial con la creación de bachilleratos profesionales, en 1985. Después, se extendió a casi todas las disciplinas y a casi

27. Citado por L. Tanguy, en F. Ropé y L. Tanguy, *op. cit.*, pág. 33.
28. Véase el informe del Programa Internacional para el Control de los Rendimientos de los Alumnos (PISA), *Knowledge and Skills for Life*, aparecido en diciembre de 2001, y su análisis en *Nouveaux Regards*, nº 16, invierno de 2002.

todos los niveles. Este método, que consiste en analizar hasta el detalle los contenidos de la enseñanza y en traducirlos en «conocimientos prácticos» y en «competencias», forma parte de una estandarización pedagógica que se considera fuente de eficacia. Referenciales de las diferentes disciplinas, tipos de ejercicios propuestos a los alumnos y los estudiantes, tablas de evaluación, criterios de juicio sobre los boletines y las cartillas escolares, contenidos de los diplomas, todas estas herramientas escolares subordinadas a la categoría de *competencia*, al mismo tiempo que tecnifican, taylorizan y burocratizan la enseñanza, establecen de manera progresiva y casi automática una afinidad con el mundo de las empresas para la definición de los perfiles de los empleos y de las listas de competencias elaboradas para seleccionar, reclutar y formar la mano de obra. En definitiva, permite articular racionalmente la «gestión de los flujos escolares» con la gestión de los recursos humanos en la empresa. Esta enseñanza desmigajada utiliza todas las nuevas técnicas de evaluación que, so pretexto de racionalización, acaban por recortar los saberes y los conocimientos prácticos en elementos aislables analíticamente y, a fin de cuentas, por trocear al «estudiante» según los diversos registros de competencia que se creen poder distinguir en la evaluación. Esta «lógica de la competencia», al conceder la prioridad más a las cualidades inmediatamente útiles de la personalidad empleable que a los conocimientos realmente apropiados pero que no serían necesaria ni inmediatamente útiles desde un punto de vista económico, conlleva un grave riesgo de desintelectualización y de deformación de los procesos de aprendizaje.

Según sus promotores, se supone que la pedagogía de las competencias responde al imperativo general de control refinado y de evaluación rigurosa en función de normas idénticas para todos, y que, en consecuencia, eliminan lo que podría ser una característica de clase o un código implícito del medio social. Sin embargo, la introducción de la noción de competencia en la escuela no contribuye necesariamente a mejorar la relación que tienen con el saber los niños de clases populares: las llamadas competencias son, en efecto, o demasiado especializadas, perdiendo entonces todo sentido intelectual, o demasiado amplias (saber tomar la palabra, trabajar en equipo...), lo que las remite de nuevo a las maneras de ser implícitas, a las competencias socialmente heredadas.[29] Ésta es precisamente una de las contradicciones pedagógicas del nuevo orden escolar: ¿cómo poner en funcionamiento la actividad intelectual de los alumnos y los estudiantes mientras se devalúan las disciplinas científicas y culturales y se sugiere que la experiencia práctica espontánea e «informal», los compromisos asociativos o las buenas intenciones caritativas, son del mismo orden que los estudios escolares y la educación física y cultural que procuran?[30]

Aquí sólo hemos analizado algunas de las maneras de hablar de los reformadores «modernos». Otras nociones, más clásicas, son objeto de mutaciones igualmente significativas. Por ejemplo, habría que preguntarse por el destino de un término como el de «servicio» para revelar las inversiones y los deslizamientos que le hace experimentar la nueva ortodoxia. Si se acepta que la financiación del sistema escolar debe seguir siendo pública, es para afirmar inmediatamente que su misión de «servicio público» le obliga a transformarse en una empresa que asegure un «servicio» de formación para los usuarios-clientes que formulan una demanda. Pero definirla como un servicio a los individuos equivale muy a menudo a analizar su destinación en términos de capital humano. De ahí la posición insostenible de los reformadores «modernistas» de «izquier-

---

29. Bernatd Charlot, «Le rapport au savoir», en Jean Bourdon y Claude Thélot (comps.), *Éducation et formation*, París, CNRS, 1999, págs. 33-34.

30. Esta engañosa equivalencia, falsamente igualadora, dirige la aplicación del nuevo sistema de acreditación de las unidades de enseñanza bautizado por Jack Lang, el antiguo ministro de la Educación Nacional, el «euro de las universidades». Véase Emmanuel Davidenkoff, «L'université française entre en classe européenne. Le ministère crée un système favorable aux échanges», *Libération*, 24 de abril de 2001.

da», quienes, desde hace casi veinte años, creen que al importar estas categorías del mundo de la empresa y la teoría liberal defenderán mejor el servicio público frente a la propagación de las lógicas de mercado. Es posible hacer un balance: mucho más que consolidarlos, esta importación ha socavado los fundamentos simbólicos y morales de la institución. Al contrario, es comprensible que las concepciones «modernas» del servicio público, que responden al único criterio de eficacia y rentabilidad, sean tan altamente apreciadas por los ultraliberales, que ven en ellas una propedéutica necesaria para la gestión privada, si no de la escuela entera, al menos sí de sus actividades y sus segmentos más rentables. Esta lengua de caucho, que aspira a la objetividad y a la eficacia, ha facilitado la transformación del sistema educativo en un apéndice de la máquina económica al volver naturales las nuevas finalidades que le son asignadas.

CAPÍTULO 4

LA IDEOLOGÍA DE LA PROFESIONALIZACIÓN

La época en que la formación elemental era un territorio vedado para la empresa ha quedado hoy atrás. Sepamos extraer todas sus consecuencias.

CNPF, Jornadas de Deauville, 8 de octubre de 1990

A menudo se repite como si fuera una evidencia que los dos mundos de la economía y la escuela por fin se han descubierto y han superado poco a poco sus prejuicios. Más allá de los estereotipos idílicos del «encuentro» y de la «boda de conveniencias», es importante comprender la naturaleza de la *profesionalización* de la escuela vigente. La confusión de las lenguas económica y educativa favoreció la implantación en Francia de una ideología poderosa que, mucho antes de las consignas de la Comisión Europea, de la ERT, del CNPF (Consejo Nacional de la Patronal Francesa) y, luego, del MEDEF, que pretenden poner a la escuela al servicio de la economía, influyó en la modificación de las estructuras, pero, sobre todo, comenzó a transformar la representación de la función de la escuela. La *profesionalización* es uno de los pilares del nuevo orden de la escuela. Si la tendencia es antigua y si depende de la forma misma de las sociedades salariales, el neoliberalismo se presenta hoy en día como una radicalización de esta lógica. El fenómeno más significativo reside aquí en el hecho de que todos los niveles y todas las ramas, y no solamente los años terminales de los estudios universitarios, y las ramas profesionales y tecnológicas, se ven afectados por esta finalidad. La profesionalización se ha vuelto un imaginario que pretendería reinterpretar todos los actos y todas las medidas pedagógicas en función de un único objetivo. Esta ideología que transforma la política educativa en una política de adaptación al mercado de trabajo es una de las vías principales de la pérdida de autonomía de la escuela y la universidad. Sin duda, se presentó generalmente como una vía de modernización del sistema escolar, e incluso como la vía regia de su democratización. Pero, por encima de todo, significó una rehabilitación de la empresa, cuando no es más que una estigmatización de la educación pública.[1] Francia no constituye un caso aparte. Por doquier en Occidente, a partir de la década de 1980, el objetivo fue acercar o «casar» la escuela con el mundo económico mediante una operación de hibridación generalizada. La universidad fue, sin duda, la más expuesta a esta tendencia. Al contrario que las críticas formuladas en Mayo del 68, que denunciaban las relaciones peligrosas de la universidad y el capitalismo, la situación económica, la escasez del empleo y la coyuntura ideológica de la década de 1980 contribuyeron decididamente a trivializar la idea según la cual la universidad debía estar estrechamente subordinada a las necesidades económicas de mano de obra. Desde 1984, la ley Savary sobre la enseñanza superior concedía así el estatuto de establecimiento público de carácter científico, cultural y *profesional* (EPSCP) a los esta-

---

1. Véase, sobre este punto, Jean-Pierre Obin, *La Face cachée de la formation professionnelle*, París, Hachette, 1995.

blecimientos superiores, e integraba explícitamente su cometido en la política de empleo.[2] Después de veinte años, el consenso a favor de tal orientación parece muy amplio. Así, cuando la Comisión Europea afirma que «la escuela y la empresa son lugares de adquisición de saberes complementarios, que es necesario aproximar»,[3] da la impresión de que se trate de un enunciado perfectamente inocente y evidente. Si alguien se atreve todavía a preguntarse en qué medida este tipo de declaraciones pone al mismo nivel dos «lugares» con lógicas muy diferentes, o incluso somete uno al otro, corre un alto riesgo de ser considerado un conservador, un elitista y un nostálgico.

Esta nueva ideología escolar pretende responder a un verdadero problema en una economía moderna: la formación de la mano de obra. Desde la década de 1960, la problemática de la inserción social en la enseñanza comenzó a prevalecer sobre la aspiración a la integración política de los futuros ciudadanos. Como señala oportunamente Bernard Charlot: «La escuela de la Tercera República debía integrar[los] en el cuerpo de la nación, evitando modificar su pertenencia social. La Escuela que se pone en funcionamiento en la década de 1960 ya no piensa en términos de pertenencia social (todas las ramas están, al menos en derecho, abiertas a todo el mundo) ni en términos de integración, sino en términos de inserción, que se convierte en la palabra clave. La escuela debe insertar al joven en una sociedad en la que el salariado se generaliza, en la que los oficios basados en la posesión de un patrimonio (agricultura, comercio...) se reducen, y en la que el nivel de inserción profesional y social depende cada vez más del nivel escolar alcanzado».[4] Por esto, sin duda, la profesionalización de los estudios es una dimensión ineludible en nuestras sociedades. La escuela prepara para el

---

2. Véase R. Bourdoncle, «Profession et professionnalisation», *Recherche et professionnalisation*, informe a la DRED, MEN, junio de 1992.
3. Comisión de las Comunidades Europeas, *op. cit.*, pág. 60.
4. Bernard Charlot, *L'École et le territoire*, *op. cit.*, pág. 31.

oficio y el éxito escolar se presenta siempre como garante de un triunfo social y profesional. La mayoría de las familias, en todos los medios, prolongan la escolarización de sus hijos con la esperanza del «buen empleo» que se supone que se halla al término de una escolaridad realizada. Por añadidura, el imperativo de la profesionalización de la escuela se apoyó en una angustia social masiva en un período de paro creciente. Uno de los argumentos repetidos con mayor frecuencia por los «realistas» para «acercar la escuela y la empresa» fue, a lo largo de toda la década de 1980, la importante tasa de desempleo de los jóvenes. La convicción de este argumento es muy fuerte porque, según los estudios estadísticos, el riesgo de desempleo se incrementa efectivamente cuando la titulación es nula o escasa. Esto explica en parte la demanda acrecentada de escolarización y profesionalización de los estudios por parte de las familias y los alumnos. El presupuesto de la tesis oficial es, sin embargo, discutible. En efecto, sostiene que no falta empleo, que incluso hay demasiadas ofertas de empleo. Lo que se echaría en falta es la cualificación suficiente para ocuparlos. Por este motivo, se acusa a la escuela de preparar mal para la vida profesional, de encontrarse muy alejada de las preocupaciones por el empleo. La política mantenida por los poderes públicos, a partir de la década de 1970, se plegará pues a una lógica de mejora de la formación de los jóvenes solicitantes de empleo, bajo la forma de prácticas y otros «pactos por el empleo», mientras que la política social y urbana intentará remediar una «socialización desfalleciente».

Como tuvimos ocasión de recordar, el objetivo de la escuela republicana se conjugó según el tríptico del hombre, el ciudadano y el trabajador. Una de las principales reivindicaciones de los movimientos sindicales, asociativos y políticos progresistas fue, y sigue siendo todavía, la de una educación general, verdaderamente completa, que no descuida ni la inserción ni la promoción profesionales. Estos movimientos, si desconfían justamente de los modos de explotación de los jóvenes aprendices por parte de patrones poco escrupulosos, no olvidan que muchos jóvenes de los medios populares deben recibir la más sólida cualificación profesional posible en el marco escolar para tener más bazas en el mercado laboral.[5] Por otra parte, en la tradición más inveterada del movimiento obrero, el trabajo y la técnica se consideran como fuentes importantes de cultura, durante demasiado tiempo olvidadas por una concepción idealista del conocimiento. Esta reivindicación que, llegado el caso, se opuso a una visión etérea de la educación heredada del desprecio aristocrático hacia el trabajo, ha sido recuperada en la actualidad por los partidarios de la escuela neoliberal que convierten la inserción profesional en el fundamento principal de la reforma que desean. Pero no lo hacen para promover el valor del trabajo, para defender mejor la dignidad de los «profesionales», sino para servir mejor a las empresas con mano de obra «adaptada». Podemos, por tanto, preguntarnos por la siguiente paradoja: mientras que los estudios «técnicos» para acceder al empleo siguen estando infravalorados, mientras que su enseñanza específica se margina o ignora, se han convertido en una especie de «patrón general» sobre el que deberían calcarse todas las demás formas de saber y de estudios por el hecho mismo de que se encuentran estrechamente articulados con lo «profesional» según la máxima propuesta por Roger Faroux de que toda formación debe ser profesionalizante.[6]

LA ESCUELA ENGLOBADA

Esta interpretación de los objetivos de la escuela tiene un alcance general, a la vez moral y político. Según los abogados de

---

5. Véase Chantal Nicole-Drancourt y Laurence Roulleau-Berger, *Les Jeunes et le travail, 1950-2000*, París, PUF, 2001.
6. Roger Fauroux, *Pour l'école*, París, Calmann-Lévy, 1996, pág. 23.

esta mutación, la escuela no puede en lo sucesivo garantizar su obra formadora sin la ayuda de la empresa. Desde 1998, Yves Cannac, antiguo funcionario y hombre de negocios, lo dice sin rodeos en las Jornadas de Deauville del CNPF (Consejo nacional de la patronal francesa), que consagrarán la noción de «empresa formadora»: «Hoy día es el mundo educativo el que pide apoyo a la empresa. Es él quien solicita a la empresa ayuda y consejo. ¿Cómo, en nombre de qué, podríamos negarle ayuda y consejo?». El propio Yves Cannac define así el nuevo cometido «salvador» de la empresa: «En el fondo, si tomamos un poco de perspectiva, es manifiesto que, en adelante, la escuela republicana no puede mantener por sí sola, ni siquiera de un modo aproximado, su promesa de desarrollo de las capacidades de cada uno y de igualdad de oportunidades para todos. [...] El remedio para esta situación, lamentable para todos, ha de buscarse en la empresa como mínimo a causa tanto de sus valores como de sus medios».[7] La OCDE no dice otra cosa en sus informes que proponen desarrollar la colaboración: «La enseñanza colocada bajo la influencia exclusiva del Estado reveló sus graves carencias, especialmente en la preparación de los alumnos para la vida activa».[8] El fondo del razonamiento es simple: si no se puede concebir una escuela como una isla separada de la sociedad y la economía, hay que aceptar que las empresas contribuyan a definir el contenido y los métodos de la enseñanza.[9] Según los defensores de esta integración completa de la escuela en la lógica económica, la intervención de las empresas se ha vuelto posible a partir del momento en que los docentes abandonaron casi en todas partes su prevención «ideológica» con respecto a la empresa y comprendieron, bajo la influencia del paro, que tenían como

---

7. Véase la recensión en *Éducation-Économie*, n° 10, marzo de 1991, págs. 15 y sigs.
8. Centro para la Investigación y la Innovación en la Enseñanza (CERI), *Écoles et entreprises: un nouveau partenariat*, OCDE, 1992, pág. 7.
9. *Ibid.*, págs. 9-10.

misión adaptar la oferta de mano de obra a la demanda: «El capitalismo y la empresa, pasados de moda en la década de 1960, recobraron su respetabilidad en la década de 1980. En cuanto a los docentes, el paro que hizo estragos en la década de 1980 les dio una razón suplementaria para admitir tanto las prioridades como los reproches de los empresarios sobre la insuficiencia de la enseñanza».[10] El antiguo primer ministro Édith Cresson podía declarar en la tribuna del Congreso de los Diputados, en mayo de 1991, en su discurso de investidura: «Deseo animar, desde el colegio, la apertura real al mundo de las empresas». Algunas instancias desempeñaron igualmente un papel al menos ambiguo estos últimos años, como el Alto Comité Educación-Economía. A esta instancia (rebautizada hoy día como Alto Comité Educación-Economía-Empleo), establecida por René Monory, en 1986, se le asignó como cometido el acercamiento del mundo educativo y el mundo empresarial. Al reagrupar administradores y representantes del mundo económico y social, desempeñó un papel muy importante en el objetivo de que el 80 % de una clase de edad cursara el bachillerato, en particular con la creación, y luego la expansión, de los bachilleratos profesionales. Pero el Alto Comité no es sólo una instancia de observación, de estudio y de precisión, necesaria para compensar la miopía del mercado en relación con los futuros empleos. Por su propia finalidad, tiende a incluir el mundo escolar en la lógica económica al constituir, entre otras instancias y otros lugares, el nuevo ideal normativo que se impone en el sistema educativo.

Las publicaciones del Alto Comité, al dar con frecuencia una presentación idealizada de la empresa, parecen hechas para justificar el imperativo de adaptación a las necesidades de las empresas. El argumento parte de algunas evidencias y extrae de ellas conclusiones unilaterales: si tres de cada cuatro jóvenes están destinados a la empresa, sería conveniente pre-

---

10. *Ibid.*, pág. 10.

pararlos para ella, *preadaptarlos* incluso lo más pronto posible. Ninguna dimensión de la personalidad distinta de la actividad profesional se tendría aquí en cuenta o, más exactamente, ningún tipo de emancipación intelectual podría primar sobre la finalidad profesional. La necesaria profesionalización de los estudios que se deduce de ello, y que se presenta bajo las apariencias del sentido común en una sociedad salarial, no es ya una finalidad entre otras de la escuela, sino que tiende a convertirse en una representación dogmática y exclusiva, que no quiere ver en los alumnos más que futuros trabajadores que formar en función de las necesidades de la economía.[11]

En todos los países capitalistas, las aspiraciones del empresariado y sus organizaciones se orientaron en la misma dirección: determinar de manera más precisa el contenido de las formaciones con el fin de disponer de una mano de obra más «empleable» y más competente para utilizar las herramientas técnicas más modernas. En Francia, para «adaptarse» al mercado laboral, en un contexto de incertidumbre agravada y en ausencia de las previsiones anteriormente suministradas por el Plan, la estrategia consistió en reforzar, tanto en los estudios universitarios como en la pedagogía, el papel de los «profesionales» directamente relacionados con las transformaciones de los mercados y las técnicas. La solución enunciada con mayor frecuencia, y retomada por ejemplo en el informe Fauroux, remite a una *coeducación escuela-empresa* para el conjunto de las orientaciones profesionales. Se produjo así un acercamiento más estrecho que se manifestó, entre otras, por la instauración de procedimientos de «consulta» con el propósito de definir el contenido de las formaciones y el tipo de diplo-

---

11. En la misma línea, Jacques Lesourne no duda en asimilar los catorce millones de niños y jóvenes escolarizados con activos potenciales: «Si se consideran los alumnos y los estudiantes como activos que trabajan para formarse, el sistema educativo emplea 14,5 millones de personas de una población activa ampliada de 35 millones de seres, o sea, ¡el 41 %!», en Jacques Lesourne, *Le Modèle français*, París, Odile Jacob, 1998, págs. 162-163.

mas, y de multiplicar, tanto en el ámbito local como en el nacional, las acciones de «colaboración» entre empresas y centros de formación profesional (hermanamientos, regionalización de los programas de formación profesional, definición de las formaciones en las comisiones profesionales consultivas, actividad del Alto Comité Educación-Economía, etc.). Asimismo, se multiplicó el número y el tipo de cursillos de capacitación, de inserción y recualificación de los jóvenes en los lugares de trabajo. En otros términos, se puso progresivamente en funcionamiento un «reparto del poder pedagógico», según los deseos expresados durante mucho tiempo por la patronal.

La elección decisiva se llevó a cabo al comienzo de la década de 1980 mediante la generalización de la alternancia en la formación profesional. No es que se haya producido con esto una novedad absoluta. Pero la enseñanza alternada concernía hasta entonces a las ramas de escolarización destinadas a los alumnos en situación de fracaso escolar. En lo sucesivo, serán las formaciones cualificantes las que obedezcan a este principio. Los bachilleratos profesionales son su mejor ejemplo, porque las formaciones que se imparten en ellos alternan períodos transcurridos en la empresa y períodos transcurridos en el instituto, del mismo modo que los cursos de técnicos superiores y de IUT (escuelas técnicas universitarias) sistematizan los cursillos de capacitación en empresas. Por otro lado, el aprendizaje se amplió con nuevas ramas y ciclos de estudios, sin olvidar las múltiples iniciativas locales consistentes en enviar a los colegiales a realizar pequeños cursillos para «descubrir el mundo de la empresa». A partir de la década de 1980, las necesarias adaptaciones de los diplomas a las mutaciones profesionales se llevaron a cabo a menudo de un modo muy mecánico, basándose en la «lógica de la competencia» de la que hablamos antes. Las instancias encargadas de administrar la articulación empleo/formación (en particular el secretariado de las comisiones profesionales consultivas) se consagraron a la construcción de «referenciales de formación» estrechamente copiados de «referenciales de empleo», aplicando a la formación la lógica de las situaciones de trabajo en detrimento de las coherencias disciplinarias. Como señala Catherine Agulhon, «se da una finalidad a la formación y se instrumentalizan los saberes» desde una perspectiva estrictamente operativa.[12]

LA INVERSIÓN

¿Cómo explicar la inversión del discurso oficial que se aplicó a preconizar la *profesionalización* de todos los tipos de estudios universitarios? Esta tendencia a la profesionalización de la escuela no es nueva, pero hasta finales del siglo XX había encontrado sus límites en la aspiración a convertir la escuela en la fábrica del hombre moral y del ciudadano. En Francia, la tendencia que predominó históricamente fue más bien la de una *escolarización* de los aprendizajes profesionales, manifestación de la primacía de los intereses generales sobre las estrictas necesidades económicas e individuales. Quienes denuncian la escuela de Ferry como una «escuela burguesa» olvidan a menudo que una gran parte del empresariado de los sectores con fuerte utilización de mano de obra, especialmente en el textil o en la construcción, no aceptó la escolarización, ni siquiera primaria, sino con la más extrema repugnancia, criticando el «desecamiento de la mano de obra» y reclamando el regreso al mercado de una fuerza de trabajo dócil y adaptada a sus necesidades que no encontraba a la salida de la escuela primaria. En 1910, Villemin, presidente de la Federación Nacional de la Construcción y Obras Públicas, deseaba la creación de escuelas organizadas y financiadas tan sólo por las industrias en función de su necesidad: mediante este aprendizaje, el obrero «no tendrá un

---

12. Véase Catherine Agulhon, «Les relations formation-emploi: une quête sans fin?», en François Cardi y André Chambon (comps.), *Métamorphoses de la formation*, París, L'Harmattan, 1997, pág. 35.

excedente de bagaje teórico, pues eso es lo que tememos que se les dé a los obreros», ya que esta formación general induce al obrero a «evadirse de su situación».[13] Por sus divisiones y su profunda desconfianza con respecto a la escuela, el empresariado francés se vio incapacitado para instaurar una enseñanza profesional digna de este nombre y las tentativas de imitación del modelo alemán de la formación por alternancia fracasaron por falta de movilización y estructuración suficiente de las empresas. Fue el Estado el que aseguró la formación profesional indispensable en un mundo económico durante mucho tiempo dominado por pequeños patrones frecuentemente rutinarios y «cortoplacistas». A pesar de los temores y las repulsas de los medios patronales del artesanado y la pequeña empresa, que siempre vieron con malos ojos la injerencia del Estado en la formación y la certificación de las aptitudes profesionales, la idea «muy francesa» de la escolarización de la formación profesional, como la calificaba peyorativamente un empresario de comienzos de siglo, es la que se impuso, muy diferente del modelo alemán elaborado sobre el principio de la alternancia.

El cometido republicano de la escuela, consistente en asentar la República en la difusión de los saberes, no dejó de imprimir su huella en la enseñanza profesional tal como se estructuró a finales del siglo XIX. Fue en esta época cuando los reformadores republicanos y los industriales liberales se enfrentaron en un debate que, por lo demás, todavía no ha concluido del todo. Para los primeros, formar a un obrero cualificado no dispensaba de convertirlo en un buen ciudadano. Como decía Ferdinand Buisson, «una escuela profesional no es ante todo un establecimiento industrial, sino primeramente un centro de educación e instrucción».[14] En un informe so-

---

13. Citado en Guy Brucy, *Histoire des diplômes de l'enseignement technique et professionnel (1880-1965)*, París, Belin, 1998, pág. 56.
14. Citado por Patrice Pelpel y Vincent Troger, *Histoire de l'enseignement technique*, París, Hachette, 1993, pág. 49.

bre las escuelas de aprendices, en 1871, Octave Gréard, inspector general y director de enseñanza primaria del departamento del Sena, había formulado bien esta doctrina republicana de la escolarización de los aprendizajes profesionales al afirmar que debía descansar sobre los dos pilares de la formación general y de la formación técnica de alto nivel adquirida fuera del taller.[15]

La línea directriz que presidió esta política se basa en el ideal humanista de la escuela emancipatoria, que reclama como ascendentes tanto a Diderot como a Condorcet. La Ilustración debe liberar de las cadenas de la dependencia personal, lo que explica que, en la doctrina republicana, se insista siempre en la preocupación por la cultura general y la remisión a los principios científicos, a pesar de las acusaciones habituales de «enciclopedismo». Así, Hippolyte Luc, director de la enseñanza técnica a partir de 1933, decía que, a la vez que la «preocupación por la utilidad y el uso», había que proteger «el ideal imperioso de la cultura».[16] Esta concepción colisionó con los intereses de los medios políticos e industriales defendidos por el Ministerio de Comercio que, favorables en cierta medida a la escolarización de la formación profesional, creían sin embargo que había que restringir la parte correspondiente a la cultura general, contemplada como una pérdida de tiempo y de eficacia. Lo esencial consistía en la constitución de una aristocracia profesional, que incluía a los «suboficiales del ejército del trabajo», capaz de proporcionar a la industria francesa una mano de obra tan cualificada como la de Alemania e Inglaterra en esa época. Según esta concepción, el imperativo de la competencia económica debía prevalecer en los objetivos de una enseñanza técnica «autónoma, descentralizada y elitista», y el Estado debía contentarse con el papel de «ingeniero-consejero de la iniciativa privada», según una fórmula del director

---

15. Véase Guy Brucy, *op. cit.*, págs. 29 y sigs.
16. Citado por Patrice Pelpel y Vincent Troger, *op. cit.*, pág. 71.

general de la enseñanza técnica en 1925.[17] Eso es lo que justificó la presencia de los representantes de la profesión en los tribunales y en los cuerpos de inspección, presencia que siempre fue un principio de la organización de la enseñanza técnica con el fin de tener en cuenta las necesidades económicas, inclusive las regionales.

La enseñanza técnica no dejó después de vivir en tensión entre la lógica económica de la adaptación y la preocupación republicana de emancipación del ciudadano, entre dos concepciones de la formación, pero también entre dos concepciones de la relación salarial, con el objetivo del dominio, o no, de un oficio reconocido mediante una certificación independiente de la voluntad exclusiva del empresario. Los hechos se impusieron, más allá incluso de las divergencias de representaciones: antes las carencias del empresariado francés en materia de formación profesional, el Estado no dejó de promover y de enmarcar la enseñanza técnica y profesional, por lo demás con mayor o menor fortuna. Aun cuando hasta la Segunda Guerra Mundial se concedió una amplia autonomía a los centros escolares, las profesiones y los municipios para que respondieran a las necesidades locales, el Estado nunca dejó de desempeñar, por mediación de los profesores y los directores de los establecimientos, un papel poderoso en este campo. De hecho, se constituyó un sistema de enseñanza, diversificado y jerarquizado, desde las prestigiosas instituciones de enseñanza superior formadoras de ejecutivos e ingenieros, pasando por la enseñanza técnica intermediaria impartida en las escuelas profesionales, hasta la organización de las enseñanzas técnicas elementales destinadas a los obreros y a los empleados.

Con la modernización del capitalismo de posguerra, especialmente en la época gaullista, todo el sistema educativo se verá atraído por el imperativo del desarrollo industrial y co-

---

17. *Ibid.*, pág. 55.

menzará a transformarse mucho más directamente en función de las necesidades económicas explicitadas y sistematizadas por el Plan. Es la época en que las nuevas herramientas estadísticas de previsión (por ejemplo, los niveles de salida del sistema escolar) permiten establecer por anticipado las distribuciones de alumnos en los diferentes tipos de cursos, inclusive en las ramas de relegación, en función de las previsiones económicas.[18] Este período, considerado por algunos como la «edad de oro» de la enseñanza técnica y profesional, es el de la normalización y la estandarización de los empleos y las cualificaciones, y de su correlación bajo la égida del Estado organizador. Esta doble puesta a punto, profesional y escolar, que comenzó antes de la guerra, se aceleró y generalizó durante el período de crecimiento fordista. La jerarquía en el trabajo corresponderá cada vez más a diferentes niveles de formación certificados por la institución escolar. La reforma Berthouin de 1959 convirtió la inserción profesional en un imperativo declarado. Las reformas de los ciclos cortos, del colegio único y de la formación posbachillerato, guiadas por imperativos económicos y elaboradas conjuntamente por el empresariado y el gobierno, pretendían reforzar la formación general de los futuros obreros cualificados y de los técnicos. Esta ambición de responder al nivel de los activos se basaba en una idea de la polivalencia necesaria de los futuros trabajadores, idea ampliamente compartida por los administradores y los representantes de los sectores más modernos de la patronal. La adaptabilidad tecnológica e incluso social se vuelven paulatinamente un tema dominante.

Durante la década de 1970, se percibe todavía mejor la aparición en los discursos patronales y gubernamentales de todos los temas que se realizarán parcialmente en los hechos: al lado de la argumentación cuantitativa del número de alum-

---

18. Véanse los análisis de Bernard Charlot y Madeleine Figeat, *L'École aux enchères*, París, Payot, 1979, págs. 62 y sigs.

nos y de la creación de un «colegio único» en nombre de la «adaptabilidad de la mano de obra mediante la polivalencia», se asiste a la promoción de una «enseñanza alternada», y, de un modo más general, de una «apertura a la vida», a la presencia más influyente de los representantes de las empresas en las instancias de consulta y de evaluación del Ministerio de Educación Nacional, y a la definición de un mapa escolar en función de las necesidades locales de mano de obra. Así, desde finales de la década de 1960 y en el curso del decenio siguiente, se puso en funcionamiento una estrategia de adaptación más estrecha a la estructura de empleos previsibles, relativamente velada tras un discurso tranquilizador sobre la escuela única, la igualdad de oportunidades, la diversidad de las capacidades y el pleno desarrollo del niño según sus gustos. En una palabra, la doctrina clásica de la *escolarización* de la enseñanza profesional comenzó a invertirse en un discurso sobre la *profesionalización* de la escuela, convertida en un imperativo mayor y una de las principales líneas directrices de todas las reformas desde entonces.

LA PROFESIONALIZACIÓN PARA TODOS COMO NUEVA IDEOLOGÍA

El nuevo dogma prescribe una universalización del modelo profesional, que poco a poco se vuelve la norma de la escuela. Por lo demás, los altos funcionarios del Ministerio de Educación Nacional o los periodistas presentan a menudo este giro como la mayor revolución de la escuela en los últimos decenios. En adelante, se trata de pensar la enseñanza en su totalidad en términos de salidas profesionales, e incluso, más lejos, de pensar la educación entera como un simple momento en una formación continua «desde la cuna hasta la tumba», según la fórmula a menudo empleada en las publicaciones de la OCDE o de la Comisión Europea.

Cuando el ministro Christian Beullac establece las «secuencias educativas en la empresa», en 1979, las implanta *para todos los alumnos* de los institutos y colegios, y no sólo para los alumnos de las secciones profesionales. En opinión de este hombre procedente de la empresa, ésta se presenta como un lugar de formación universal, que permite armonizar la preocupación igualitaria y la de la eficacia. Diez años más tarde, la ley de orientación de 1989 retoma la idea de la alternancia para todos, aun cuando sólo la hace obligatoria para las formaciones tecnológicas y profesionales.[19] La postura de Édith Cresson, en 1991, procedente asimismo de los medios empresariales, será todavía más clara: «La alternancia debe generalizarse igualmente. El carácter mixto del tiempo pasado en el establecimiento de formación y en la empresa debe convertirse en la regla, y esto para todas las formaciones, ya sean profesionales, técnicas o generales».[20] Esta nueva doctrina encuentra su pretexto en «la incorporación de los jóvenes de las clases populares en secundaria, y el peso del fracaso escolar en estos últimos».[21] La ley quinquenal de 1993 previó explícitamente un «derecho a la experiencia de iniciación preprofesional destinada a desviar a los jóvenes de la enseñanza general y a equilibrar los flujos entre esta enseñanza y la enseñanza profesional». Esta meta profesional, cuando por ejemplo se aplica al colegio, lejos de ampliar el campo de los conocimientos, produce confusiones deplorables que hacen, por ejemplo, que la cultura técnica, en el discurso dominante, en lugar de ser un medio de la inteligencia del mundo moderno se convierta en una manera de orientar a los alumnos hacia las vías profesionales.

19. En su artículo 7, precisado en este punto en 1993, instaura la obligación del sistema escolar de suministrar a todos los alumnos, cualquiera que sea el nivel de enseñanza alcanzado, una formación profesional antes de que deje el sistema escolar.

20. Édith Cresson, «Le développement de l'alternance et de l'apprentissage dans le programme Matignon», *Éducation-Économie*, nº 13, diciembre de 1991.

21. Marie-Claire Betbeder, «Une solide formation de l'esprit critique», *Écoles et entreprises, Autrement*, nº 118, enero de 1991, pág. 172.

La reivindicación a favor de la profesionalización manifiesta sin cesar las contradicciones. Por un lado, se impulsa de buena gana hacia una especialización estrecha y precoz de las formaciones cuando, por el otro, se querrían impugnar las correspondencias entre diplomas y empleos en nombre de una profesionalización generalista y, en cierto modo, más comportamentalista que técnica. En efecto, una fracción del empresariado, con el pretexto de que la inestabilidad del nuevo capitalismo ya no permite la previsión de las especializaciones profesionales como se intentaba hacer durante los Treinta Gloriosos, pretende convertir la relación con la empresa no en una cuestión de elección profesional particular, sino más bien en un asunto de aclimatización a valores y comportamientos esperados de todos los «colaboradores» de la empresa. La palabra «profesionalización» cambia entonces de sentido. Ya no remite a una especialización articulada con un puesto de trabajo, sino a las «capacidades» y a la «socialización» en la empresa. Para algunos, la actualidad estaría en un profesionalismo de operadores que sólo podría adquirirse *en* la empresa. En efecto, ya no se trataría de aspirar a cualificaciones determinadas para empleos repertoriados, sino de preparar al futuro trabajador para situaciones profesionales muy «evolutivas». De ahí el sentido de la formación no sólo *de* empresa, sino también *en* la empresa. Como dicen F. Dalle y J. Bounine, se trataría de «aprender la empresa» y no de aprender un oficio.[22] La mayoría de los alumnos «deberán aprender a vivir en una comunidad más o menos amplia, de estructuras jerarquizadas, cuya actividad es unificada por la persecución de un objetivo de realización: producir y vender más, aumentar el beneficio, incrementar la cuota de mercado y crear productos nuevos».[23] Esta

---

22. François Dalle y Jean Bounine, *L'Éducation en entreprise*, París, Odile Jacob, 1993, pág. 14.
23. Danièle Blondel, «Former des enseignants», *Écoles et entreprises, op. cit.*, pág. 47.

profesionalización de toda la educación responde a un doble imperativo formulado por las empresas desde la década de 1980: por un lado, el conocimiento debe estar en el centro de la reorganización del trabajo, lo que implica el aumento del nivel escolar de todos los asalariados, mientras que, por otro lado, se espera de los asalariados una mayor eficacia y una mayor «flexibilidad».

Si todo acto pedagógico debe estar orientado por el objetivo de la inserción en la empresa, hay que empezar lógicamente por formar a los educadores en el espíritu empresarial, en grados diversos según su implicación «en el hecho "empresa"».[24] Ya enseñen una disciplina tecnológica o general, lo que debe importar a los docentes no es el contenido de los saberes, sino la percepción y la evaluación de la utilidad profesional de los cursos, de la disciplina y de los métodos en relación con las exigencias requeridas por el mundo económico. Para algunos autores, quienes sacarán mayor aprovechamiento de esta preocupación constante por las salidas profesionales son los profesores de las disciplinas generales, al poner por fin en relación sus abstracciones más o menos vanas con la «verdadera realidad», con la concreción única de la vida económica: «La enseñanza fundamental de la lectura, la escritura y el cálculo deberá ser tratada diferenciadamente: los asalariados tendrán que ser capaces de leer manuales y entender las fichas técnicas, y no sólo leer libros de texto y entender el álgebra».[25] Según Danièle Blondel, hay una manera muy sencilla de lograr que los enseñantes accedan a esta «cultura de empresa», que consiste en impregnarlos con la idea de *proyecto* en la medida en que la empresa moderna se define esencialmente por esta noción. El término «empresa» ¿no es acaso sinónimo de «realización de un proyecto»? Igualmente para la OCDE,

---

24. *Ibid.*, pág. 48.
25. Centro para la Investigación y la Innovación en la Enseñanza (CERI), *Écoles et entreprises: un nouveau partenariat*, OCDE, 1992, pág. 27.

la pedagogía del proyecto se presenta como el mejor aprendizaje de la empresa: «Una empresa puede ser cualquier forma de operación o de proyecto, y no sólo un asunto comercial».[26] Este juego de palabras está bien ideado para naturalizar la realidad económica: «Las visitas a empresas bien preparadas, los cursillos incluso cortos [...] pueden iniciar a los docentes en la estrategia del cambio y dar solidez al concepto de "proyecto" que en adelante se utiliza mucho en el sistema educativo sin que la lógica y los procedimientos correspondientes se hayan enseñado realmente. La palabra "proyecto" ¿no es casi sinónima de la palabra "empresa"?».[27]

De forma complementaria, el derecho a una información sobre la orientación, prevista por la ley de orientación de 1989, se transformó en una exigencia para que los alumnos elaboraran lo más pronto posible un «proyecto de orientación escolar y profesional», de modo que ninguno de ellos pudiera ignorar en la actualidad cuál es el sentido único de la escolaridad. Esta activación del proceso de desarrollo, que algunos entre los responsables de la orientación escolar califican hoy de «terrorista», tiene precisamente como principio la exterminación de todo deseo subjetivo bajo los pesados imperativos de la «elección de una profesión», que niega con ello todo lo que presenta de complicado y no lineal una tal elaboración.

EL CASO DE LA UNIVERSIDAD

Con la enseñanza técnica y profesional, esta ideología afectó muy directamente a la universidad. Igualmente en este terreno, la orientación al trabajo no puede separarse del campo social y político en el que se desarrolla. Estados Unidos sigue siendo el caso que permite entender mejor la transformación

---

26. *Ibid*, pág. 30.
27. Danièle Blondel, *op. cit.*, pág. 49.

francesa. El modelo de la profesionalización ha desempeñado hasta la actualidad un papel fundamental en el florecimiento de la universidad norteamericana.[28] Ésta, desde su creación, se vio sometida, en efecto, al modelo instrumental del saber «al servicio de la comunidad». Tanto con el desarrollo de la sociedad industrial como con la difusión de una ideología pragmatista, la concepción dominante le asignaba la doble función de formación profesional y de producción de conocimientos útiles para las empresas.[29] En 1963, el economista norteamericano Clark Kerr, entonces rector de Berkeley, teorizaba el fin de la universidad en tanto que lugar autónomo y unitario, y anunciaba la emergencia de una «multiversidad», que yuxtapondría las formaciones profesionales y los centros de investigación sin otra relación entre unos y otros que no fuera administrativa.[30] No sin humor, este autor veía en la universidad norteamericana «una serie de escuelas y departamentos reunidos por un sistema de calefacción común», o mejor incluso, como «una serie de empresarios de enseñanza individuales reunidos por el hecho de reivindicar un uso común de los aparcamientos».[31] Lo que equivalía a decir, en términos sociológicos, que la universidad «abierta a la vida» debía concebirse como la reproducción más exacta posible de la división económica y técnica del trabajo, y que debía componerse de células que no son nada más que un apéndice extroyectado del ramo, e incluso de la empresa que utiliza sus servicios de investigación y su producción de mano de obra. C. Kerr lo expresaba con acierto: la nueva universidad norteamericana no era en verdad ni pública ni privada, no estaba apartada de la sociedad ni enteramente dentro de ella. Se había vuelto una «estación de servicio para

---

28. Alain Renaut, *Les Révolutions de l'université: Essai sur la modernisation de la culture*, París, Calmann-Lévy, 1995.

29. Véase Michel Freitag, *op. cit.*, pág. 41.

30. Véase Clark Kerr, *Métamorphose de l'Université*, París, Éditions Ouvrières, 1967 (el título norteamericano es más explícito: *The Uses of the University*).

31. *Ibid.*, págs. 27-28.

el gran público».[32] Precisamente, fue contra esta transformación contra la que los estudiantes, especialmente quienes seguían las ramas de literatura y de ciencias sociales, se manifestaron en los campus en la década de 1960 en nombre de la lucha contra la alienación de la universidad y de la subordinación del saber únicamente a los intereses económicos del *big business*, crítica que se difundió por Europa a finales de la década de 1960 y a comienzos del decenio de 1970.

Esta ideología instrumental de la universidad acabó, sin embargo, por imponerse gradualmente en Francia, en nombre de la democracia, del empleo y de la modernidad.[33] Del informe Laurent de 1995 al informe Attali, pasando por el plan de Universidades de 2000 y por la multiplicación reciente de las licenciaturas profesionales,[34] la misma representación se aplica con perseverancia y transforma cada vez más profundamente el cometido de la universidad, que ya no encuentra otra razón de ser legítima que la salida profesional de los alumnos y el beneficio que las empresas pueden extraer de las investigaciones y de la formación que pueden recibir en ella los asalariados, especialmente los del vasto continente terciario. La ley Savary de 1984 inició el cambio al afirmar que la universidad debía contribuir a la «política de empleo». Al suprimir muy sintomáticamente el doctorado de Estado, diploma considerado muy poco eficaz profesionalmente, indicó la vía que se debía seguir. Más recientemente, el informe Attali señaló que «todo estudiante podrá tener la seguridad de acabar la enseñanza superior con un diploma profesionalmente valorado, si está dispuesto a realizar los esfuerzos necesarios para

---

32. *Ibid.*, pág. 15.
33. Es lo que hace decir a Alain Renaut que «Francia descubre América» cuando la universidad convierte la inserción profesional en su objetivo principal e incluso exclusivo (*Les Révolutions de l'université: Essai sur la modernisation de la culture*, op. cit., pág. 204).
34. Universités 2000, *Quelle université pour demain?*, Sorbona del 26 al 29 de junio, París, La Documentation française, 1991.

obtenerlo. [...] La preparación para la vida profesional debe convertirse en uno de los ejes principales del proyecto pedagógico de cualquier establecimiento de enseñanza superior».[35] Como sigue diciendo este mismo texto, la universidad deberá poner sistemáticamente en relación las formaciones y las salidas profesionales según el modelo de las prestigiosas instituciones de enseñanza superior. Por ello, la idea de que todo diploma universitario es un diploma profesional dirige la organización entera de los estudios universitarios.[36] En última instancia, ya no hay frontera entre una licenciatura general y una licenciatura profesional: «El titular de la licenciatura obtendrá un corpus de conocimientos básicos y una capacidad de análisis y cuestionamiento profesionalmente utilizable».[37] Todavía más, la licenciatura profesional no es un diploma como los demás, sino que en lo sucesivo es el modelo de todo diploma universitario. «La universidad debe convertirse en el motor de la Educación a lo largo de toda la vida. La licenciatura profesional responde a este objetivo», sostiene el Ministerio de Educación Nacional. No podría expresarse mejor. La desreglamentación que introduce, la dependencia con respecto a los intereses particulares de los empresarios y las colectividades locales, y la importancia de los «profesionales» en la enseñanza superior, perfilan el futuro previsible de la universidad si en los próximos años no se ponen en marcha poderosas contratendencias. Incluso el informe Fauroux, a pesar de ser poco sospechoso de idealismo desinteresado, había denunciado este «adecuacionismo» que había desembocado, según su autor, en una especie de sobreadaptación de la escuela a la división del trabajo. «La Escuela desarrolló, desde hace treinta años, su oferta de formaciones profesionales y especializadas —más de seiscientos diplomas— hasta tal punto que se le puede repro-

---

35. Jacques Attali, *Pour une modèle européen d'enseignement supérieur, op. cit.*, pág. 5.
36. *Ibid.*, pág. 27.
37. *Ibid.*, pág. 28.

char no el hecho de estar cerrada a las demandas de los ramos profesionales, sino el de serles permeable.»[38] La cuestión consiste en saber si la universidad está hecha para distribuir una formación muy especializada y estrechamente adaptada a las necesidades inmediatas de las empresas, y en consecuencia sin un gran horizonte temporal, o, al contrario, si no se apartaría de su papel al dotar a los estudiantes que acoge actualmente de una formación general que les permita una mayor autonomía en sus vidas. Por lo que respecta a los «herederos», como es sabido, encontraron refugio en otra parte, precisamente en los cursos preparatorios y en las prestigiosas instituciones de enseñanza superior, en las que no se regatean los más exigentes y amplios contenidos culturales.

Mucha gente de izquierdas vio en la masificación de la enseñanza el medio para anular lo que llamaban «el modelo cultural dominante» propio de la élite cultural y burguesa, y para introducir otras dimensiones, a la vez prácticas y cognitivas, más aptas para conseguir que los jóvenes de las clases populares obtuvieran resultados satisfactorios. Por este motivo, habría que introducir con pleno derecho y ampliar la enseñanza de una cultura técnica desde el colegio y en todas las ramas de la enseñanza general, desarrollar las ramas tecnológicas y profesionales, y dotar a los alumnos con cualificaciones sólidas que les permitan defenderse en el mercado de trabajo y en el empleo. Esta argumentación no carece de fundamento, y no se habría dado ciertamente una prolongación de la duración media de los estudios en el siglo XX y, más recientemente, la progresión del número de bachilleres sin el desarrollo de las ramas en cuestión. Queda, sin embargo, como señalamos antes, mucho camino que recorrer para reconocer el valor inte-

---

38. Roger Fauroux, *op. cit.*, pág. 109. En efecto, esta sobreespecialización originada por la voluntad de «adherirse» a las demandas de las empresas provocó más dificultades que facilidades en el acceso al empleo (véase pág. 113).

lectual y formador de los conocimientos técnicos y de los diplomas prácticos que están ligados a los diferentes campos profesionales en la medida en que uno de los grandes factores de la crisis de la enseñanza francesa se debe a este desprecio con el que se considera la enseñanza técnica y profesional, desprecio que ha de relacionarse con la dominación a la que está sometida la clase obrera, y con la ausencia de reconocimiento de sus cualificaciones y sus trabajos. Por causa misma de este desprecio, los jóvenes pagan muy caro la condición obrera de sus padres, incluso cuando intentan escapar de ella.[39] Sin embargo, hay que evitar una confusión: defender la necesidad de una cultura técnica para todos no significa que haya de subordinarse a las exigencias de las empresas en materia de profesionalización. Por otra parte, muchas técnicas y muchos saberes llamados tecnológicos no tienen únicamente un destino profesional, sino que tienen o pueden tener actualmente una utilidad social mucho más amplia, como demuestra el ejemplo de la informática. Mediante sucesivos desplazamientos, se llega pronto, sin embargo, a confundir la cultura técnica y la aspiración profesional. Con la difusión de esta ideología, existe un riesgo real de reducir la enseñanza general y profesional únicamente a las competencias útiles para las empresas, de negar el valor de la cultura técnica e incluso muchos de sus usos sociales, y de obedecer con ello a un utilitarismo que impide a los jóvenes interesarse mínimamente en lo que parece no ser *vendible* en el mercado de trabajo. La ilusión consistiría en creer que la profesionalización tal como se entiende hoy día y tal como es desarrollada constituye una estrategia democrática en sí misma. Si es cierto que el Ministerio de Educación Nacional se equivocaría al ceder el papel que le corresponde a un sistema de formación privado en el que reinarían las elecciones arbitrarias, las desigualdades sociales y todas las limita-

---

39. Véase Stéphane Beaud, *80 % au bac... et après? Les enfants de la démocratisation scolaire*, París, La Découverte, 2002.

ciones inherentes a una formación orientada según las necesidades demasiado inmediatas de las empresas, no es suficiente, para resistir a la ola neoliberal, con que el servicio público se anticipe a los deseos de las empresas profesionalizando todas las formaciones y todos los niveles. Como se habrá entendido, la cuestión depende de la capacidad que tenga la institución escolar para definir el campo de los saberes y la organización de los estudios que cualifican auténticamente a los futuros asalariados sin abdicar de las aspiraciones culturales más amplias. Lo que supone que la institución sea suficientemente fuerte como para no obedecer a las demandas y a las exigencias privilegiadas por las empresas cuya lógica es necesariamente diferente, si no opuesta, de la de la escuela. El peligro de obedecer a esta lógica del rendimiento y de las competencias que quieren imponer las empresas es tanto mayor en la medida en que nos las vemos con un capitalismo cada vez más inestable, en el que los ciclos económicos, pero también los ciclos de empleo y las «innovaciones tecnológicas», determinan fluctuaciones difícilmente previsibles por parte de las empresas en materia de «competencias». Es necesario defender la universalidad de los títulos concedidos por la escuela para resistir a la fragmentación acrecentada de una oferta de formación profesional. Pero también es necesario defender la autonomía de la escuela frente a un neoliberalismo que considera que todas las instituciones, incluidas las públicas, deben ponerse al servicio de la máquina económica en detrimento de cualquier otra finalidad.

SEGUNDA PARTE

LA ESCUELA BAJO EL DOGMA DEL MERCADO

CAPÍTULO 5

LA GRAN OLA NEOLIBERAL

La representación que el neoliberalismo tiene de la educación puede parecer de un simplismo bíblico: al igual que cualquier otra actividad, se asimila a un mercado competitivo en el que las empresas o cuasi empresas, especializadas en la producción de servicios educativos, sometidas a imperativos de rendimiento, pretenden satisfacer los deseos de individuos responsables de sus elecciones con el suministro de mercancías o cuasi mercancías. Esta concepción procura que se admita como evidente el hecho de que las instituciones deban estar «guiadas» en lo sucesivo por las demandas individuales y las necesidades locales de mano de obra, y no por una lógica política de igualdad, solidaridad o redistribución en el territorio nacional.[1] En este nuevo modelo, se considera la educación como un bien de capitalización privado.

Esta representación debe cotejarse con una fortísima «demanda» social de educación: numerosas familias, para aportar a sus hijos las competencias que se juzgan indispensables, ri-

1. Como observaba Robert Ballion, *La Bonne École*, París, Hatier, 1991: «La institución escolar se ha transformado en la concepción de sus usuarios en una organización prestataria de servicios» (pág. 18).

valizaron para colocarlos en las mejores escuelas, colegios, institutos, ramas, universidades o prestigiosas instituciones de enseñanza superior. En el plano social, la «buena educación», más que un consumo, se presenta como una inversión: estudiar en una buena escuela, una buena rama o un buen curso se volvió más que nunca en el factor fundamental del éxito escolar y la ascensión social. Toda la sociedad se ve arrastrada en esta persecución de los mejores estudios y los mejores centros, y la escuela, más que nunca, se transforma en un vasto campo de competición. El neoliberalismo no crea este fenómeno, sino que lo acentúa y lo justifica ideológicamente: la competición para acceder a este bien escaso, a la vez más distinguido y menos igualitario, parece incuestionable.

No es necesario profesar una fe neoliberal fanática y pretender fomentar a toda costa el mercado escolar para que este último se desarrolle. Muy a menudo basta con que se *deje hacer* a esta rivalidad entre familias e individuos, o con no oponerse a ella más que formalmente y con desidia. El mercado de la escuela es entonces el resultado de una indiferencia hacia las estrategias o de una inhibición a actuar, pasividad que, en realidad, es el efecto indirecto de esta ola neoliberal que, por todas partes, ha deslegitimado el voluntarismo del Estado e impugnado cualquier esfuerzo de limitación del juego de los intereses privados. Estos efectos de dominación ideológica fueron muy poderosos en Francia y se tradujeron en grandes dosis de incoherencia y fatalismo, síntomas de una política bajo influencia. El propio Lionel Jospin había mostrado una cierta confusión cuando señalaba que «el malestar de la escuela consiste en que se ha convertido en un servicio público como otro, como el correo o el ferrocarril. Los usuarios —alumnos, estudiantes, padres, empresarios, administraciones— reclaman profesores, locales, maquinaria y pedagogías ajustadas a sus necesidades, tal como ellos las ven. Hay que administrar, obtener los medios y efectuar las transformaciones necesarias a riesgo de olvidar el sentido profundo del cometido de la Escuela».[2] Era confundir dos lógicas muy diferentes e incluso antinómicas: la exigencia de los alumnos y sus familias de disponer de condiciones dignas e igualitarias de enseñanza, que refleja la movilización colectiva de la ciudadanía por un derecho fundamental, y la promoción de la «demanda» individual y de la competencia, que se supone que aportan el estímulo y la innovación que necesitaría la escuela que depende de una estrategia de clientes y consumidores.

UN PROGRAMA DE PRIVATIZACIÓN

Uno de los factores que contribuyó a naturalizar la idea de que la educación podía constituir el objeto de una *elección en un mercado libre* es, con toda claridad, el éxito político del neoliberalismo en la década de 1980. La ideología del libre mercado encontró en Estados Unidos e Inglaterra su terreno clásico de aplicación antes de difundirse universalmente. Ronald Reagan, en su programa electoral de 1980, prometía la desreglamentación de la educación pública, la eliminación del departamento federal de escuelas y la supresión del *busing* (transporte escolar).[3] Las escuelas debían transformarse en empresas con fines lucrativos en la medida en que se consideraba que la eficacia del mercado consistía en mejorar el acceso a la educación y la calidad de la enseñanza al desembarazarla de los reglamentos burocráticos y los sindicatos. Este descompromiso del Estado federal incrementaba el poder de las autoridades locales, mientras que disminuía los créditos asignados a los programas a favor de los pobres y las minorías. Abría mayores posibilidades a la elección de las familias para favorecer

---

2. Lionel Jospin, *L'Invention du possible*, París, Flammarion, 1991, pág. 267, citado por Jean-Pierre Le Goff, «Les impasses de la modernisation», *Nouveaux Regards*, n° 6, pág. 21.
3. Malie Montagutelli, *Histoire de l'enseignement aux États-Unis*, París, Belin, 2000, pág. 242.

la emulación entre los establecimientos, que se suponía que elevaba la calidad de las escuelas, y favorecía la financiación de las escuelas privadas que debían beneficiarse de las ayudas del Estado en igualdad de condiciones que las escuelas públicas. En 1983, proponía una legislación que instauraba un sistema de bonos y créditos, los *vouchers*, que permitían a los alumnos desfavorecidos inscribirse en las escuelas de su elección, sistema inspirado en las propuestas del economista liberal Milton Friedman.[4] Si la concesión de fondos públicos a las familias, bajo forma de bonos de formación utilizables en las escuelas privadas, vuelve solvente el ejercicio de la elección de consumo, nada impide formalmente a estas familias, si pueden y lo desean, añadir el complemento que quieran para adquirir «productos educativos» más caros en las mejores escuelas. Instaurado a gran escala a partir de la década de 1980 en el Chile de Pinochet, adepto a las recetas de los Chicago Boys, este mismo sistema es el que intentaron poner en funcionamiento primero George Bush padre y luego George Bush hijo en todo el país. Se constituyó una movilización importante de grupos de presión, que agrupaba a asociaciones conservadoras y representantes de escuelas privadas en una coalición nacional, Americans for Educational Choice, creada en 1988, para alcanzar el nivel de toda la nación. Se llevaron a cabo algunas experiencias limitadas en Milwaukee, Wisconsin, y en Cleveland, Ohio, antes de extenderse a una escala más amplia en Florida y California, sin que los resultados fueran por lo demás muy convincentes en materia de progresión de los resultados escolares.[5] El plan educativo de G. W. Bush anunciado en enero de 2001 convierte este sistema en una obligación para las escuelas públicas que no alcancen los ob-

---

4. El sistema de los *vouchers* [créditos] consiste en abonar a las familias una suma global equivalente al coste medio de escolaridad en el distrito con el fin de permitirles ejercer la libre elección de la escuela. Más adelante analizaremos los presupuestos y los efectos de este sistema.

5. Malie Montagutelli, *ibid.*, pág. 245.

jetivos fijados. El ejemplo de Chile demuestra que los resultados de un sistema de bonos en materia de rendimiento escolar son más bien negativos y que incrementan notoriamente la segregación social, al confinar a los pobres en las escuelas públicas, mientras que las clases medias y superiores se dirigen más fácilmente hacia el sector privado.[6]

Si las familias mejor dotadas salen beneficiadas, no se debe olvidar que la libre elección de escuela es igualmente deseada por las familias norteamericanas más modestas, ya que la escuela pública se ha convertido en determinados lugares, por contraste, en una auténtica birria. Lejos de estar únicamente formada por «estrategias de colocación escolar», el impulso a favor de la privatización se explica en gran parte por el deterioro de la escuela pública, en lo que respecta tanto a las condiciones materiales como a las deplorables condiciones pedagógicas que reinan en ella en ciertos casos. Eso es especialmente verdadero en Estados Unidos, pero igualmente lo es en otros países. Según un círculo vicioso, los contribuyentes rechazan los impuestos para una escuela tan mediocre y acaban por aceptar las soluciones liberales. La fuga de las malas escuelas de los alumnos pertenecientes a los medios más favorecidos acentúa la constitución de escuelas-guetos y favorece al sector privado.

ARGUMENTACIÓN DE LA IDEOLOGÍA NEOLIBERAL

El liberalismo en materia educativa es hoy día la doctrina dominante que inspira en sus grandes líneas las políticas seguidas en Occidente. Pero ¿de qué liberalismo se trata? No existe un pensamiento liberal unificado, especialmente en materia de edu-

---

6. Véase Martin Carnoy, «Lessons of Chile's Reform Voucher Movement», artículo aparecido en *Education Week*, reproducido en la página <http://www.rethinkingschools.org/SpecPub/sos/sosintl. htm>. Véase igualmente, Teresa Mariano Longo, *Philosophies et politiques néo-libérales de l'éducation dans le Chili de Pinochet 1973-1983: l'école du marché contre l'école de l'égalité*, París, L'Harmattan, 2001.

cación. Si se presta atención a algunos pasajes de Adam Smith, se puede deducir de ellos que el Estado tiene un papel primordial que desempeñar en la instrucción intelectual y moral del pueblo, lo que no le pasó desapercibido a Condorcet, que se apoya en el autor de *La riqueza de las naciones* para defender su proyecto de instrucción republicana. Al contrario, a mediados del siglo XIX, un tal Frédéric Bastiat llegó a refutar incluso la legitimidad de los grados universitarios y en particular del bachillerato, en su opinión uno de los principales vectores del socialismo, en nombre de la plena libertad de los contenidos educativos en las instituciones libres de enseñanza cuyo desarrollo deseaba.[7] Actualmente, se trata de una versión radical de la doctrina liberal, relanzada y desarrollada por los teóricos norteamericanos como Milton Friedman y, más recientemente, por J. Chubb y T. Moe, que tiende a legitimar la ofensiva de las empresas en el gran mercado educativo. La constatación esencial sigue siendo la que hace Stephen J. Ball: «El mercado considerado como una alternativa al monopolio público de educación proporciona nítidamente la tonalidad a la política educativa del decenio en todo el mundo occidental».[8] Incluso se trata de uno de los aspectos más importantes del neoliberalismo contemporáneo.

El neoliberalismo, de forma general, rechaza la injerencia del Estado en la producción de bienes y servicios, ya se trate del transporte, la salud o la educación. Lo que se impugna de la manera más radical es la intervención misma del Estado en la *oferta* educativa, lo que no impide, sino todo lo contrario, considerar como necesario un «saneamiento» de la demanda en materia de educación básica.[9] Según la doctrina, no existe ninguna ra-

---

7. F. Bastiat, «Baccalauréat et socialisme», *Oeuvres complètes*, tomo IV, *Sophismes économiques, petits pamphlets* I, París, Guillaumin, 1863, págs. 442-503.

8. Stephen J. Ball, «Education Markets, Choice and Social Class: the Market as a Class Strategy in the UK and the USA», *British Journal of Sociology of Education*, vol. 14, nº 1, 1993.

9. Véase David Friedman, «The Weak Case for Public Schooling», discurso di-

zón para que los beneficios que se pueden esperar del mercado y de la competencia, en especial en materia de rendimiento, no puedan ser esperados también en el dominio escolar en que están en juego gastos tan cuantiosos. Esta concepción conduce a ver en toda escuela, ya sea pública o privada, una empresa en situación competitiva que intenta ganarse una clientela mediante una *oferta* atractiva. Gary Becker, el teórico del «capital humano», ¿no partía acaso del postulado de que una escuela puede ser tratada como una especie particular de empresa?[10] Sin embargo, de acuerdo con una idea ya anticipada por Adam Smith en el siglo XVIII, la educación no sólo interesa al individuo, sino también a la colectividad. Posee una dimensión social por los benéficos efectos colectivos que engendra, que los economistas designan con el nombre de «externalidad positiva». De ahí la participación pública en la financiación de una demanda que debe seguir siendo libre de elegir el establecimiento, e incluso el curso y el profesor. Era en esto en lo que pensaba, por otra parte, el gran economista escocés cuando proponía que el Estado financiara en parte las escuelas parroquiales destinadas a los niños de las clases populares.[11] Pero, para los actuales partidarios del liberalismo educativo, si efectivamente es necesaria una aportación de los fondos públicos, igualmente es necesario instaurar una verdadera rivalidad entre los establecimientos pedagógicos, incluso en los contenidos y en los métodos. Ésa sería la ventaja de los sistemas de créditos o *vouchers* propuesto por Milton Friedman.

---

rigido a la Sociedad del Mont Pelerin, el 7 de julio de 1993, en el que el autor pone en duda toda legitimidad de «la escuela regida por el gobierno», <http://www.best.com/~ddfr/Libertarian/Public_Schools. Html>. El autor concluye que un sistema totalmente privado debe aportar, sobre todo, la libertad de creencias, aunque toda su argumentación sea de naturaleza económica.

10. Gary Becker, *Human Capital: A Theoretical and Empirical Analysis, with Special Reference to education*, Nueva York, Columbia University Press, 1964, pág. 31 (trad. cast.: *El capital humano*, Madrid, Alianza, 1983).

11. Adam Smith, *op. cit.*, libro V, cap. 1, sección 3, pág. 409.

Desde 1955, este último señalaba en un artículo famoso que la intervención del Estado en las primeras etapas de la educación podía justificarse económicamente por las «externalidades» positivas o negativas producidas por una buena o mala educación, por la existencia de un «monopolio natural» que impedía la competición normal entre las unidades de producción y por la irresponsabilidad de los niños sometidos a la tutela paterna y, por tanto, incapaces de una elección libre.[12] Estas tres consideraciones no justifican de ninguna manera una participación pública en la financiación cuando se trata de la enseñanza más avanzada y de la formación profesional, en las cuales el individuo beneficiario se apropia de los frutos y existe una gran diversidad de elecciones posibles. Las primeras etapas de la escolaridad requieren una ayuda financiera suministrada a las familias, pero no invitan de ninguna manera a crear o defender un sistema educativo directamente administrado por el Estado. En el pasado, por una razón económica legítima, el Estado quiso dirigir la educación de los más jóvenes, pero confundió la necesidad de la financiación pública y la necesidad de la administración de la educación básica. Es de esta última de la que hay que desprenderse en el marco de una verdadera economía de libre empresa. Conviene introducir una sana emulación entre las escuelas desnacionalizando la educación, instaurando la libre elección de escuela gracias al sistema de los *vouchers*, que los padres podrían utilizar en las instituciones educativas de calidad no sin aportar un suplemento si lo desearan, y vendiendo las escuelas a las empresas o a las comunidades locales. El papel del Estado se limitaría entonces a garantizar la calidad del servicio prestado por las escuelas privadas mediante una evaluación de los centros del mismo modo que la inspección sanitaria vigila los restauran-

---

12. Milton Friedman, «The Role of Government in Education», en Robert A. Solow (comp.), *Economics and The Public Interest*, Piscataway, Rutgers University Press, 1955. Reproducido en <http://www.schoolchoices.org/200/fried1.htm>.

tes. Milton Friedman concluye lo siguiente: «El resultado de estas medidas produciría una reducción de la magnitud de las actividades directas del gobierno abriendo al mismo tiempo el abanico de las elecciones posibles para la educación de nuestros hijos. Aportarían un incremento deseable en la variedad de las instituciones educativas disponibles y en la competencia entre ellas. La iniciativa y la empresa privada acelerarían el ritmo del progreso tanto en este ámbito como en los otros, favoreciendo sobre todo la innovación pedagógica y organizativa. El gobierno atendería a su función específica, que consiste en favorecer la operación de la mano invisible sin reemplazarla por la mano muerta de la burocracia».[13]

En 1995, en un artículo del *Washington Post* titulado «Public Schools: Make them Private»,[14] Milton Friedman volvió a la carga de forma mucho más polémica, en un contexto de desconfianza hacia la escuela pública. El deterioro de la enseñanza se debería fundamentalmente a los efectos de la centralización excesiva del sistema escolar, así como al desmesurado poder de los sindicatos del profesorado. Para debilitar a estos últimos, como mostró el ejemplo chileno, la privatización es un medio muy eficaz: los profesores contratados podrían ser despedidos como cualquier empleado del sector privado. Desembarazadas de los sindicatos, las escuelas estarían a partir de entonces más capacitadas para responder a los deseos de las familias al adoptar dispositivos innovadores. Ahí como en otra parte, la competencia engendraría innovación, productividad y más satisfacción de la demanda. Si inmediatamente, como observa Milton Friedman, el sistema de *vouchers* amenaza con introducir una mayor desigualdad, las mejores soluciones se difundirán en todas las empresas educativas y beneficiarán así a todos según la lógica de la competencia. Otros autores, de la misma estirpe, van aún más lejos. Para David Friedman, el Es-

---

13. *Ibid*.
14. *Washington Post*, 19 de febrero de 1995.

tado no tiene más motivos para financiar la educación que la adquisición del automóvil familiar o de cualquier otro bien de consumo. Ni los argumentos en términos de «externalidades», ni los que se formulan en términos de especificidad del «capital humano», ni siquiera la cuestión de la igualdad son suficientes. La educación es un bien de capitalización privada que aporta beneficios fundamentalmente personales, pero que también supone sacrificios por parte de las familias. Incluso los más pobres, dice este autor, serían capaces de financiar los estudios de sus hijos si aceptasen realizar los esfuerzos necesarios. La ausencia de financiación pública enfrentará a las familias ante su responsabilidad y la falta de educación de los hijos sólo será entonces debida a la despreocupación de padres que eligen un bienestar inmediato en detrimento de la felicidad futura de su progenie.

LA PROMOCIÓN DE LA ELECCIÓN

Otros autores quisieron demostrar que los *vouchers* y la libre elección de los padres debían desembocar indefectiblemente en la «excelencia» para todos. Ésta fue la intención, en 1990, de la obra muy influyente en Norteamérica de John E. Chubb y Terry M. Moe, *Politics, Markets, and America's Schools*.[15] La idea central del libro consiste en que si todas las reformas de la enseñanza han fracasado hasta el momento, es porque no abordaban la raíz misma del problema. El restablecimiento, oficialmente tan deseado, de un mínimo de excelencia académica no pasa por ninguna otra vía que la de una transformación institucional que convierte la *elección* en la solución global a los males que padece la escuela norteamericana. En este nuevo marco institucional, los alumnos y sus familias escoge-

---

15. John E. Chubb y Terry M. Moe, *Politics, Markets, and America's Schools*, Washington, D. C., The Brookings Institution, 1990.

rían según sus gustos las escuelas. Estas últimas elegirían sus programas, los alumnos y sus profesores. Nos acercaríamos idealmente a un verdadero mercado en el que se cerrarían directamente los contratos, con la salvedad de que las escuelas cobrarían subsidios escolares en función del número de alumnos que las eligieran.[16] Hay que entender, dicen los autores, que el nivel demasiado flojo de los escolares norteamericanos es el resultado involuntario de un número infinito de decisiones individuales tomadas en un determinado contexto institucional. Contrariamente a lo que enunciaron numerosas investigaciones sociológicas, la cuestión principal no atañe al entorno social de las escuelas ni a los medios desiguales que les son asignados, sino que reside en la respuesta *organizativa* que se da a estas dimensiones sociales y políticas. En un determinado marco institucional y reglamentario, las decisiones individuales, aunque se les habilite un espacio, abocan a la ineficacia, mientras que, en otro, conducen a una mejora prolongada. Por tanto, hay que modificar las reglas del juego para que las decisiones individuales modelen un sistema cada vez más eficaz. Al fundarse en varias encuestas y cuestionarios de motivación, los autores creen que pueden concluir de estos datos que si la eficacia depende de cualidades generales como el hecho de tener objetivos culturales claros —profesores bien formados, ambiciones culturales suscitadas por los alumnos—, depende todavía más de la autonomía de las escuelas con respecto a la burocracia y las instancias de control a la escala de la «comunidad», en el sentido norteamericano del término, que presentan el defecto de politizar la administración de las escuelas y de reforzar la burocracia. El sistema político y burocrático implica una centralización de las decisiones y un control jerárquico productor de normas inaplicadas porque generalmente son inaplicables. Por un círculo vicioso, el fracaso de las reformas exige otras reformas del mismo género

---

16. *Ibid.*, pág. 219.

que experimentan el mismo destino. Quienes detentan provisionalmente el poder intentan conservarlas protegiéndose mediante otras reglas formales, de tal manera que la burocratización es a la vez una tendencia ineluctable de todo sistema políticamente administrado y la principal causa del deterioro escolar en Estados Unidos. Los autores se pronuncian por la constitución de un verdadero mercado en el cual las elecciones paternas serían determinantes. Este nuevo marco será el único capaz de despolitizar y desburocratizar la enseñanza para convertirla verdaderamente en un asunto privado de consumidores que pretenden optimizar sus intereses. Se trata, de hecho, de separar la educación de la esfera pública regida por la autoridad política para confiarla enteramente al mercado en el que cada cual, tanto ofertante como demandante, actúa por su cuenta sin que se le impongan las decisiones de los vencedores en las elecciones.[17] Todos los defectos inherentes al «sistema político de la educación» serían suprimidos con la extensión de los mercados educativos, ya que, en estos últimos, los consumidores poseen efectivamente más poder que los electores en la esfera política por el solo hecho de que pueden escapar al suministrador de servicios que no les convenga y escoger otro, lo que fuerza a los propietarios privados a satisfacerlos para mantener su clientela. Se reconoce a los alumnos según sus propias necesidades y se les aprecia en su singularidad. La competencia requiere que los centros escolares sean autónomos para lograr una máxima capacidad de reacción ante los síntomas del mercado, y constituye el principal factor de eficacia. Estos autores desarrollan una verdadera ideología de combate. La creación de un mercado educativo engendrará una descentralización de las decisiones y entregará el poder a los directores de los centros, completamente libres para formar el equipo de verdaderos profesionales que resulte conveniente y para librarse así de los sindicatos. Esta visión «idílica» excluye la

---

17. *Ibid.*, págs. 28 y sigs.

dimensión del conflicto y convierte a la sindicalización en una hipótesis absurda, porque supondría profesores suficientemente irracionales como para dotarse de una organización que volvería no competitiva a su propia escuela en el mercado escolar.[18] Las escuelas privadas, en fin, serán más eficaces al concentrarse en objetivos precisos que respondan a un «nicho» particular, es decir, a un segmento especializado del mercado.[19]

La demostración de John Chubb y de Terry Moe tiene una gran debilidad: la salida al mercado de la escuela se justifica porque engendra mayor eficacia; pero, en todos los casos estudiados, los autores se contentan con mostrar que, si una escuela reúne los factores de éxito, ¡funcionará mejor que las otras! Así, al entregar el poder a los «líderes» y a los profesores motivados y bien formados, se polariza a la escuela sobre exigencias escolares elevadas y se obliga a revisar las condiciones pedagógicas del éxito en las clases, lo que mejora el resultado de los alumnos. Las escuelas funcionarán mejor en la medida en que recluten alumnos más motivados, en que estén sostenidas por las familias y en que se encuentren en una zona periurbana o en el campo. Más allá de estas tautologías, la tesis se reduce a un sofisma que asimila el sistema público al laxismo, a la escasa ambición cultural, a la primacía de lo lúdico sobre lo académico, a la gestión puramente burocrática, a la ausencia de todo espíritu de equipo y de solidaridad, etc.

Esta argumentación teórica, cuyos ejes principales hemos mostrado, participó en una ofensiva política de gran amplitud contra los sistemas de educación pública. En muchos países occidentales, los dirigentes políticos y económicos se enfrentaron a los educadores, denunciaron el «mamut» burocrático e invitaron a seguir el modelo de la empresa y el mercado. Un poco por todas partes, la retórica conservadora puso en cues-

---

18. *Ibid.*, págs. 53 y 224.
19. *Ibid.*, pág. 55.

tión a los profesionales de la enseñanza, a quienes les reprochó el ponerse a resguardo no sólo de la competencia mediante reglas burocráticas, sino también del control de las autoridades centrales o locales mediante una autonomía demasiado pronunciada. Los conservadores británicos lanzaron amplias campañas en este sentido durante la década de 1980, mientras que algunos ministros socialistas belgas o franceses retomaban los mismos temas en la década de 1990. El mercado y la libre elección por parte de los padres se convirtieron en una especie de panacea que se creía capaz de superar casi mágicamente la crisis de la educación. En todos los foros internacionales, en las grandes organizaciones económicas y financieras (FMI, Banco Mundial, Bancos Regionales, OCDE, Comisión Europea), se repiten sin cesar la misma vulgata, los mismos ataques contra el Estado educador y la misma apología del mercado escolar.

No debemos olvidar que, si esta concepción apareció en los países más ricos, la tendencia a la privatización de los sistemas de enseñanza concierne del mismo modo, si no más, a los países menos desarrollados.[20] El Banco Mundial, cuya misión general consiste en «reforzar las economías y extender los mercados para mejorar por doquier la calidad de vida de las personas y, sobre todo, de los más pobres», pretende poner todos los medios necesarios para favorecer esta orientación. Los teóricos liberales, muy influyentes en el Banco Mundial, desarrollan análisis extremamente favorables a la privatización de los servicios de enseñanza. Aplicando sin gran originalidad los dogmas vigentes, uno de los expertos en la materia en el Banco Mundial, Harry Patrinos, sostiene que esta vía permitirá el aumento del nivel general de la educación y mejorará la eficacia del sistema educativo.[21] Al comprobar que hasta ahora la expansión escolar fue, sobre todo, el resultado de la «ofer-

---

20. Véase Christian Laval y Louis Weber (comps.), *op. cit.*, págs. 47 y sigs.
21. Harry Patrinos, *The Global Market for Education*, Montreal, AUCC International Conference, octubre de 2000, página del Banco Mundial: <http://www.

ta» de escuela por parte de los gobiernos, imputa todas las lagunas y todas las insuficiencias de los países subdesarrollados en materia de educación al papel del Estado. Sin preguntarse por los factores más profundos de la situación en estos países, que hacen que los gobiernos no dispongan ya de los medios para desarrollar una escuela pública y de ampliar la escolarización, el Banco Mundial reclama una movilización de fondos privados en el nivel de la enseñanza secundaria y superior.[22]

LA OFENSIVA LIBERAL DE LA DERECHA FRANCESA

La derecha francesa, o al menos gran parte de ella, se vio influenciada por estas doctrinas neoliberales e integró en su programa su aplicación en el ámbito educativo. Pero no se trata de una simple importación de las teorías norteamericanas. El viento del Oeste a favor del mercado escolar tuvo como efecto principal el refuerzo de las propuestas que la derecha francesa había adelantado bastante temprano. En el pos-68, el orden del día ya no dictaba el mantenimiento de las tradiciones y la conservación de las instituciones y los valores franceses, sino, al contrario, la «denuncia», revertida en un sentido conservador, de todos los arcaísmos de la sociedad. El progreso había cambiado de campo, al menos así deseaba hacerlo creer la derecha liberal en esa época. En el pensamiento de derechas se encuentra efectivamente una combinación, dosificada de un modo diferente según los momentos y las personas, de modernización descentralizadora —y diferencialista— de la es-

---

worldbank.org/edinvest>. Véase igualmente Shobhana Sosale, *Trends in Private Sector Development in Bank education Projects*, World Bank.

22. Así, Harry Patrinos expone que, «en los años recientes, las condiciones macroeconómicas desfavorables y una competencia muy intensa entre sectores por el acceso a los fondos públicos redujeron la capacidad de la mayoría de los gobiernos para seguir financiando la educación» (*ibid.*, pág. 7).

cuela y de retorno a un orden moral y escolar antiguo. Esta combinación manifiesta, por una parte, la preocupación por el orden social en nombre de la tradición (que a los pensadores de derechas les gusta llamar «republicana») y, por otra parte, la preocupación por la libertad de elección de las familias. Lo que unifica ideológicamente a los autores de derechas es la denuncia de la «uniformidad», presentada como un insoportable «igualitarismo», en nombre de la libertad y la diversidad de los talentos naturales. Lo que se denuncia, en realidad, es la igualdad como finalidad política concreta.[23]

Desde 1971, Olivier Giscard d'Estaing, hermano del futuro presidente, proclamaba la necesidad de una «revolución escolar», e incluso de una «revolución liberal de la enseñanza», en una obra que reunía todos los temas de nuestros modernos reformadores. Este precursor, muy influido por la sociología de las organizaciones de Michel Crozier, pretendía aplicar a la enseñanza los métodos que antes había propuesto para el sector privado.[24] La «reforma liberal» se basaba, en primer lugar, en un determinismo tecnológico: las nuevas herramientas (televisión, ordenador) requerirían un trabajo en equipo, llevaban consigo la penetración de la «información mundial» y modificaban la relación de los profesores con los alumnos y el lugar del saber escolar en la escuela. Pero, sobre todo, urgía emprender la «desintegración del marco estatal de la educación» y «poner en cuestión el papel del Estado y su monopolio de hecho».[25] Olivier Giscard d'Estaing destacaba dos direcciones prioritarias con el objetivo de realizar las condiciones de la libertad de enseñanza: por una parte, la desnacionalización de la educación mediante la creación de entidades escolares inde-

---

23. Para el análisis de la ideología de derechas en materia escolar, véase Edwy Plenel, *La République inachevée, l'État et l'école en France*, París, Payot, 1997, págs. 401-428.
24. Olivier Giscard d'Estaing, *La Décentralisation des pouvoirs dans l'entreprise*, París, Éditions d'Organisation, 1966.
25. Olivier Giscard d'Estaing, *Éducation et civilisation: Pour une révolution libérale de l'enseignement*, París, Fayard, 1971, págs. 12-13.

pendientes y, por otra, la regionalización de la gestión de los locales y el personal.[26] La libertad de elección de las familias y la libertad pedagógica otorgada a los establecimientos deben favorecer la competencia y la eficacia. Es conveniente conceder mediante la descentralización lo esencial del poder de decisión y de gestión a las regiones. La *diversidad*, tema común a la derecha y la izquierda modernizadora, se convierte en el principio que suplanta al de la igualdad: «La uniformidad de la enseñanza, consecuencia del monopolio, esteriliza el lado creativo e imaginativo de una sociedad».[27] Se preconiza tanto la desectorialización de la contratación como la «liberalización» entre la escuela y la economía. La regionalización y la privatización deben aumentar la productividad del sistema al permitir adaptaciones más rápidas a las necesidades de la economía. Los centros escolares deben gozar de la máxima autonomía y poder decidir al menos una parte de su *curriculum* en función de sus propias características ampliando el campo de opciones específicas en un establecimiento.[28] Olivier Giscard d'Estaing proponía reducir al mínimo los servicios centrales mediante la descentralización: cada región tendría sus establecimientos y su propio «Ministerio de Educación Nacional».[29]

Estas temáticas precozmente formuladas acabarán imponiéndose al conjunto de la derecha como si fueran evidencias naturales. Desde la década de 1980, el Club de l'Horloge, famoso *think tank* de una derecha dura admiradora de la restau-

---

26. *Ibid.*, págs. 72 y sigs.
27. *Ibid.*, pág. 78.
28. Por un santo terror al «maoísmo» y por las necesidades del orden social, este autor veía los límites de la autonomía de los establecimientos en la amenaza de un adoctrinamiento político puesto en práctica por los profesores izquierdistas. El Estado, si debía ceder sus prerrogativas escolares a las regiones y a las familias, tenía que velar todavía por hacer respetar «la libertad intelectual y espiritual de los niños» (pág. 129).
29. Es evidente, los temas defendidos por Claude Allègre o Luc Ferry sobre la descentralización no son más que reactualizaciones tardías de algunos lugares comunes «modernizadores».

ración conservadora de Reagan, reelaboró sus temas para difundirlos ampliamente y convertirlos en una base ideológica común de la derecha y la extrema derecha. Las metáforas animales y prehistóricas de Claude Allègre (un animal más o menos) ya habían realizado su función: «Sucede lo mismo con el cuerpo social que con el ser vivo: cuanto más diferenciado es un organismo, mejor se adapta. El dinosaurio educativo francés ya no se adapta al mundo actual».[30] El Club de l'Horloge alentaba a los partidos de derechas a combatir contra el «gran monopolio» igualitarista y uniforme, comenzando por los «feudos sindicales», fuentes de todos los males: «A la lógica del monopolio estatal hay que oponerle una lógica de la competencia y la emulación».[31] Por esto pretendía promover «una dinámica de elección, es decir, la competencia más libre posible entre productos de valor diferente». En esta doctrina, la diversidad y la diferencia de los alumnos hacen que sea ineludible la educación separada, que es la exacta y necesaria reacción frente a una política de igualitarización. Se trata de sustituir un «sistema educativo centralizado y burocratizado» por una enseñanza pluralista y diversificada, en la que cada uno tendrá la posibilidad de seguir a su ritmo la vía que ha elegido. Tanto el «cheque-educación», versión francesa de los *vouchers*, abonado en función de las «aptitudes» y los «gustos», como la selección para la entrada en todos los establecimientos escolares y la abolición de la gratuidad de los libros de texto, son sus medios. No se podría decir mejor, a pesar de todos los eufemismos, que se trata de dar *más* a quienes quieren y pueden más. El diferencialismo educativo se formula claramente: «Las diferencias de aptitudes, de ritmos de aprendizaje o de maduración intelectual hablan por lo demás a favor de un sistema educativo diversificado y diferenciado, en el que ya

---

30. Didier Maupas y el Club de l'Horloge, *L'École en accusation*, París, Albin Michel, 1983, pág. 189.

31. *Ibid.*, pág. 182.

no se procurará que todos los niños de Francia aprendan lo mismo en el mismo momento pretendiendo hacerles seguir la misma vía y obtener a fin de cuentas los mismos resultados».[32] Roger Fauroux y Alain Minc no inventaron nada cuando afirmaron que en Neuilly y en Aubervilliers no se deben enseñar los mismos problemas ni con los mismos métodos. A mediados de la década de 1980, oímos la misma cantilena a Alain Madelin, que pretendía «liberar la enseñanza» de la sujeción opresiva del igualitarismo y proponía recetas sencillas que después tuvieron gran éxito: «Tenemos que invertir la pirámide escolar y construir un sistema en el que la base, es decir, la demanda de educación, sea la que por fin decida».[33] Si la educación nacional de antaño respondía a una «lógica de oferta», eso se justificaba por las oposiciones erigidas contra la educación del pueblo. Se vuelve inútil si existe una demanda espontánea de instrucción para ascender en la escala social. Además, la demanda ha cambiado. Para niños diferentes, tanto «superdotados» como «difíciles», se necesitan métodos pedagógicos adaptados. «Todos los análisis convergen: la lucha contra el fracaso escolar pasa por la utilización de pedagogías diferenciadas.»[34] Alain Madelin extraía de ello la conclusión de que «la educación del porvenir es una educación dirigida desde abajo, por la demanda. Ahora bien, la demanda supone la elección, y la elección, la libertad y la competencia entre las escuelas». Y si se atiende en adelante al «principio de eficacia», decía, la enseñanza concebida como servicio «puede ser indistintamente el producto de una iniciativa privada o el fruto de una acción pública».[35] El sistema escolar debería, pues, sacar las consecuencias de su entrada, presentada como *irreversible*,

---

32. *Ibid.*
33. Alain Madelin, *Pour libérer l'école, l'enseignement à la carte*, París, Robert Laffont, 1984, pág. 25.
34. *Ibid.*, pág. 35.
35. *Ibid.*, pág. 41.

en esta nueva era consumista y adaptarse a las demandas de las familias, los alumnos y las empresas. Cualquier resistencia no sólo sería inútil, sino también arcaica y corporativista. La escuela ¿no está acaso al servicio de las familias, los niños y las empresas?, se interroga Alain Madelin sin preguntarse además si estas «demandas» son compatibles entre sí.

Esta posición liberal se extendió mucho más allá de las fronteras políticas clásicas. En el curso de las décadas de 1980 y 1990 se convirtió en el horizonte de la política de «izquierdas». Los apoyos que Claude Allègre recibió por parte de los más destacados representantes del liberalismo más avanzado, Alain Madelin o Charles Millon, como también del conjunto de la prensa de derechas, no son accidentes o equivocaciones, sino que obedecen a efectos de dominación ideológica sobre el mundo político, administrativo y mediático. Todavía hoy, no puede por menos que resultar chocante la continuidad entre las reformas de la izquierda y de la derecha. Ante las dificultades, parece como si no hubiera más que una única solución posible: aproximarse tanto como sea posible a una estructuración mercantil, comenzando por llevar más lejos la descentralización y la autonomizacion de los establecimientos. Es importante recordar que estos «remedios», que bajo la pluma de los responsables administrativos y de los expertos se presentan de buena gana como transformaciones técnicas y organizativas, derivan históricamente de programas políticos liberales que se difundieron por el mundo entero y que constituyen en la actualidad una vulgata mundial de la que costará sin duda mucho trabajo librarse.

LA ESCUELA COMO MERCADO: UN NUEVO SENTIDO COMÚN

El éxito de la ideología neoliberal no se observa en ninguna parte mejor como en la identidad trazada entre la «reforma» de la escuela y su metamorfosis en mercado o cuasi mercado.

Uno de los cambios más importantes en la transformación de los sistemas educativos, con frecuencia encubierto por la masificación del alumnado, reside en la adopción por el discurso interno de la institución escolar de una ideología dócil a las lógicas de mercado, hasta el punto, mediante una operación de metaforización eficaz, de asimilar la propia escuela a un mercado escolar. Y, naturalmente, las categorías del liberalismo, convertidas en «evidentes», alientan las prácticas y los comportamientos que acaban por crear una realidad que parece asemejarse a otros mercados existentes. La imposibilidad de pensar una institución de un modo distinto a una relación contractual y mercantil con clientes o usuarios es, por lo demás, uno de los rasgos característicos del espíritu dominante de la época. El desconocimiento de cualquier otra instancia de la existencia que no sea el solo interés personal se percibe en los trabajos más serios y más reconocidos referentes a las instituciones, ya se trate del Estado, la familia, la religión, la ciencia, el derecho, etc. Bajo el efecto de la importación más o menos consciente de los modelos utilitaristas en los análisis sociológicos y políticos que, por el mecanismo de la descripción prescriptiva, refuerzan el efecto de las actitudes sociales cada vez más individualistas, se vuelve difícil, si no imposible, pensar que una institución sea otra cosa que un simple instrumento a disposición del individuo-consumidor o que un servicio propuesto a una clientela. Esta primacía de la demanda individual se asocia a una impugnación de la cultura que no fuera «elegida» por el individuo o que no presentara estrechos vínculos con un interés personal o una pertenencia comunitaria.

Si se considera la escuela como una empresa que actúa en un mercado, se vuelve necesaria una recomposición simbólica más allá de los círculos de los ideólogos liberales: todo lo que atañe a la escuela debe poder ser parafraseado en lenguaje comercial. La escuela debe regirse por una lógica de márketing, se ve incitada a desplegar técnicas mercantiles para atraer al cliente, debe desarrollar la innovación y esperar de ella una «compensación de imagen» o financiera, debe venderse y posicionarse en el mercado, etc. La literatura sociológica, administrativa y pedagógica que alimenta la nueva *doxa* habla cada vez con más naturalidad de «demanda» y «oferta» escolares. La *institución* de la escuela, que hasta el momento se entendía como una necesidad moral y política, se ha convertido en una *oferta* interesada por parte de una organización pública o privada. Y si los adeptos a este léxico admiten que esta *oferta* estatal pudo tener en determinadas épocas un efecto de reclamo sobre la *demanda*, consideran que en adelante la demanda es el factor fundamental de cualquier política educativa. Debería «adaptarse» al mercado generalizado, según la expresión vigente, puesto que se trata de un estado *natural* de la sociedad, y no «resistir» como se podría esperar de una escuela pública. A través de estas formas de hablar sin pensar en ello, se instala en las cabezas este *market-education* y se construyen en la realidad los *market-driven schools*.

Esta representación de la educación como relación mercantil se ha vuelto una vulgata de las organizaciones financieras internacionales y de muchos gobiernos. La educación y el comercio están asociados desde ahora en numerosos países: funciones esenciales para la vida del establecimiento ya son delegadas al sector privado (las comidas, las ayudas escolares, las guarderías, los transportes, etc.) y la tendencia va hacia una privatización mucho más completa de las actividades educativas mismas.[36] Al establecer para la escuela los «escenarios del futuro», la OCDE señala algunas de estas mutaciones: «Refuerzo del ejercicio de la elección de los padres, a veces por la asignación de "cheques-educación"; participación del sector privado en la gestión de las escuelas, o de partes del sistema; importantes contribuciones de las empresas para financiar cursos particulares complementarios, como en Japón o Corea, o

---

36. En Gran Bretaña, desde 1993, organismos privados se encargan mayoritariamente de la inspección de las escuelas primarias.

para escolarizar a sus hijos en las escuelas privadas (como las escuelas privadas británicas curiosamente llamadas "public schools"); financiación pública de establecimientos "privados" fundados por grupos culturales, religiosos o ciudadanos; desarrollo por parte de las empresas del mercado de la ciberinformación, etc.».[37] Se trata de prácticas múltiples que tenemos ahora que identificar y analizar más detalladamente.

---

37. OCDE, *Analyse des politiques d'éducation*, 2001, pág. 146.

CAPÍTULO 6

EL GRAN MERCADO DE LA EDUCACIÓN

La ideología liberal acompaña, refuerza y legitima las diversas formas de desregulación, cuya característica general consiste en habilitar un lugar creciente en el espacio escolar para los intereses particulares y las financiaciones privadas, ya sean cosa de las empresas o de los individuos. A pesar de las denegaciones oficiales, la modernización liberal de la escuela pasa por un desvanecimiento progresivo de las fronteras entre el dominio público y los intereses privados, lo que, en la tradición administrativa francesa, representa una ruptura bastante importante. Algunos dicen abiertamente de qué se trata. Así, Bertrand Cluzel, director general de una filial de Vivendi, Educinvest, una de las principales empresas privadas de enseñanza en Francia y Europa, afirmaba hace ya algún tiempo que «en adelante hay que aprender a hablar de dinero en la educación, tanto bajo el ángulo de la inversión como bajo el de la rentabilidad. A plazos, la educación debe entrar en el sector mercantil».[1] Según la fórmula lapidaria de un

---

1. Bertrand Cluzel, «De l'éducation marchande», *Gérer et comprendre*, n° 30, marzo de 1993. Este autor proponía hacer pasar bajo el régimen de concesión entregada a los gerentes lo fundamental del aparato educativo a la manera de la «facultad Pasqua» (Universidad Leonardo da Vinci), de la cual fue uno de los promotores.

responsable de formación permanente, «la formación es un negocio».[2] Lo que es cierto desde hace mucho tiempo de este dominio, generosamente abandonado al mercado, tiende a serlo de la formación inicial y universitaria. Una fatalidad a la que habría que resignarse y que Claude Allègre presentaba así: «El saber será la materia prima del siglo XXI. Lo que se veía venir con una lógica insoslayable, que justificaba todos los razonamientos intelectuales, está ahí, delante de nosotros, realidad deslumbrante y turbadora. Nos damos cuenta de pronto de que esta materia gris intelectual arrastra consigo las mismas consecuencias que cualquier materia prima: comercio, dinero, poder, tentación de monopolio y, en una palabra, lo que transforma cualquier objeto, aunque sea intelectual, en mercancía. El comercio de esta mercancía virtual que es la inteligencia tendrá lugar —ya tiene lugar— a escala mundial, sin fronteras y, de momento, sin control claro. Es una mercancía impalpable, que sólo se transfiere de cerebro a cerebro, se transporta fácilmente de un extremo al otro del planeta, y tiene un coste, un precio y un valor mercantil» (*Le Monde*, 17 de diciembre de 1999).

Desde luego, no se puede ignorar que el entorno de la escuela está compuesto por parte de mercados que le suministran las herramientas de funcionamiento y de trabajo: libros de texto, obras y documentos paraescolares, máquinas e instalaciones de todo tipo. Más allá, el mercado del empleo es más que nunca el receptáculo obligado de los «recursos humanos» y del «capital humano» formados por la escuela. Más globalmente, la escuela existe en el seno de una economía de mercado, en la que, para las empresas poderosas, los jóvenes constituyen un «blanco» comercial que alcanzar mediante estrategias específicas, en especial a través de los medios de comunicación, que consisten en transformar desde la primera infancia mentes todavía poco experimentadas en consumidores de mercancías cada vez más numerosas y variadas.

2. *Le Monde*, 26 de mayo de 2000.

La escuela pública, laica, gratuita y obligatoria, había tenido antaño la ambición de separar el reino del talento escolar del reino del poder económico: el dinero ya no debía ser el criterio principal para distinguir entre los alumnos. Los valores cívicos y culturales, destinados a forjar a los ciudadanos del mañana, debían reinar en ella por sí solos. La antigua representación dominante de la escuela sustentaba gustosamente un ideal de *pureza* del saber de acuerdo con el idealismo difuso que alentaba la moral profesional y fiel, más profundamente, a las fuentes religiosas de la ideología administrativa francesa. El mercado no estaba enteramente proscrito en la medida en que era el garante de una libertad intelectual. Así, el comercio de los manuales escolares se admitió siempre mediante un respeto del programa por parte de los autores. Sin duda, la sociología tuvo razón tanto al poner en duda el alcance de esta separación como al insistir en los factores sociales de la jerarquía escolar. Sin embargo, no podemos olvidar que la gratuidad escolar constituyó un medio de democratización de la cultura, desde luego muy insuficiente por sí mismo, mientras que, en muchos aspectos, el mantenimiento de un sector privado de la educación escolar siempre constituyó una fuente de desigualdad y de discriminación a menudo subestimado por los políticos con ganas de compromiso. Por supuesto, el dinero siguió desempeñando un papel diferenciador, incluso en la educación pública, bajo múltiples formas, por la importancia de las salidas culturales, de los viajes lingüísticos a cargo de las familias, de las formaciones musicales y por muchas otras actividades practicadas fuera de la escuela, sin olvidar todos los «cursillos» que constituyen siempre un factor de éxito en la escuela. Esta compleja intrincación del dominio público y privado se refuerza actualmente por numerosos fenómenos que se pueden alinear bajo el término de «mercantilización». La escuela francesa está empeñada en una secularización contante y sonante, y si no se encuentra en el estadio de la escuela norteamericana, múltiples síntomas manifiestan que disminuye su retraso.

LAS FORMAS DE LA MERCANTILIZACIÓN

La «mercantilización de la educación» es una noción que tiene que entenderse de varias maneras. Vimos anteriormente que la escuela es considerada más que nunca una escuela con objetivo profesional destinada a suministrar una mano de obra adaptada a las necesidades de la economía. Esta intervención más directa y más apremiante de las empresas en materia de pedagogía, de contenidos y de validación de los cursos y los diplomas constituye una presión de la lógica del mercado de trabajo sobre la esfera educativa. Pero está lejos de ser la única fuente de la mercantilización de la escuela. Por poca atención que se preste, en Francia incluso, los hechos son legión. La prensa se hace a veces eco de estas prácticas: aquí es McDonald's la que se instala en un colegio para contratar empleados jóvenes y para formarlos en la empresa alimentaria;[3] allá es Microsoft la que propone sus programas informáticos educativos para ayudar a la «revolución copernicana» de la pedagogía; en numerosos establecimientos es la publicidad la que financia las actividades y las compras escolares, y se interpela a los profesores para que utilicen en las clases soportes semipedagógicos semipromocionales (desde el conejo Quicky de Nesquick y el doctor Quenotte de Colgate hasta las lecciones de nutrición de McDonald's); en otra parte, se incita a las universidades para que saquen provecho de sus cursos en línea vendidos muy caros, en especial en los países menos desarrollados, o también para que establezcan compromisos, bajo el pretexto de la colaboración, con empresas de comunicación para la búsqueda de contenidos educativos.

Sin duda, no se pueden confundir estas múltiples formas de intervención de las lógicas mercantiles en la escuela, puesto que varían según los países y los momentos. Alex Molnar,

---

3. «Quand McDonald's recrute ses futurs managers au collège», *Le Monde*, 23 de mayo de 2000.

gran especialista del *commercialism* en Estados Unidos, distingue tres grandes vías de «transformación comercial» de la escuela norteamericana, que se subdividen a su vez en estrategias diferentes: el *marketing* to *schools*, que es en cierto modo inevitable dado que se supone que las escuelas, los alumnos y sus familias compran los productos salidos del sector mercantil; el *marketing* in *schools*, fenómeno más reciente cuando se da de manera abierta y a gran escala como sucede en Estados Unidos actualmente y que pasa por múltiples formas de patrocinio, de presencia publicitaria, de ventas en exclusiva en la propia escuela, etc.; y, finalmente, el *marketing* of *schools*, que corresponde a una etapa superior en la que las escuelas mismas, en tanto que empresas de productos mercantiles destinados a obtener beneficio, compiten entre sí e incluso se venden y compran como cualquier otra empresa.[4]

Inspirándonos en este enfoque, distinguiremos dos grandes tipos de fenómenos. El primero consiste en la estrategia de las empresas que quieren penetrar en el terreno escolar, ya sea por razones publicitarias (mercados indirectos), ya por la venta de productos (mercados directos). Cuando las empresas tienen de este modo cada vez más facilidades para penetrar en el mundo de la escuela, nos encontramos ante una comercialización del *espacio escolar*.

El segundo gran tipo de fenómenos, simétrico del primero, remite a la transformación de las escuelas en empresas productoras de mercancías específicas. Podremos distinguir aquí

---

4. Alex Molnar, «The Commercial Transformation of American Public Education», Bergamo, Ohio, 1999 Phil Smith Lecture, Ohio Valley Philosophy of Education Conference, 15 de octubre de 1999. Alex Molnar, uno de los investigadores más activos del comercialismo en la educación pública, es profesor en la University of Wisconsin-Milwaukee y autor de *Giving Kids the Business: the Commercialism of America's Schools*; dirige el Center for Education Research, Analysis, and Innovation (CERAI) (<http://www.educationanalysis.org/>) y el Center for the Analysis of Commercialism in Education (CACE) (<http://www.uwm.edu/Dept/CACE>). Véanse igualmente los numerosos *links* con las páginas norteamericanas en la web del APED, <http://users.skynet.be/aped>.

la *mercantilización* de los productos educativos, es decir, la transformación de las mercancías en soportes y contenidos de la enseñanza, y la *puesta en el mercado* o *comercialización* de la escuela, que favorece el desarrollo de la competencia entre los establecimientos y la instauración de la libre elección escolar de las familias. Cuando pasan cada vez más productos educativos por el mercado, cuando las escuelas tienen tendencia a transformarse en empresas competitivas, estamos ante una comercialización de *la actividad educativa*. Ni que decir tiene que estos fenómenos están vinculados entre sí de múltiples formas, en la misma medida en que, más arriba, están regidos por la tendencia que dicta que ninguna actividad, ningún espacio y ninguna institución se libran actualmente de la integración en el capitalismo. Lo que en cada ocasión se pone en cuestión es la autonomía tanto del espacio como de la actividad educativa, autonomía que se vuelve difícil de defender en un mundo enteramente regido no sólo por el comercio real, sino también por el imaginario del comercio generalizado.

UN MERCADO PROMETEDOR

Las múltiples formas en que el capitalismo global envuelve a la educación convierten este espacio y esta actividad en un campo muy esperanzador para las empresas. «Bien superior de consumo» para el economista, la educación es el objetivo de gastos que crecen más rápido que el nivel de vida en los países ricos. «Bien de inversión», es y será la ocasión de gastos incrementados por parte de las empresas, las familias y los Estados, en vista de un aumento de las rentas futuras. El mercado es tan atractivo que en el ámbito de la OCDE los gastos de enseñanza son a partir de entonces tan importantes en volumen como los que capta una industria de masas como la del automóvil. Daniel Rallet da las siguientes cifras: «Los gastos públicos de educación representan alrededor del 5 % del PNB de los países desarrollados y el 4 % del PNB de los países en vías de desarrollo. [...] En la OCDE, la cantidad de los gastos anuales de sus Estados miembros a favor de la enseñanza se eleva a un billón de dólares: cuatro millones de profesores, 80 millones de alumnos y estudiantes y 320.000 centros escolares».[5] La Unesco adelanta cifras igualmente expresivas, situando en dos billones la cantidad de los gastos educativos en el mundo.[6] Estados Unidos representa por sí solo un tercio de este mercado global y los países en vías de desarrollo tan sólo alrededor del 15 %.[7] La progresión del alumnado es por todas partes considerable. Desde 1950, el alumnado en el mundo aumentó dos veces más rápido que la población mundial, al pasar de 250 millones de alumnos y estudiantes a cerca de 1.500 millones a finales de la década de 1990. Únicamente para la enseñanza superior, el alumnado se multiplicó casi por catorce, al pasar de 6,5 millones a 88,6 millones. A la vista de este impresionante crecimiento del alumnado, si los gastos crecieron en valor absoluto en numerosos países desarrollados y no desarrollados, se mantuvieron estables (incluso en regresión brutal como en los países más pobres) en relación con el PIB y por alumno, lo que implica una degradación global de las condiciones de acogida y enseñanza para los «hijos de la democratización escolar», procedentes de los medios modestos. Esta «crisis de las tijeras» crea una situación muy favorable para el sector privado de la enseñanza que puede aprovecharse del mal estado de la escuela pública en numerosos países. Como decía en 1998 Glenn Jones, el creador norteamericano de un imperio educativo multimedia, «la educación es el mayor mercado del planeta, el que crece más rápido y aquel en el que los

---

5. Daniel Rallet, «Le éducation un nouveau marché?», *Nouveaux Regards*, n° 7, septiembre de 1999, pág. 4.
6. Véase «Éducation: un marché de 2.000 milliards de dollars», *Courrier de l'Unesco*, noviembre de 2000. La estimación citada procede del instituto Merryll Lynch.
7. Cifras suministradas por Harry Patrinos, «The Global Market for Education», *op. cit.*

actuales actores no responden a la demanda».[8] Siguiendo a los expertos en este punto, parece que la proporción de los gastos privados en el total de los gastos educativos, muy desigual según las situaciones nacionales, tendió a aumentar en la mayoría de los países en el curso de la década de 1990. Según la OCDE, entre 1990 y 1997, habría pasado del 15 % al 23 % en Australia, del 14 % al 18 % en Canadá, y del 14 % al 17 % en España. Y habría descendido ligeramente en Francia y en Japón (respectivamente del 9 % al 8 %, y del 25 % al 24 %).[9]

Los gastos educativos representan entre el 20 % y el 30 % de los gastos públicos según los países, y numerosos autores y responsables políticos consideran que las finanzas públicas no podrán soportar por sí solas su crecimiento futuro, especialmente en el nivel de los estudios superiores y de la formación profesional. Según la OCDE, el aprendizaje de por vida requerirá un recurso cada vez más masivo a las fuentes de financiación privadas, ya se trate de empresas o de familias. Puesto que «individuos y agentes sociales pueden invertir más en el aprendizaje y la adquisición de competencias», con el fin de la mejora de la situación del individuo o de la empresa que es su consecuencia, es necesario que los poderes públicos, además de su misión de «control» y de «pilotaje», piensen «en la creación de los mercados de formación o en la intervención en estos mercados y en formas de privatización más perfecta».[10] Según esta lógica, si el saber es un bien privatizado, apropiado ya por el individuo ya por la empresa, y una fuente de ingresos particulares, es conveniente estudiar una financiación privada a gran escala cuyas modalidades podrían consistir en una ele-

---

8. Citado en «L'éducation, nouveau marché mondial», *Alternatives économiques*, nº 187, diciembre de 2000.

9. En Francia, los gastos privados aumentaron el 5 % entre 1990 y 1996, ligeramente por debajo de los gastos públicos. Este aumento fue, sobre todo, sensible al nivel «posbachiller», donde el sector privado está muy implantado. Véase OCDE, *Regards sur l'éducation*, 2000, págs. 67-75.

10. OCDE, *Apprendre à tout âge*, 1996.

vación de los derechos de escolaridad de los estudiantes, un sistema generalizado de préstamos y un estímulo fiscal de las empresas para la inversión en la formación continua.

LA GLOBALIZACIÓN DEL MERCADO EDUCATIVO

La transformación mercantil del servicio educativo público no sólo se explica por la moda ideológica, sino que se inscribe en el proceso en curso de liberalización de los intercambios y en el desarrollo de las nuevas tecnologías de información y de comunicación a escala mundial. La gran tendencia del período es la competición más directa de los sistemas educativos nacionales en un mercado global. Esta transformación fomenta la aplicación al dominio educativo de los dogmas librecambistas y estimula la utopía de una vasta red educativa mundial transfronteriza y posnacional. Según esta concepción, la institución escolar estatal sería enviada, si no enteramente al cubo de basura de la historia, al menos sí recortada en función de los segmentos más o menos rentables que la componen. La constitución de un «mercado mundial de la educación» no afecta de hecho de la misma manera a todos los niveles y a todos los aspectos de la enseñanza. Son más bien el nivel superior y, sobre todo, las materias más cercanas a la actividad económica volcada en la competencia mundial y cuyos códigos, se podría decir, son más universales (gestión empresarial y tecnológica) los más avanzados en este sentido. Existe ya un verdadero mercado internacional de la formación en gestión que hace competir a los grandes países industriales y que impone una uniformización de las formas y los contenidos de los estudios.[11] Estos tipos de formación son por lo demás eficaces re-

---

11. Véase, sobre este punto, Gilles Lazuech, *L'Exception française, Le modèle des grands écoles à l'épreuve de la mondialisation*, Rennes, Presses universitaires de Rennes, 1999.

levos del nuevo pensamiento empresarial en el conjunto de las élites dirigentes desde hace una veintena de años, inclusive en la función pública. En Francia, las escuelas de ciencias políticas y la propia ENA se consideran como especies de *super-business schools* y desempeñan un papel importante en esta conversión simbólica y política.[12]

Esta tendencia a la mundialización de los servicios y a la expansión de los flujos transnacionales de capitales y de «recursos humanos» engendra simultáneamente una comercialización de los servicios educativos.[13] Cada nación desarrollada intenta de este modo atraer, por un lado, a los estudiantes extranjeros y, por otro, a exportar los *packages* educativos. A la internacionalización progresiva del mercado del empleo corresponde una internacionalización de los centros y de los cursos de formación. Los responsables del comercio exterior en estos países intentan al mismo tiempo vender formación y conocimientos técnicos, vender productos y desarrollar ocasiones de inversión a la vez que se captan cerebros a menudo en parte formados a expensas de los países más pobres. Lo esencial de las recetas en este mercado mundial radica todavía en la llegada de los estudiantes extranjeros, quienes, en 1998, aportaron 7.500 millones de dólares a la economía norteamericana. Actualmente las universidades norteamericanas acogen a casi 500.000 estudiantes extranjeros. Si lo que representa hoy día el terreno más abierto al sector privado y el primer objetivo de la liberación comercial a escala mundial son las enseñanzas superiores y, sobre todo, la formación para adultos, no cabe menos que esperar que se desarrolle en el futuro un mercado para los ciclos primarios y secundarios en determinados campos, en especial en el de la enseñanza de las lenguas gracias a las posi-

---

12. Véase Alain Garrigou, *Les Élites contre la République*, París, La Découverte, 2002.

13. Informe de la Organisation Internationale du Travail, *La formation permanente au XXe siècle: l'évolution des rôles du personnel enseignant*, 2000.

bilidades ofrecidas por las nuevas tecnologías. La «explosión» de estas nuevas tecnologías de la información y la comunicación (NTIC), de creer a algunos autores, debería permitir un aumento considerable de las «mercancías educativas» en libre circulación por el mundo.

Claro está que todavía hay un buen trecho entre el sueño liberal y la realidad.[14] La educación, incluso superior, sigue siendo todavía en gran parte dependiente de las tradiciones y estructuras nacionales. El Estado continúa desempeñando de momento un papel preponderante en la organización de los estudios y en la especificación de los diplomas. El ejemplo de las *business schools* y de algunas formaciones punta en informática se encuentra lejos de poder generalizarse. Sin embargo, podemos contar con la emergencia más clara del mercado educativo en varios dominios, con la ayuda de organizaciones internacionales especializadas cuyo objetivo consiste en la estructuración del nuevo mercado. Los organizadores del WEM (World Education Market) de Vancouver, a finales del mes de mayo de 2000, diseñaban claramente la estrategia que se debía seguir: se trata de «favorecer el desarrollo de transacciones comerciales» en el campo educativo con un objetivo de 90.000 millones de dólares en 2005. En todo caso, los objetivos son explícitos: «En el momento en que entramos en la sociedad del conocimiento, estamos obligados a reconocer que la educación entra en la era de la mundialización. La emergencia de las economías que priman el acceso al saber y la llegada de una amplia gama de nuevas tecnologías al servicio del aprendizaje son sus motores».[15]

Las grandes organizaciones de inspiración liberal desean la constitución de tal mercado global de la educación. La Organización Mundial del Comercio (OMC) incluyó en su agen-

---

14. Véase Antoine Reverchon, «Le marché mondial de l'enseignement supérieur reste un fantasme», *Le Monde*, 7 de septiembre de 1999.
15. Declaraciones citadas por *Le Monde*, 26 de mayo de 2000.

da, desde 1994, la liberalización de los intercambios de servicios en el marco del acuerdo llamado GATS (General Agreement on Trade in Service) o, en español, AGCS (Acuerdo General sobre el Comercio de los Servicios). Este acuerdo retomó por su cuenta los grandes principios del GATT sobre la libertad del comercio y los medios para alcanzarla: el principio de la nación más favorecida, que postula un tratamiento igualitario para todos los países, y el principio del tratamiento nacional, que prescribe una igualdad entre firmas nacionales y extranjeras en el mercado de cada país. Según este acuerdo, los servicios educativos deben ser considerados productos como los demás si no son dispensados exclusivamente por el Estado a título privativo. Ahora bien, no es éste, evidentemente, el caso de la educación, para la que existe ya un sector privado. Los servicios educativos entran, pues, en el campo de competencia del acuerdo, a pesar de las interpretaciones tranquilizantes que se pretende dar a la OMC o a la Comisión Europea sobre el tema.[16] Los servicios educativos concernidos por el acuerdo pueden ser de naturaleza diversa, desde los estudios en el extranjero hasta la instalación de cualquier empresa con propósito educativo en los diferentes países, pasando evidentemente por los cursos a distancia. Es fácil figurarse que esta tendencia es capaz de cuestionar todas las estructuras de restricción nacional de la educación, desde los principios que reglamentan las obligaciones escolares de los alumnos y las instituciones hasta el valor de los diplomas concedidos en el territorio. Todo un mercado de cursos y diplomas podría entonces abrirse en el seno de un espacio mundial desreglamentado que proporciona medios suplementarios de imposición simbólica y de dominación económica a las naciones y a las firmas que disponen de un potencial educativo ya muy desarrollado. La educación mundializada, si llegara a desarrollarse como prevén algunos, escaparía a la soberanía de las naciones para en-

---

16. Véase Christian Laval y Louis Weber (comps.), *op. cit.*, págs. 24 y sigs.

trar de forma más decidida en una era de homogeneización mundial regida por las lógicas del mercado. La delegación norteamericana en la OMC anunció por lo demás claramente los objetivos estratégicos y las expectativas comerciales que mantiene Estados Unidos en el terreno escolar: «Una de las ventajas más fundamentales de la liberalización del comercio de los servicios de educación consiste en incrementar el número y la diversidad de los servicios de educación a disposición de los miembros de la OMC. Estos servicios son cruciales para todos los países, incluidas las economías emergentes, que tienen necesidad de una mano de obra correctamente formada y familiarizada con la tecnología para poder ser competitivos en la economía mundial. El desarrollo de los servicios de educación estimula la inversión extranjera y el traspaso de otras tecnologías importantes. Igualmente, aumenta la demanda de toda una gama de bienes y servicios conexos, incluida la producción y venta de libros de texto y material pedagógico destinados a la enseñanza y la formación».[17]

Francia, que es el segundo exportador mundial de servicios educativos después de Estados Unidos (si se tiene en cuenta la presencia de estudiantes extranjeros en el país, que se equipara con una venta de un servicio al exterior), se siente en la vanguardia de esta batalla mundial. Bien situada con sus 195.000 estudiantes «llegados de fuera», la universidad se convierte en una componente no despreciable del comercio exterior de Francia. Se incita a las universidades francesas a lanzarse, en todos los campos, a la conquista de los mercados. Como señalaba el periódico *Le Monde*, «la "caza" del estudiante extranjero está en pleno apogeo».[18] En un consenso sin fisuras, los organismos públicos de enseñanza superior organizan universida-

---

17. Nota informal de la delegación de Estados Unidos a los miembros del Consejo del Comercio de Servicios (20 de octubre de 1998).
18. Nathalie Guibert, «L'université française séduit enfin les étudiants étrangers», *Le Monde*, septiembre de 2002.

des de verano rentables, proponen «viajes llaves en mano» y organizan «estancias de estudios y lúdicas al mismo tiempo». Desde luego, los argumentos aireados son generosos: Francia se abre al mundo y difunde su cultura más allá de sus fronteras. El «mercado del estudiante extranjero» rompe con el inmovilismo, los engorros administrativos y el racismo latente de las autoridades públicas. Tras las buenas intenciones, la realidad es menos idílica: en este mercado, el poder de compra de los estudiantes extranjeros, sobre todo cuando vienen de países menos desarrollados, es el principal criterio de contratación, habida cuenta del elevado coste de los estudios en Francia. La libertad de circulación, la igualdad ante la educación y la fraternidad entre los pueblos valen muy poco frente a las consideraciones «realistas». Como en otros dominios, la postura oficial francesa obedece a un liberalismo mimético: contra la mercantilización, «no hay elección», hay que hacer lo mismo que los demás y, sobre todo, lo mismo que los norteamericanos. Claude Allègre dio ejemplo al convertir la exportación de los productos educativos en uno de los grandes ejes de su política: «Vamos a vender nuestros conocimientos técnicos al extranjero, y el objetivo que nos hemos fijado eleva la cifra de negocios a 2.000 millones de francos en tres años. Estoy convencido de que éste es el gran mercado del siglo XXI».[19] Ésta fue por lo demás la misión asignada a la agencia EduFrance, creada en 1998 («una agencia en el mercado mundial de la educación»), cuyos objetivos, según su responsable, François Blamont, eran y siguen siendo la introducción de las lógicas mercantiles en el sistema educativo: «No tenemos la cultura de los anglosajones y muchos actores de la enseñanza tienen miedo a confesar que ganan dinero. Ni siquiera las propias universidades y escuelas piensan por ahora en ello. Estamos en los balbuceos».[20] La Comisión Europea no

---

19. *Les Échos*, 3 de febrero de 1998.
20. Nathalie Guibert, «EduFrance tente de vendre l'école à la française», *Le*

decía otra cosa cuando, en uno de sus documentos de trabajo, escribía: «Una universidad abierta es una empresa industrial y la enseñanza superior a distancia es una industria nueva. Esta empresa debe vender sus productos en el mercado de la enseñanza continua en el que rigen las leyes de la oferta y la demanda».[21] Por lo que respecta a la OCDE, predice que la mundialización será la fuerza que hará bascular los sistemas de enseñanza hacia las «redes» cada vez más abiertas que asociarán múltiples participantes y volverán anticuada la existencia de escuelas públicas y de docentes profesionales: «La mundialización —económica, política y cultural— vuelve obsoleta la institución implantada localmente y anclada en una cultura determinada que se llama "la Escuela" y, al mismo tiempo que a ella, al "profesor"».[22] Sin embargo, nada está decidido. Las grandes esperanzas librecambistas corren el riesgo de frustrarse. Las manifestaciones de resistencia a la globalización liberal, especialmente en materia educativa, se multiplicaron después del fracaso de Seattle de 1999, que marcó una inflexión.[23] En cuanto a los universitarios, su toma de posición espectacular contra la «educación-mercancía», en octubre de 2001, anuncia quizás una movilización de mayor amplitud en los medios académicos.[24]

Monde, 26 de mayo de 2000. Véase también XXI* *siècle*, nº 7, marzo-abril de 2000. El título del dossier de esta revista del Ministerio de Educación Nacional es clarificador: «Los intercambios para ser más competitivos».

21. *L'Éducation et la formation à distance*, sec (90) 479, marzo de 1990, citado por N. Hirt y G. de Sélys, *op. cit.*, pág. 31.

22. OCDE, *Analyses des politiques éducatives*, 1998.

23. Véase Susan George, «À l'OMC, trois ans pour achever», *Le Monde diplomatique*, julio de 1999. «Cycle du millénaire: L'Éducation, un nouveau marché?», véase *Nouveaux Regards*, nº 7, septiembre de 1999. Véase igualmente la nota de reflexión de L'International de l'Éducation sobre el tema, en *Questions en débat*, nº 2, mayo de 1999.

24. Nathalie Guibert, «Les universités françaises et américaines contre la libéralisation de l'enseignement supérieur», *Le Monde*, 6 de octubre de 2001. Las principales instancias representativas de las universidades europeas y sus homólogas norte-

LA PRIVATIZACIÓN DE LA EDUCACIÓN

La forma más directa de constitución de un mercado de la enseñanza consiste en fomentar el desarrollo de un sistema de escuelas privadas, como hace, por ejemplo, el Banco Mundial en los países pobres, o de privatizar en parte o en su totalidad las escuelas existentes. Anteriormente hemos mostrado hasta qué punto el neoliberalismo pretendía aligerar el coste de la educación en los presupuestos públicos estimulando la «diversificación» de su financiación. Esta privatización se extiende en numerosos países ya en lo que se refiere a la escuela misma, ya en lo que se refiere al patrocinio. Estados Unidos es un buen ejemplo de la primera tendencia, marcada además por la concentración del capital gracias a la adopción de la gestión de cientos de Charter schools (escuelas bajo contrato creadas hace una decena de años) por parte de grandes empresas especializadas, encargadas de rentabilizar estas escuelas que siguen financiadas por fondos públicos (las Education management organisations, EMOs). Estas escuelas, gestionadas tanto en el plano administrativo como pedagógico, se transforman por este medio en filiales de sociedades que cotizan en Bolsa y cuyo objetivo consiste en extraer beneficios. El Center for Education Research, Analysis, and Innovation (CERAI) identificó un total de 21 *major companies* que gestionaban 285 escuelas en el país.[25] Este mercado, todavía relativamente limitado, está destinado a ampliarse, según los

---

americanas firmaron, el 28 de septiembre, una Declaración común sobre la enseñanza superior y el acuerdo general sobre el comercio de los servicios (acuerdo del GATS) que se opone a la liberalización de la enseñanza superior como pretende la OMC. Según el autor del artículo, la declaración reafirmó que «la enseñanza superior debe "servir al interés público" y seguir estando regulada por las autoridades públicas, a fin de garantizar la calidad, el acceso y la equidad de la educación».

25. Véase el informe del CERAI sobre las escuelas gestionadas por las EMOs (Education Management Organisations), 1999-2000, en la página web: <http://www.uwm.edu/Dept/CERAI>.

especialistas financieros de Wall Street encargados de evaluar y sacar a Bolsa las acciones de estas sociedades. Aun cuando pocas de entre ellas son de momento rentables, las esperanzas de rentabilidad, para algunos, son altas. La empresa neoyorquina Edison, a cuya cabeza se encuentra Christopher Whittle, también promotor de la cadena escolar publicitaria Channel One, de la que trataremos más adelante, experimentó así una expansión fulgurante en el ámbito escolar, ya que gestionaba más de cien establecimientos en 2001 cuando en 1997 no contaba más que veinticinco.[26] Según las estimaciones actuales de Merryl Lynch, el 10 % de los fondos públicos asignados a la escuela, desde preescolar hasta la *high school*, deberá circular por esta industria de la gestión empresarial privada en los próximos diez años, o sea, un mercado de 30.000 millones de dólares.[27] Creados por la demanda de familias desorientadas a causa de la degradación de numerosas escuelas, estos establecimientos ofrecen una pedagogía fundada en técnicas de gestión empresarial por «objetivos» y basadas en la motivación del personal interesado en los beneficios. Al pretender obtener resultados más elevados que los demás, estas escuelas están a menudo mejor equipadas, gracias a los fondos públicos que les son concedidos, y ofrecen cursos más numerosos centrados en las materias fundamentales. Con la promesa de ser «laboratorios de innovación pedagógica», convencieron a muchos periodistas y responsables políticos locales de que su flexibilidad los liberaba de todos los constreñimientos burocráticos de la escuela pública, supuestos responsables de los malos rendimientos. Sin embargo, los efectos prometidos están lejos de ser los obtenidos, tanto en el plano pedagógico como en el plano financiero. El grupo Edison vio cómo descendía rápidamente el valor de sus acciones y perdió un nú-

---

26. *Courrier de l'Unesco, op. cit.*, pág. 30.
27. Alex Molnar, «Calculating the Benefits and Costs of For-Profit Public Education», *Education Policy Analysis Archives*, vol. 9, nº 15, 24 de abril de 2001.

mero importante de contratos entre 2001 y 2002 como consecuencia de no poder sostener en todas partes sus promesas de éxito. Como dicen dos investigadores que realizaron una encuesta en las escuelas Edison, los «productos escolares» no pueden estandarizarse como se puede hacer en las cadenas de restauración rápida. Las situaciones locales, el nivel de los alumnos y las condiciones sociales son muy diferentes como para permitir programar los resultados escolares y garantizar a los inversores el rendimiento prometido.[28]

Uno de los aspectos menos conocidos de la privatización de la enseñanza reside en la expansión de la «segunda escuela», de la «educación en la sombra», la de los cursillos y la tutoría.[29] Millones de alumnos en todo el mundo siguen un itinerario escolar paralelo en el marco de una tutoría privada de pago que ha adquirido las dimensiones de un vasto mercado capaz de absorber fondos cada vez más importantes. En Japón, el 70 % de los alumnos de secundaria recibieron una ayuda escolar privada, a menudo en empresas especializadas (*juku*), algunas de las cuales son ya grandes sociedades cotizadas en Bolsa. El fenómeno se encuentra en expansión en numerosos países asiáticos, especialmente en China. Y se desarrolla en África, Latinoamérica y Europa del Este. Verdaderas multinacionales fueron creadas, como el Kumon Educational Institute, empresa japonesa presente en la actualidad en una treintena de países. En Europa del Este, el fenómeno se incrementó considerablemente con el hundimiento de los sistemas escolares públicos. En comparación, las empresas de tutoría están menos desarrolladas en Europa Occidental, Norteamérica y Australia, pero su expansión es previsible. En Francia, sin embargo, la actividad de los «cursillos» parece en

---

28. Véase Heidi Steffens y Peter W. Cookson Jr., «Limitations of the Market Model», *Education Week on the Web*, 7 de agosto de 2002: <http://www.edweek.org/ew/newstory.cfm?slug=43steffens.h21>.
29. Mark Bray, *The Shadow Education System: Private Tutoring and its Implications for Planners*, Unesco, International Institute for Educational Planning, 1999.

claro aumento.[30] Una empresa de cursos particulares como Acadomia realiza un millón de horas de cursos a domicilio, sin contar los cursillos y ayudas de todo tipo. Es la primera en un mercado en crecimiento con 52 agencias, 15.000 profesores y 50.000 alumnos.[31] Este sector absorbe una parte creciente de los gastos de educación de las familias. Mark Bray avanza la cifra del 20 % en Egipto, en 1994, para el alumnado de las ciudades. En Corea del Sur, las cantidades desembolsadas para la tutoría privada representaban el 150 % del presupuesto gubernamental para la educación en 1997.[32] Este fenómeno tiende a transformar al sistema educativo mismo. Los efectos negativos se manifiestan en las desigualdades entre alumnos, en el desarrollo de mentalidades consumeristas, en el absentismo de los alumnos, en el contenido de los conocimientos (las materias más rentables en términos de promoción social y profesional, como el inglés, las matemáticas y las ciencias, se valoran en detrimento de las demás) y en las formas de aprendizaje (método mecánico, comprensión superficial, culto a la eficacia y la rapidez). Lo que se pone en marcha es una verdadera industrialización de la formación, cuyos efectos tanto sobre los alumnos (incremento de estrés) como sobre las finalidades de la educación (productos y ejercicios directamente asimilables, estandarizables, normalizables y reproducibles) no se pueden desdeñar.

---

30. «En el sector prestatario autorizado por el Estado el número de horas de curso pasó de 881.000, en 1997, a 1.058.000, en 1998 [...]. Cifras que provocaron que el Ministerio de Educación Nacional estudiara una ayuda individualizada para los jóvenes con dificultades en el instituto», *Le Monde*, 7 de abril de 2000.

31. Véase ATTAC Saint-Nazaire, *L'Éducation n'est pas une marchandise*, 2002, págs. 16-19.

32. Según el periódico *Asiaweek*, «Banning tutors», vol. 23, n° 17, pág. 20.

EL MERCADO DE LAS NUEVAS TECNOLOGÍAS Y LAS ILUSIONES PEDAGÓGICAS

Uno de los fenómenos más significativos aparecidos en Europa en la década de 1990 reside en la creación de un mercado de las nuevas tecnologías de uso educativo. Para las empresas a la búsqueda de nuevos mercados, la enseñanza se presentó como una especie de Eldorado, a causa de su magnitud y la importancia de los equipamientos informáticos que le serían necesarios. Estados Unidos mostró la vía que seguir desde finales de la década de 1980, tanto en el ámbito de los contratos que vinculaban a las universidades y los colegios con las grandes firmas como Microsoft como en el de la experimentación con los Apple classrooms of tomorrow (ACOT).[33] En Estados Unidos, una extraordinaria competencia entre los suministradores y un discurso de intensa movilización promovido por los grupos de presión y la prensa influyente aceleraron el equipamiento de las escuelas.

En este ámbito, Europa no se quedó atrás. A comienzos de 1996, la Comisión proponía «estimular la investigación» en «programas informáticos educativos multimedia» y aumentar el presupuesto que ya le estaba consagrado. La «cooperación europea para la educación» (1997) pretendía aportar a las escuelas los materiales y programas informáticos necesarios con la activa colaboración de los industriales del sector. El mismo año, Tony Blair lanzaba un vasto plan, patrocinado por Bill Gates, para conectar 32.000 escuelas británicas. En marzo de 1997, Jacques Chirac pedía solemnemente que todos los centros de enseñanza secundaria estuvieran conectados a la red, objetivo que se convertiría en una prioridad del gobierno de

---

33. ACOT, para *Apple classrooms of tomorrow*, es el nombre de una experiencia llevada a cabo en trece escuelas norteamericanas durante cerca de una decena de años, que se relata en el libro de Judith Haymore Sandholtz, Cathy Ringstaff y David C. Owyer, *La Classe branchée*, París, CNDP, 1998.

Lionel Jospin. Pero el movimiento ya había sido impulsado desde hacía tiempo. Nico Hirtt y Gérard de Sélys describieron de manera detallada la conversión de los gobiernos europeos a las virtudes de este gran mercado de las nuevas tecnologías. En particular, señalaron el apresuramiento con el que la Comisión Europea adoptó las principales recomendaciones de los industriales en la materia.[34] La ERT (Mesa redonda de los industriales europeos) inició el movimiento al publicar un informe titulado «Educación y competencia en Europa», en enero de 1989, que preconizaba el «aprendizaje a distancia», especialmente en materia de formación permanente. En marzo de 1990, la Comisión Europea tomaba el relevo con un documento de trabajo sobre «la educación y la formación a distancia». Escribía ahí: «La enseñanza a distancia [...] es especialmente útil [...] para asegurar una enseñanza y una formación rentables». En mayo de 1991, la Comisión Europea añadía un nuevo informe: «La revolución informática descalifica gran parte de la enseñanza [...]. Los conocimientos útiles tienen una vida media de diez años, al depreciarse el capital intelectual un 7 % al año, unido a una reducción correspondiente de la eficacia de la mano de obra». La enseñanza a distancia permite pues renovar el «capital humano» necesario al trasmitir los «conocimientos útiles» gracias a la expansión del teletrabajo. Al hablar de «productos» y de «clientes», la Comisión afirmaba su pretensión de convertir el *e-learning* en un pilar de transformación de la escuela: «La realización de estos objetivos exige estructuras educativas que deberían ser concebidas en función de las necesidades de los clientes». En 1994, la ERT publicaba un nuevo informe titulado «Construir las autopistas de la información», en el cual los industriales proponían la creación de un sistema educativo virtual que asociaba el sector privado y el sector público a escala europea. En su «Libro blanco sobre la educación y la

---

34. Véase N. Hirt y G. de Sélys, *Tableau Noir*, Bruselas, EPO, págs. 29-30.

formación», la Comisión explicaba que se había acabado el tiempo en que los Estados reglamentaban la atribución de los diplomas, y que era necesario pasar a la «cartilla personal de competencias» destinada a convalidar las competencias adquiridas en el empleo y librada por los organismos privados habilitados. En esta visión futurista de la Comisión, la introducción de las nuevas tecnologías en la enseñanza debería desembocar en una gigantesca «red de teleenseñanza» y en una profesionalización mucho más avanzada de estudios universitarios adaptados de manera flexible a las necesidades de las empresas. La interpenetración de la Comisión Europea y los intereses privados va muy lejos en este ámbito. Con el pretexto de la construcción de la *e-Europa*, se ha llegado incluso a que las empresas mismas elaboren los programas escolares y universitarios que son necesarios para la ampliación de su propio mercado. El consorcio Career Space, que agrupa once grandes empresas del sector de los TIC, europeas y sobre todo norteamericanas (figuran en él Cisco systems, IBM, Microsoft, Intel, pero también Philips y Siemens, entre otras), redactó en una publicación oficial de las Comunidades Europeas una «guía para el desarrollo de programas de formación» que se proponía definir los «nuevos estudios universitarios de formación en los TIC para el siglo XXI» que tienen que poner en marcha las universidades europeas.[35]

La expansión del mercado de las nuevas tecnologías educativas viene acompañado por un discurso «pedagógico» que anuncia «el fin de los profesores».[36] La informática e Internet no se consideran como objetos técnicos para estudiar y com-

---

35. *Career space (Future Skills for Tomorrow's World)*, *Guide pour le développement de programmes de formation, nouveaux cursus de formation auc TIC pour le XXI^r siècle: concevoir les formations de demain*, Luxemburgo, Office des publications officielles des Communautés européennes, 2001.

36. Louis Rosseto, el director de la revista *Wired* consagrada a la Web, explicaba en su primer número, en marzo de 1993, que «las escuelas están obsoletas. Tendríamos que hacer todo lo que estuviera en nuestras manos para librar a los niños del

prender, ni siquiera como herramientas suplementarias útiles en los aprendizajes, sino como incentivos «revolucionarios» que servirán para cambiar radicalmente la escuela y la pedagogía.[37] Objetivos comerciales y métodos pedagógicos se entrelazan aquí de una manera completamente inédita. Si los partidarios de las pedagogías de proyecto, de enseñanza mutua o de las técnicas Freinet fueron lisonjeados tanto por una parte de la jerarquía administrativa y ministerial como por los grandes fabricantes de material informático, se debe a que la supresión de las relaciones pedagógicas tradicionales y la utilización de las nuevas «máquinas de enseñar» están estrechamente ligadas para los promotores de esta «revolución». La introducción de las nuevas tecnologías en el marco de la enseñanza tradicional revela en efecto un flojísimo rendimiento, incluso nulo, como había demostrado ya en Estados Unidos la experiencia de los Apple Classrooms of Tomorrow (ACOT). Era necesario, por tanto, difundir la idea de que la enseñanza debía cambiar de naturaleza, que se trataba primero y fundamentalmente de una recolección «autónoma» de documentos y un tratamiento de la información, y que el papel del profesor debía por consiguiente ser totalmente revisado. Para la ERT, la transformación se resume así: gracias a las nuevas tecnologías, pasamos de un «modelo de enseñanza» a un «modelo de aprendizaje». El profesor ya no tiene que transmitir conocimientos, sino que motivar, guiar y evaluar. Se convierte a la vez en un *coach*, un entrenador, y en un «investigador». Los *educational leaders* en la dirección de los establecimientos, formados en la gestión empresarial privada, pondrán su empeño en introducir este cambio radical del modelo pedagógi-

---

esclavismo de las aulas» (citado por Patrice Flichy, *L'Imaginaire d'Internet*, París, La Découverte, 2001, pág. 209).

37. Philippe Rivière, «Les sirènes du multimédia à l'école: Quelles priorités pour l'enseignement?», *Le Monde diplomatique*, abril de 1998.

co y en favorecer la difusión de las nuevas tecnologías en la nueva «organización docente».

Hacer creer que el profesor debe convertirse en un acompañante de investigaciones personales y ejercicios estandarizados con el material informático permite justificar las compras masivas de equipamientos en nombre de una ineluctable «sustitución del trabajo por el capital». La educación debería convertirse a plazos en una futura industria capitalista que funcionase con la ayuda de «profesores en silicio», según la imagen propuesta por uno de los fervientes defensores de esta revolución tecnológica.[38] Más radicalmente, los expertos pronostican la decadencia más o menos rápida de los sistemas escolares tal como se constituyeron hace varios siglos para dejar paso a una confrontación directa entre la oferta y la demanda que supuestamente engendraría la «formación más rentable». Esta concepción pedagógica combina la utopía de una «nueva cultura escolar» construida por los alumnos gracias a un «avance experimental», el uso intensivo de las NTIC en las clases y la adaptación de la escuela a la globalización económica y cultural. Se garantizaría así, al mismo tiempo, la victoria del constructivismo pedagógico («los alumnos construyen su propio saber») en la transmisión de los conocimientos, la extinción del maestro, la apertura de la escuela al mundo y la comunicación horizontal entre los alumnos. Hay quien se apresura incluso a ver en estas herramientas los incentivos de una desescolarización general: ¿por qué desplazarse, plegarse a horarios rígidos y soportar la autoridad de un profesor cuando se puede aprender en la propia casa, a la hora que se desee y en pie de igualdad con los compañeros? El *home schooling* sería incluso el porvenir porque resolvería el problema de la escuela al suprimirla. El periódico *Le Monde*, con ocasión del WEM (World Education Market) de Vancouver, describía así las transformaciones

---

38. Véase Michel Alberganti, *À l'école des robots: l'informatique, l'école et vos enfants*, París, Calmann-Lévy, 2000.

venideras, al menos tal como las imaginan los comerciantes de educación: «Ya se trate de empleo del tiempo, de lugar o de condiciones de estudio, el WEM promete un futuro radicalmente nuevo no sólo para el estudiante del siglo XXI, sino también para el profesor. Se acabaron las aulas abarrotadas en las que los alumnos toman apuntes, durante horas, páginas y páginas de cursos magistrales. El estudiante podrá seguir su formación en su propia casa, en la pantalla y a su ritmo. Y podrá completarla a lo largo de toda su vida».[39] En cuanto al profesor, pronto será reemplazado por «clones virtuales» mucho más eficaces que los viejos ficheros autocorrectivos de la pedagogía Freinet.[40]

LAS NUEVAS FRONTERAS DEL *E-LEARNING*

No cabe ninguna duda de que las nuevas tecnologías en cuestión podrían servir de soporte a una gran ambición cultural que se proponga la difusión gratuita del patrimonio humano de los conocimientos al mayor número de personas. Algunas propuestas de un gran servicio público mundial de Internet formuladas en la Unesco por Philippe Quéau muestran que la mercantilización de la educación en línea —el *e-learning*— no es en absoluto irremediable. Sólo se da a causa de la abstención y la dimisión de los poderes públicos. En Francia, el poder público podría crear perfectamente redes y campus virtuales adheridos a las instituciones existentes y financiados por fondos públicos. Pero esta ambición supone una voluntad política y medios financieros. Se opone al encantamiento habitual de adaptación al «comercio mundial del espíritu». A falta

---

39. Sandrine Blanchard, «L'enseignement multimédia à distance s'impose au Marché mondial de l'éducation de Vancouver. Les nouvelles techniques vont bouleverser la vie universitaire», *Le Monde*, 30 de mayo de 2000.

40. Véase Michel Alberganti, «Les "profs en silicium" au banc d'essai», *Le Monde*, 29 de septiembre de 1999.

de querer utilizar estas técnicas para transformar los saberes en verdaderos bienes comunes de la humanidad, nunca se mostró la educación dependiente a tan gran escala de una lógica directamente comercial. Numerosos administradores universitarios, dirigentes de agencias especializadas en *e-learning* o responsables políticos consideran que los servicios universitarios, en adelante, deben ser vendidos, que los cursos de los profesores en línea pueden ser sometidos al régimen de la propiedad intelectual y que las administraciones universitarias deben cobrar derechos de autor sobre las ventas.

La globalización de la educación en línea parece abrir un importante mercado a las empresas por la venta de productos educativos. Según las estimaciones, el mercado mundial de la enseñanza superior en línea habría pasado, de 1996 a 2002, de 97 millones de dólares a 3.900 millones, y por lo que se refiere al mercado de programas educativos, de 1996 a 2002, pasó ya de 2.300 millones a 6.200 millones. En cuanto al número de títulos de Cd-rom educativos, se triplicó entre 1998 y 2000. La empresa de inversiones Lehman Brothers calculó el mercado potencial en varios centenares de miles de millones de dólares.[41] Ya se piensa en la creación de las primeras universidades de prestigio norteamericanas *en línea*, gratuitas para el usuario pero esponsorizadas por la publicidad.[42] Con las tecnologías de la información y, sobre todo, con Internet, la utopía neoliberal de la supresión de fronteras y la decadencia de las instituciones públicas de enseñanza cree haber encontrado una vía regia. Al tomar como modelo el ejemplo de Estados Unidos, donde se desarrollaron las formaciones en línea de la enseñanza superior y dirigidas a los asalariados de las empresas, los operadores privados multiplicaron en Europa las ofertas de cooperación con las escuelas, en Inglaterra, Bélgica y Alemania, con el sostén activo de la Comisión Europea y los

41. *Courrier de l'Unesco, op. cit.*, pág. 21.
42. *Libération*, 28 de mayo de 2000.

gobiernos occidentales. Con la creación de EduFrance, Francia se integró igualmente en esta vía. Estaría en juego un enorme mercado, llamado a crecer rápidamente en los próximos años.[43]

En lo que para algunos se anuncia como un «supermercado mundial de las formaciones en línea»,[44] las universidades privadas ofrecen ya cursos y formaciones llaves en mano y los *start-up* proponen estudios universitarios completos con aprendizaje por tutoría. Las ventajas económicas de tal formación son evidentes: ninguna pared que levantar, una gran flexibilidad de utilización y una mundialización de la oferta y la demanda. La disminución de los recursos relativos o absolutos, sin embargo necesarios para hacer frente a las necesidades crecientes de formación, empuja a las universidades a desarrollar colaboraciones con los operadores privados para vender con la mayor amplitud posible y al mejor precio los cursos en línea. Las grandes universidades norteamericanas, empezando por la universidad de California, crearon filiales comunes con grupos de prensa privados para poner en línea los cursos y explotarlos comercialmente. Las universidades de empresa vinculadas a un conocimiento técnico particular se desarrollan asimismo paralelamente. Las grandes empresas privadas proponen cursos de pago y certificados a domicilio. Como señala Robin Mason, «una formación en tecnología de la información dispensada por Microsoft tiene actualmente más valor que una licenciatura científica obtenida en una universidad cotizada».

Alianzas entre grandes universidades públicas para ofrecer cursos, colaboraciones con sociedades privadas, filializaciones de las universidades para vender cursos en línea dirigidos a las empresas y a los particulares, creaciones de universidades vir-

---

43. Robin Mason, «Les universités happées par la Net-économie», *Courrier de l'Unesco*, noviembre de 2000.
44. *Alternatives économiques*, n° 187, diciembre de 2000.

tuales enteramente privadas que prolongan la actividad de los grandes grupos en el mercado de la formación permanente (como el Apollo Group), las muy diversas combinaciones que actualmente pueden observarse en el ámbito del *e-learning* refuerzan la permeabilidad cada vez mayor entre el mundo de la producción y el mundo de la formación. El acuerdo secreto firmado entre la Universidad de California y la sociedad de medios de comunicación THEN (The Home Education Network) para la reproducción y la difusión de los cursos en línea, en 1994, muestra hasta qué punto la intrincación de los intereses comerciales y los de la burocracia académica puede conducir a una profunda impugnación de todas las tradiciones de autonomía universitaria. No sólo esta sociedad puede utilizar el sello de la universidad, sino que también goza de la exclusividad de los derechos sobre los cursos electrónicos universitarios, incluidos los derechos de *copyright*. Acuerdos bastante semejantes fueron firmados entre la universidad de Berkeley y AOL, en 1995, y entre la universidad de Colorado y una sociedad privada, Real Education, Inc., en 1996. El problema de la propiedad de los cursos, los contenidos de los foros y el correo electrónico se plantea en cada ocasión: ¿es propietaria la universidad de los derechos y puede traspasarlos a una empresa privada con la finalidad de la comercialización de los conocimientos?[45]

Está claro que, en este ámbito, hay que desconfiar de los efectos de credulidad que han llevado a las ilusiones de la «nueva economía». El mercado de la educación no es tan rentable como muchos creen. Los modelos económicos actualmente en vigor en el *e-learning* no han demostrado todos su pertinencia. Las empresas que intervienen pueden encontrar-

---

45. Véase David Noble, *Digital Diploma Mills*, Parte II, «The Coming Battle Over Online Instruction, Confidential Agreements Between Universities and Private Companies Pose Serious Challenge to Faculty Intellectual Property Rights»: <http://www.communication.ucsd.edu/dl/ddm2.html>.

se con contrariedades por el hecho de la relativa autonomía de los profesores y la dinámica de las prácticas profesionales. El recurso a las páginas generalistas gratuitas (prensa) y las prácticas de reparto de los recursos pedagógicos entre profesores y alumnos podrían frustrar muchas grandes esperanzas, a menos que se obligue, de una manera u otra, a los profesores a conectarse a los sitios de pago y a los materiales comerciales para asegurar la compensación de las inversiones y alcanzar los niveles de rentabilidad esperados de las nuevas técnicas. Lo que, al menos en la situación presente, es apenas posible. De ahí las campañas de persuasión y de culpabilización que pretenden ejercer una presión a favor del consumo de los nuevos servicios y la compra masiva de materiales. A pesar de esta ofensiva desencadenada, numerosos trabajos norteamericanos y canadienses han disipado ya el mito de Internet y la informática como soluciones milagrosas para los problemas de la escuela (lo que no impide que Europa siga «descubriendo América» con los complejos de inferioridad que caracterizan a sus élites). En realidad, lo esencial reside en los enormes intereses económicos que transforman la educación en un mercado y a las escuelas en fábricas de «competencias».

CAPÍTULO 7

LA COLONIZACIÓN MERCANTIL DE LA EDUCACIÓN

Lejos del ideal del saber puro y desinteresado, juzgado en adelante «anticuado», la ideología de la nueva escuela legitima la entrada de la actividad comercial y publicitaria en el seno de la escuela cuando no la erige en «socia» de la acción educativa con el pretexto de que los jóvenes son «muy receptivos a la cultura publicitaria» y son «motivados por las marcas». La comercialización del espacio escolar es uno de los aspectos más significativos de la desaparición de las fronteras entre la escuela y la sociedad de mercado, de la licuefacción progresiva de los marcos mentales e ideológicos que durante mucho tiempo hicieron que la publicidad y la educación, la lógica comercial y la enseñanza, parezcan, si no antinómicas, al menos sí suficientemente ajenas una a la otra. Pero las mutaciones simbólicas y subjetivas que acompañan al capitalismo global, y la aceptación, sobre todo entre los jóvenes, de la invasión publicitaria, se imponen de tal modo que las defensas inmunitarias del sistema educativo se han ido debilitando progresivamente. Se puede observar, por ejemplo, en la actitud de numerosos responsables locales o de profesores que no ofrecen resistencia, o muy poca, a la ofensiva comercial de las empresas, pero sobre todo, en estos últimos años, en los comportamientos timoratos de los responsables del Ministerio de Educación Nacional, que, con el pretexto de ser modernos y «acercarse a los jóvenes», participan en esta comercialización del espacio escolar. Los motivos principales de esta colonización son, sin duda, comerciales para las empresas y a menudo financieros para la escuela que acepta la presencia de las empresas y la publicidad en su seno. Asimismo, debemos preguntarnos cuál es la concepción educativa subyacente, lo que los sociólogos anglosajones llaman el *currículo oculto*, que preside está penetración de las marcas y las mercancías en el espacio escolar. Si el axioma sostiene que la escuela tiene como principal objetivo *adaptar* a la sociedad de mercado, entonces es bastante lógico formar consumidores que se familiaricen con ella desde muy temprano hasta el punto de no conocer momento ni lugar alguno que les permita escapar de esta influencia. Si además se sostiene que la escuela, en el fondo, no es más que un lugar de socialización entre otros, si no es más que una «experiencia educativa» entre muchas otras, no se entiende bien por qué los educadores —que asimismo son instados a asimilarse a la masa de los asalariados-consumidores renunciando a su culpable independencia y cambiando de oficio con la mayor frecuencia posible— renunciarían a recurrir a productos que se pretenden «educativos», a «conceptos» mercantiles y a «comunicaciones» más o menos lúdicas que, según la opinión de los partidarios de la «apertura», son preferibles a las tediosas lecciones y la lectura de libros. La delantera tomada en este terreno por la escuela en Norteamérica justifica también aquí un cambio.

LA INVASIÓN PUBLICITARIA EN LA ESCUELA: EL EJEMPLO NORTEAMERICANO

Según la organización norteamericana de la lucha contra la comercialización en el ámbito escolar, el Center for commercial-free public education,[1] la penetración de las empresas en el espacio escolar adopta tres formas distintas: la exposición directa a la publicidad a través de anuncios publicitarios o difusión de *spots* en las escuelas y las aulas; el suministro de material escolar o lúdico que exhiba la mención de su patrocinador; y la distribución de muestras, la propuesta de concursos y juegos con propósito más o menos educativo. La promoción publicitaria puede ser discreta o, al contrario, imponente, desde el logotipo en los menús de comida o en las indumentarias, hasta los paneles instalados en el centro del vestíbulo de entrada o en los pasillos. La variedad de las estrategias de penetración es grande. El *school board* de la ciudad de Nueva York firmó, por ejemplo, un contrato publicitario por 53 millones de dólares para la fijación de anuncios en los autobuses escolares durante nueve años. Numerosas empresas suministran «estuches pedagógicos», como la marca de lápices Crayola, que contienen juegos y cuestionarios. La chocolatería Hershey's invita a los alumnos a hacer pedidos en línea y a calcular el coste de las tasas y los gastos de manutención a modo de ejercicios.[2] Eventualmente, la publicidad utiliza como soporte los libros de texto, como sucedió con una publicación especialmente controvertida de un libro escolar de la editorial McGraw-Hill's en la que los ejercicios de cálculo hacían referencia explícita a las marcas de los productos alimentarios que consumen los jóvenes norteamericanos. En el mismo ramo, determinadas empresas de golosinas, como M&M en Estados Unidos y en Canadá, distribuyen bombones acompañados de ejercicios de matemáticas. Otros casos se vuelven casi sarcásticos cuando, por ejemplo, compañías petrolíferas como Exxon distribuyen vídeos pedagógicos que muestran ¡las bellezas de la fauna y la flora de los parques naturales de Alaska!

1. Véase la página de esta organización: <http://www.commercialfree.org>.
2. Véase la página canadiense: <http://www.media-awareness.ca/fre/prof/educenjeux/pub/cas.htm>.

Preocupadas por atraer la atención de los jóvenes consumidores, todas las grandes empresas desarrollan campañas de marketing destinadas a las escuelas. Por contrato, se concede a las empresas de bebidas o de alimentación (que a menudo se emparentan con la *junk food* productora de obesidad) la autorización exclusiva para comercializar productos en los centros escolares. Así, las escuelas norteamericanas se convirtieron en el último frente de la batalla general librada entre Coke, Pepsi y Dr. Pepper.[3] A esta serie de ejemplos, podría añadirse la gestión por parte de empresas como McDonald's o Burger King de restaurantes escolares y universitarios. Pizza Hut sirve a 4.000 escuelas, y 20.000 escuelas están vinculadas con los «burritos congelados» de Taco Bell, como nos informa Naomi Klein.[4] Los campus universitarios se llenan de publicidad, hasta en los bancos de las aulas y los aseos. Cajeros automáticos y cadenas de librerías se implantan en ellos haciendo que las universidades se parezcan cada vez más a cualquier centro comercial. Los patrocinadores que sirven material y equipamientos se encargan de las actividades deportivas y los clubs de ocio para estudiantes. Una práctica en pleno desarrollo consiste en proponer juegos-concurso a los alumnos y estudiantes, lo que permite a las firmas recopilar preciosas informaciones sobre los jóvenes y sus familias para futuras operaciones de venta a domicilio, y penetrar en la escuela, con una imagen filantrópica, para recompensar a los ganadores o consolar a los perdedores distribuyendo premios o muestras gratuitas. De-

---

3. Véase *Education Week*, 8 de abril de 1998. Después, Coca-Cola abandonó la práctica de los contratos exclusivos ante la proliferación de las críticas. Jeffrey T. Dunn, presidente de Coca-Cola para Norteamérica, anunció el 14 de marzo de 2001 el cambio de política de la firma: «La exclusividad ha desviado a los educadores de su cometido primordial». Al animar a los distribuidores locales a tener una presencia más discreta en las escuelas, añadió que «las escuelas constituyen un entorno específico». «El péndulo del comercialismo ha ido demasiado lejos», confiesa (*Education Week*, 21 de marzo de 2001).

4. Naomi Klein, *No Logo: La tyrannie des marques*, Arles, Actes Sud, 2001, pág. 125 (trad. cast.: *No logo: el poder de las marcas*, Barcelona, Paidós, 2002).

terminadas campañas se presentan como educativas, como la de Pizza Hut, que pretende favorecer la lectura. Este programa, implantado en 53.000 escuelas norteamericanas, recompensa con pizzas los aciertos en los ejercicios de lectura propuestos por el libro que distribuye la propia firma entre los jóvenes alumnos. Para obtener el material informático que les falta, 450 escuelas de Quebec participaron en el concurso «La educación por encima de todo» de la compañía de cereales Kellogg. La meta del juego consiste en aportar el mayor número de comprobantes de compra de cualquier producto de la compañía, desde los cereales más clásicos hasta los más dudosos pastelillos. El concurso está dotado con un premio de 40.000 dólares en material y programas informáticos, distribuidos entre los tres ganadores así como entre las tres escuelas por sorteo.

El fenómeno se volvió tan importante en Estados Unidos que algunos informadores hablaron de «alumnos en venta» para describir la avalancha de los publicitarios en las escuelas.[5] La dependencia respecto a las financiaciones publicitarias se muestra especialmente sensible en los distritos más pobres, allí donde las subvenciones a las escuelas son demasiado escasas para hacer frente a las necesidades pedagógicas. Muchos administradores y docentes se dejan seducir por las propuestas de actividades o de material que les formulan las empresas para aumentar sus recursos pedagógicos. Obtienen así, a cambio de un anuncio publicitario o de la patrocinación de una actividad, ordenadores, mobiliario y a veces incluso nuevos estadios de fútbol o, más modestamente, la reparación de la pintura de las aulas.

Este tipo de contrato es el que se concertó con las cadenas privadas de televisión. En el 40 % de las *middle* y *high schools* de Estados Unidos, la jornada de clases comienza con el tele-

---

5. Steven Manning, «Élèves à vendre», *Courrier international*, 27 de septiembre de 1999 (artículo extraído de *The Nation*, «Students for sale»).

diario y los anuncios publicitarios de Channel One, la cadena de noticias para los alumnos, financiada por estas campañas de publicidad. Channel One, lanzado en 1989 por Chris Whittle, un director de empresa muy controvertido, es probablemente el programa de marketing escolar más conocido y uno de los medios más eficaces de penetración del comercialismo en las escuelas. Mediante contrato, las 12.000 escuelas elementales y medias que aceptaron recibir el programa (la cantidad fue proporcionada por la cadena que tiene interés en hincharla) se comprometen a que cada día los alumnos contemplen al menos doce minutos de emisión —o sea, el equivalente de seis días de clase anuales—, que contienen numerosos anuncios intercalados que representan dos minutos de publicidad, y esto nueve de cada diez días y en el 80 % de las clases de la escuela. Actualmente, ocho millones de escolares norteamericanos están sometidos a este tratamiento y convertidos en «público cautivo», sobre todo en las escuelas más desfavorecidas que escolarizan a los medios pobres y las minorías étnicas. *Le Monde* describía así la vida cotidiana en un colegio de este género: los alumnos «no pueden eludir el programa cuyo contenido, criticado en ocasiones por su violencia, escapa sin embargo al control del cuerpo docente y de los padres de los alumnos. A los adolescentes se les niega, en general, el derecho a leer o a acudir a los aseos durante el tiempo en que la televisión está encendida». El contrato estipula ciertamente la prohibición de apagar el televisor o de bajar el volumen. Channel One puede de este modo garantizar a sus anunciantes que llega a «una audiencia cautiva, incluso a los adolescentes que ven poco la televisión en casa». Gracias a esta estrategia puede vender sus anuncios a cerca de 200.000 dólares los treinta segundos, o sea, el equivalente del precio del anuncio en *prime time*.[6] ¡A cambio, las escuelas reciben gratuitamente televisores y conexiones por satélite a cadenas de televisión!

---

6. *Le Monde*, 3 de diciembre de 1999.

La oposición de las principales organizaciones docentes se refiere a la gran pobreza de contenidos de las emisiones y la ausencia de control del profesorado sobre los programas. En 1997, dos investigadores, William Hoynes y Mark Crispin Miller, analizaron los contenidos de las emisiones propuestas por la cadena entre 1995 y 1996. Únicamente el 20 % de los programas estaban relacionados con ámbitos culturales, sociales, económicos y políticos recientes. El 80 % restante estaba dedicado a la publicidad, el deporte, la información metereológica y los desastres naturales, con retratos de personajes célebres y la autocelebración de Channel One. William Hoynes extraía esta conclusión: «Es dudoso que tales informaciones aporten ningún tipo de beneficio educativo o cívico a los alumnos y a los educadores». El argumento de Channel One es especialmente cínico cuando, en su propia publicidad, se jacta ante los productores publicitarios de ser «el medio más eficaz para acceder a los jóvenes consumidores» o cuando afirma sin complejos en su página web que «captamos la atención exclusiva de millones de *teenagers* durante doce minutos al día, lo que constituye probablemente un récord mundial». Con una mentalidad idéntica, la publicidad vía Internet penetra igualmente en la escuela. Una sociedad llamada The Zapme! Corporation, creada en 1998, proporciona a las escuelas materiales, programas informáticos y el acceso a un «Netspace» formado por páginas en las que las empresas asociadas pueden colocar sus tiras publicitarias a cambio de sustanciales desembolsos. La escuela «beneficiaria» de la conexión y del material debe comprometerse a utilizar los ordenadores al menos cuatro horas al día y a facilitar su libre acceso fuera de las horas de clase.

El director del Centro para el Análisis del Comercialismo en la Educación en la Universidad de Wisconsin, Alex Molnar, explica que «a las empresas les gusta pregonar que promueven la educación y la colaboración escuela-empresa, cuando en realidad no hacen otra cosa que lanzarse al asalto del mercado de los jóvenes consumidores». Añade que la verdadera razón de su interés por la escuela es que «es ahí donde están los niños». Ahora bien, esta penetración de la publicidad en el espacio escolar atañe a un grupo social provisto de un poder de compra no desdeñable. En Estados Unidos, los *teenagers* gastan, cada uno, 3.000 dólares al año. Además, ejercen un fuerte poder prescriptivo en las compras familiares, y en todos los ámbitos. La penetración de la publicidad es estratégica para las empresas: los treinta y un millones de adolescentes que representan un formidable potencial de consumo «sólo» ven la televisión durante tres horas al día, es decir, relativamente menos que los mayores de 50 años (con una media de cinco horas y media al día). La publicidad en la escuela permite contrarrestar las duraciones de exposición entre los grupos de edad y abrir una brecha en el hermetismo de la escuela a la empresa comercial.

La oposición a estas prácticas en Estados Unidos reviste cierta importancia a falta de ser todavía eficaz. Las grandes organizaciones de enseñantes y las principales asociaciones de consumidores protestan contra esta invasión publicitaria en las escuelas, y mantienen que la propaganda publicitaria y la educación son antinómicas, que se trata de una relación como la que existe entre «materia y antimateria», como le gusta decir a Alex Molnar.[7] Muchos padres sienten repulsión a que sus hijos sean secuestrados de ese modo en la escuela por empresas que se reservan por contrato la distribución exclusiva de sus productos en los campus y en los patios de recreo. Muchas páginas web destinadas a los padres norteamericanos «responsables» se dedican a la denuncia de los contenidos de Channel One. Las asociaciones de consumidores en Estados Unidos corroboraron que el 80 % de los materiales llamados educativos distribuidos por las sociedades privadas contenían informaciones falsas, incompletas o tendencio-

---

7. Entrevista concedida a la revista *Stay free!*, enero de 1997.

sas sobre los productos fabricados y vendidos por los patrocinadores.

Esta invasión publicitaria se adecua perfectamente a la ideología del *free market* que pretende prescindir de toda limitación y toda frontera. En el fondo, no presenta más que ventajas desde el punto de vista de los partidarios del libre comercio. Fomenta el consumo y, con él, la prosperidad de las empresas. El maná financiero entregado a las escuelas de los distritos más pobres, al aportar el complemento de recursos, tiene la ventaja de atenuar los impuestos pagados por la comunidad. Mejor todavía, las empresas más que financiar mediante impuestos la educación pública de la que se aprovechan por la cualificación de la mano de obra, contribuyen a esta financiación pero mediante una inversión publicitaria que les reporta una compensación a través de las compras directas, una mejora de imagen y una fidelidad de los futuros clientes. La publicidad permite derribar las barreras y vincular a la escuela con la «vida real» tal como la conciben los defensores de esta ideología. Gracias a la entrada de las marcas, la escuela ya no es ese universo ajeno a la vida cotidiana en las sociedades de mercado, sino que se inscribe en una perfecta continuidad con el universo de la mercancía en el que están inmersos los niños, especialmente los de las clases desfavorecidas, cuando están en la calle o en sus propias casas. Sin duda, por este motivo, la escuela contribuye a adaptar mucho mejor a los jóvenes a la «civilización moderna». Algunos incluso añaden que esta presencia familiar de la publicidad en la escuela tendría la virtud de volverles menos extraño y menos «hostil» el universo de los conocimientos. En este sentido, el comercialismo publicitario resulta bastante emblemático de la influencia que ejerce sobre la escuela un capitalismo cada vez más *total* y más *interiorizado*.

LA SITUACIÓN FRANCESA

Este tipo de marketing se extiende en la mayoría de los países con la mundialización de las estrategias de marketing difundidas por las *business schools* globalizadas. En Alemania, la venta de espacio publicitario en las escuelas tuvo gran repercusión. Austria y Holanda facilitaron, en ocasiones, desde hace tiempo, este tipo de prácticas. Según el *Financial Times* de Londres, una empresa bautizada Imagination for School Media Marketing se comprometió a entregar a trescientas escuelas secundarias cinco mil libros al año como contrapartida a la libertad de fijación de carteles publicitarios en todos los locales de la escuela. También al otro lado del Canal de la Mancha, McDonald's ofrece estuches pedagógicos referidos a las materias básicas. En ellos pueden encontrarse preguntas «instructivas». En geografía: situad los restaurantes McDonald's en Gran Bretaña. En historia: ¿qué existía en el terreno de McDonald's antes de que se construyera el restaurante? En música: con instrumentos musicales, recread los sonidos ambientales de un restaurante McDonald's. En matemáticas: ¿cuántas patatas fritas hay en un cucurucho? En inglés: identificad y explicad las expresiones siguientes: McCroquetas, un tres pisos, batido de leche.[8] Según el Center for the Analysis of Commercialism in Education, pueden encontrarse casos similares en un gran número de países, en Latinoamérica, Asia, Australia y Nueva Zelanda.

Podría creerse que la escuela, en Francia, gracias a la fidelidad a la separación del espacio público y los intereses comerciales, protege a los niños y los adolescentes de las agresiones publicitarias. El Frente Popular había puesto las cosas en su sitio mediante una ley del 19 de noviembre de 1936 que estipula que «en ningún caso y de ninguna manera, ni los maestros ni los alumnos deben servir, directa o indirectamente, a

---

8. <http://www.media-awareness.ca/fre/prof/educenjeux/pub/cas.htm>.

ninguna publicidad comercial». Sin duda, esta vieja filosofía laica es la culpable de que, hoy en día, la escuela francesa se encuentre, en este punto, «retrasada» respecto a otras naciones occidentales. Sin embargo, durante estos últimos años, las revelaciones sobre la utilización en las aulas francesas de materiales y soportes publicitarios se han multiplicado. Aun cuando no dispongamos de una investigación global, podemos sospechar una cierta extensión del fenómeno al observar la abundancia y la variedad de la oferta publicitaria. Las marcas de dentífricos proponen módulos de iniciación a la higiene bucal, los productores de paños higiénicos regalan muestras a las enfermerías de los colegios y los institutos, marcas muy conocidas de soda o de *junk food* organizan animaciones a las horas de la comida y proponen juegos-concursos. Innumerables ofertas promocionales por parte de las empresas llegan cada día a las escuelas, los colegios y los institutos: acciones de animación, cintas de vídeo, maletines pedagógicos, folletos, se utilizan todos los medios y soportes para conseguir que entren las marcas en las aulas.

Por parte de las empresas, el guión siempre es el mismo. El sector «infancia» del departamento de marketing de una firma propone gratuitamente, o casi gratuitamente, material «lúdico e instructivo». Si, en el nivel elemental, los productos a la vez pedagógicos y comerciales de las grandes empresas atañen a la vida cotidiana y las grandes funciones fisiológicas o sociales (consejos de higiene por parte de las marcas de champú y de dentífricos, consejos nutritivos por parte de las empresas agroalimentarias fabricantes de bebidas, bizcochos y cereales, etc.), en el nivel secundario la implantación se efectúa con material más culto y especializado. Unas veces se trata de una carpeta sobre el euro realizada por un banco y distribuida generosamente a los alumnos de secundaria; otras, son conferencias y salidas financiadas por una gran empresa especializada en la distribución de agua o en la producción de energía nuclear, o bien incluso películas que supuestamente muestran la vida laboral, las hazañas de la tecnología o la convivencia para ilustrar las clases de economía. Las metas pedagógicas sirven a menudo de pretexto, siempre instrumentalizadas por la estrategia promocional. Para el año 2000, Coca-Cola proponía actividades pedagógicas (dos mil iniciativas para el deporte) que debían ser coordinadas por los profesores de EPS (educación física y deportes) a propósito de los valores del deporte (lealtad, respeto del otro, tolerancia y civismo). Coca-Cola organizó igualmente un programa a gran escala de sensibilización a las técnicas multimedias («L'Équipée multimédia») que implicaba 550 clases de colegio e instituto, en Francia, en 1998-1999, con ayuda de un soporte pedagógico y con la participación activa de profesores, documentalistas y directores de centros. Numerosas animaciones tuvieron lugar en los establecimientos, sin que nunca se realizara, por lo que sabemos, ningún tipo de registro: Miko, Coca-Cola siempre y McDonald's proponen intervenciones luminosas y sonorizadas en las cantinas escolares, y organizan «acontecimientos educativos» con ocasión del Halloween...

La publicidad entra también en la escuela a través de la financiación de las más diversas actividades: la prensa escolar, los viajes y las salidas financiadas, los espectáculos promocionados, las actividades de las asociaciones deportivas organizadas por Coca-Cola u Orangina, etc. Algunos centros consiguieron incluso burlar la ley y fijar en sus muros exteriores grandes paneles publicitarios muy rentables para la escuela, el colegio o el instituto. Todo el ámbito de la orientación tiende a convertirse hoy día también en un medio de publicidad. Esquivando los servicios del Ministerio de Educación Nacional y aprovechándose de la ausencia de vigilancia por parte de los administradores y los docentes, varias sociedades consiguen que los delegados de clase distribuyan fascículos y revistas a los alumnos de instituto, promuevan cuestionarios y elaboren listas de «clientes» potenciales para atraer a los alumnos hacia las escuelas privadas de ingenieros o de comercio cuya importancia en la enseñanza superior es bien conocida. En Francia también se pueden encontrar las mismas técnicas que denuncia Alex Molnar en Estados Unidos, desde la publicidad clandestina de cereales en los libros de texto hasta la profusión de concursos para ganar las sumas de dinero necesarias para los proyectos pedagógicos. Uno de los más recientes es el de Orangina, que lanza una campaña conjunta con la Unión Nacional del Deporte Escolar (UNSS, «una Federación deportiva al servicio de los jóvenes») de colegios e institutos, para mantener financieramente proyectos pedagógicos.[9]

Si en Francia crece la permeabilidad a la influencia publicitaria es, en primer lugar, porque muchas de estas operaciones de marketing siguen confinadas en las clases y las salas de profesores y no se convierten en objeto de protesta por parte de los alumnos y las familias. A menudo reciben además el aval de las autoridades locales y nacionales. Así, las campañas de higiene buco-dental, bajo la égida de Colgate o de Signal, cuentan con el apoyo del Comité francés de educación para la salud. Numerosos establecimientos intentaron conquistar o mantener una buena «imagen de marca» durante la década de 1990 en el marco de la competencia que sostienen entre ellos. Entre otras prácticas, procuraron mejorar sus «tarjetas de presentación» haciéndolas financiar a veces por sociedades especializadas en el control publicitario, que sirven de intermediarias entre las empresas y los establecimientos. Cuando las familias y los alumnos buscan el nombre del director del instituto, de la enfermera o de los profesores de inglés, deben previamente navegar a través de encartes publicitarios sin ninguna relación con el cometido del centro escolar. El ejemplo proviene de muy arriba. Numerosas publicaciones oficiales del Ministerio de

---

9. Es de extrañar, por lo demás, que tal organismo reconocido oficialmente solicite un patrocinio en el medio escolar semejante al de otras grandes federaciones deportivas, en lugar de proponer a los jóvenes una imagen menos mercantil del deporte (<http://www.orangina.fr/unss/index.html>).

Educación Nacional están financiadas ostensiblemente por empresas privadas que insertan su logotipo en los folletos de orientación y otros documentos informativos dirigidos a los alumnos y a sus familias. El Ministerio, en diciembre de 2001, lanzó asimismo una operación muy mediatizada a favor del «respeto» en colaboración con la marca de ropa para adolescentes Morgane e hizo publicidad en su propia página web de camisetas que llevan inscrito el eslogan de la campaña y se venden en los almacenes de la empresa asociada.

Sin embargo, estos últimos años, algunos casos de intrusión publicitaria suscitaron protestas. Así, para no dar más que este ejemplo, el sector parisino del FCPE denunció, en 1996, el hecho de que, el día del comienzo de curso, los profesores principales y los representantes de la administración repartieran a los colegiales y los alumnos de secundaria de la región parisina «agendas» gratuitas cuya peculiaridad más destacable consistía en el lugar ocupado, en cada página, por la publicidad de productos «para jóvenes», o de empresas privadas de educación, de tal modo que los usuarios de estos instrumentos indispensables para la vida escolar no podían evitar, varias veces al día, tener ante su vista, al lado de los deberes que habían de realizar, las figuras de la evasión y las promesas de porvenir más halagüeñas. Actualmente, los sindicatos de la enseñanza están más alerta, del mismo modo que grupos como ATTAC. Estas protestas obligaron a los poderes públicos a reaccionar.

¿REGULAR LA PUBLICIDAD EN LA ESCUELA?

Con el fin de luchar más eficazmente contra las intervenciones «intempestivas» de las empresas en el medio escolar, el Ministerio de Educación Nacional estableció un código de buena conducta.[10] Si este texto presenta la ventaja de recono-

---

10. *Bulletin officiel de l'Éducation nationale*, n° 14, 5 de abril de 2001.

cer la multiplicación y la diversidad de las intervenciones mercantiles y publicitarias en el espacio escolar y de pretender restablecer en él al menos las apariencias de una aplicación del principio de neutralidad, sigue siendo timorato y ambiguo en multitud de puntos. Esta «prudencia» y este «prurito de equilibrio» reproducen, de hecho, la postura de la Comisión Europea, que encargó un estudio sobre el marketing en la escuela destacando algunos abusos pero realzando también el «valor añadido» de la publicidad en materia de la apertura al exterior.[11] El texto del ministerio francés recuerda los siguientes principios: «Los establecimientos escolares, que son lugares específicos de difusión del saber, deben respetar el principio de neutralidad comercial del servicio público de la educación y someter a él sus relaciones con las empresas». Incluso se indica, con desprecio de cualquier coherencia, que «los centros de enseñanza profesional pueden aceptar las publicidades de empresas que acojan alumnos en prácticas, con el requisito de que los mensajes publicitarios habrán de subrayar el papel que desempeña la empresa en la formación de los alumnos». Si en teoría se proscribe o limita lo que no es pedagógico (folleto publicitario de presentación, fijación de anuncios, etc.), en cambio sigue autorizándose todo lo que presenta un «interés pedagógico», término vago donde los haya. Evidentemente, hace tiempo que las empresas ponen por delante esta noción de «interés pedagógico». La mayoría de las veces no es más que un disfraz para encubrir estrategias publicitarias, como muestran numerosos ejemplos. Los servicios de marketing de las empresas y las agencias de publicidad saben hacer precisamente más alegres las lecciones, más divertidas las actividades escolares y menos dilatadas las horas de clase. Muchos profesores, conscientes de estas dimensiones lúdicas y preocu-

---

11. Comisión Europea, Informe final, Estudio de GMV Conseil, *Le Marketing à l'école*, octubre de 1998. Este estudio, disponible en la página web de la APED, está plagado de ejemplos muy significativos.

pados por no aburrir a sus alumnos, se dejan en consecuencia persuadir del «interés pedagógico» de los *kits*, vídeos, salidas y otras manifestaciones publicitarias. Las acciones pedagógicas de Disneylandia París, por no citar otras, coinciden con los criterios propugnados por el Ministerio. Los responsables del departamento de Education del Parque lo señalan: «Desde preescolar hasta el diplomado de técnico superior, todas las edades tienen mil cosas que aprender divirtiéndose en Disneylandia París [...]. ¡Todo ha sido previsto! El programa es rico, desde Julio Verne hasta el medio ambiente, pasando por los oficios de la imagen: sois vosotros los que tenéis que escoger y animaros para realizar un curso auténticamente sorprendente».[12] Verdad es que, si damos fe a su programa pedagógico de 2000-2001, los alumnos acuden al Parque para visitar la exposición «Trenes de ayer y de hoy» (concebida y realizada con la compañía nacional de los ferrocarriles franceses, la SNCF), «Artes y Tradiciones de la China antigua» (cuyo soporte y supuesto es la película *Mulan*), el inevitable «Halloween y sus orígenes» (¡para los niños «de preescolar hasta el colegio»!), sin contar con las fichas prácticas en inglés que ayudarán a practicar en el Parque Disney la lengua de Shakespeare o, más bien, la de Mickey.[13] El Parque Astérix no le va a la zaga al lanzar los cuadernos «Parque Astérix-Nathan» cuyo «lado lúdico permite a los niños profundizar fácil y eficazmente en las nociones de historia, de geografía, de ciencias [...] estudiadas en clase». Un enseñante citado por el mismo folleto de publicidad enviado a las escuelas y los colegios afirma: «Me quedé asombrado al comprobar el interés de mis alumnos por la historia, la artesanía, la vida de los delfines y tantas otras cosas. Todo les parecía tan sencillo y mucho más vívido que en un li-

---

12. Marie-Pierre Legrand, «Apprendre en s'amusant à Disneyland Paris», publicación del Departamento de Educación del Parque, octubre de 2001-julio de 2002.

13. Véase Départament Éducation de Disneyland Paris, «Programmes éducatifs et ludiques au service de votre pédagogie», octubre de 2000-julio de 2001.

bro. Aprender deleitándose es mucho más agradable».[14] Otros muchos lugares ofrecen este género de prestaciones: Parc Bagatelle, Puy du Fou, Mer de Sable, etc. Ahora bien, este tipo de visitas, si permiten un momento de relajación y de «respiro» con frecuencia útiles en el año escolar, si proporcionan eventualmente un pretexto para una salida de fin de curso, no son necesariamente, en tanto que «actividades pedagógicas», las que permitirían mejorar los problemas planteados por la apropiación de los saberes, a pesar de los milagros prometidos por el departamento de educación de Disneylandia: «aprender como por hechizo».

PUBLICIDAD Y OBJETIVIDAD: EL EJEMPLO DE RENAULT

El principio de la escuela pública pretendía que las actividades escolares no fueran financiadas o patrocinadas por empresas privadas, sino que el poder público asegurase y controlase su financiación, su realización y su responsabilidad. El desvanecimiento de este principio aboca a una cierta confusión entre la lógica promocional de los productos mercantiles y las exigencias de verdad y de objetividad que tenemos el derecho de esperar de la escuela pública. Lo menos que se puede decir es que las campañas publicitarias suelen contravenir, incluso si es por omisión, la objetividad o la verdad histórica cuando se presentan como contribuciones a la enseñanza. Tomemos un ejemplo entre otros. En el curso de la década de 1990, se propuso normalmente a los docentes de economía o de historia de los institutos un maletín que contenía una cinta de vídeo, folletos, una guía de información, una marca de fábrica y un Cd-rom, elaborados en colaboración por docentes y miembros de la empresa Renault. Este material, técnicamente inmejorable, fue concebido para preparar una visita acompaña-

---

14. Extractos de un folleto del Parque Astérix.

da a uno u otro de los emplazamientos de la empresa. Sin embargo, la película, de una excelente factura, olvida algunos aspectos. Si se concede profusamente la palabra a la dirección, sería vano que buscásemos la menor expresión libre por parte de los obreros, sin hablar del punto de vista sindical, lo que, hay que admitirlo, resulta bastante curioso cuando se pretende describir la historia social de esta empresa. Si el pasado del trabajo taylorista constituye el objeto de una evocación muy sombría, es para hacer resaltar por contraste un presente y un porvenir del trabajo muy idealizados. El documento presenta pues un discurso unilateral, que enmascara la dimensión conflictiva de las relaciones sociales en la empresa. Todavía resulta más extraño cuando el comentario se aplica a la narración de la historia de Renault, que pasa de la crisis de la década de 1930 a la Reconstrucción, pasando por encima, en el más perfecto silencio, de la colaboración con los nazis y la nacionalización-castigo de 1945. El documento de historia y de economía se presenta de entrada como un instrumento de promoción de la imagen de la empresa, aunque sólo fuera por la ocultación de un aspecto tan esencial de la historia de Renault. Las razones de estos silencios son por lo demás claramente confesados por uno de los responsables del proyecto. Al argüir el hecho de que, desde 1984, Renault había emprendido una mutación tecnológica y de gestión empresarial aunque mantuviera su antigua imagen, justifica y explica así la transición: «Renault deseaba hacer comprender este cambio y mostrar su competencia profesional bajo una nueva luz para un público que, hasta el momento, estaba poco o mal interpelado por la comunicación de empresa. [...] Un joven debe entender que la empresa industrial ha cambiado y pensar que trabajar en una firma de automóviles es interesante porque ahí suceden cosas interesantes. *Una colaboración con el mundo de la educación no es pues una obra filantrópica, sino una toma de conciencia de los intereses bien entendidos de la empresa* [la cursiva es nuestra]. Estos diversos contactos abocaron a la creación de una verdadera cooperación con el fin de constituir grupos proyecto para concebir y difundir los módulos pedagógicos piloto».[15] No podría resaltarse mejor la estrategia de imagen que impuso la supresión de los episodios y los aspectos que no cuadraban con la restauración «modernista» de la representación de Renault. Pero ¿debe ser la enseñanza de la economía un soporte para la «comunicación de las empresas»?

La «reconstrucción de la imagen» de las empresas dirigida al mundo educativo adquiere en ocasiones formas curiosas. Algunas empresas, a veces causa de perjuicios o de riesgos para el medio ambiente, desarrollan campañas de sensibilización... al medio ambiente. Así, los Aeropuertos de París, para contrarrestar el aumento de las quejas de las poblaciones vecinas, abrieron una «Casa del Medio ambiente», en 1996, y establecieron una colaboración con la inspección académica para poner en marcha un «verdadero producto pedagógico».[16] Sin temor a que se les reprochara su cinismo, los mismos Aeropuertos de París invitaron, en 2001, a los establecimientos escolares vecinos a exposiciones y películas sobre la «calidad del aire», «animando a todo ciudadano a hacerse cargo de sus responsabilidades» y ayudando al alumno a «convertirse en un ecociudadano del aire».[17] EDF (la empresa nacional de electricidad francesa) propone a los escolares conferencias y visitas destinadas a explicar el programa electronuclear francés y, por añadidura, a tranquilizar a las poblaciones («La radiactividad desprendida por el combustible está perfectamente aislada y los desechos producidos son acondicionados, almacenados y vigilados»).[18] Más audaces, las instituciones públicas o las empresas privadas

---

15. Jean-Marie Albertini, en *Économie et Éducation*, n° 19, junio de 1993, págs. 31-32.

16. ADP, *Bilan environnement 1990*, pág. 26.

17. Carta de invitación a los establecimientos vecinos por la Maison de l'Environnement d'Orly, Aéroports de París, en octubre de 2001.

18. Extracto del folleto de oferta de conferencia gratuita de EDF, «Énergie, le choix de la France».

ya no dudan en presentar bajo apariencias inocentes materiales «pedagógicos» que naturalizan hechos o políticas que deberían ser objeto de una presentación problemática. En el campo económico, el asunto tiende a volverse habitual. Así, la asociación ATTAC denunció públicamente el juego-concurso de los «Masters de economía» creado por el banco CIC, que consiste en apadrinar *teams* de alumnos de secundaria que juegan a especular en Bolsa.[19] El equipo ganador es aquel que consigue obtener las plusvalías más importantes. El juego de CIC no ofrece ningún lugar a la puesta en duda de la institución bursátil, o de su importancia en el conjunto del sistema económico. No abre ningún espacio a la reflexión sobre la especulación bursátil, que se presenta como un juego natural e inofensivo sin consecuencias sociales, políticas y económicas. ATTAC denunció asimismo el hecho de que un Cd-rom titulado «Ganar en Bolsa» hubiera recibido, en junio de 1999, el sello de calidad RIP (de reconocido interés pedagógico). Ahora bien, este soporte multimedia presenta de manera parcial, incluso tendenciosa, los objetivos de los mercados bursátiles y las lógicas que en ellos se ponen en juego.[20] Pero igualmente se podrían analizar pormenorizadamente muchos otros materiales suministrados por los bancos, las cajas de ahorro o, incluso, el Banco de Francia, que propuso estos últimos años una serie de cintas que presentaban los instrumentos monetarios, las instituciones y, sobre todo, la política monetaria de Francia y Europa de tal modo que se eliminaba cualquier de-

---

19. La asociación Attac, a través de su presidente, Bernard Cassen, escribía en marzo de 2000: «Se trata de un concurso dotado de premios otorgados fuera de los establecimientos y con fines exclusivamente promocionales, pero que incorpora un público cautivo en el interior de los susodichos establecimientos. Además, estamos en presencia de una forma insidiosa de proselitismo, incompatible con el principio republicano de laicidad: no por parte de iglesias, partidos o sectas, sino en beneficio de otro dogma, el dogma liberal, el de la "democracia accionarial". Los ciudadanos tenemos legítimamente una palabra que decir en este asunto». *Courrier d'Attac*, n° 117, 10 de marzo de 2000.

20. <http://www.local.attac.org/35/ml-attac35-archive>.

bate sobre su naturaleza y sus consecuencias. En su estela, el Instituto de la Empresa, organización patronal que reagrupa a ciento veinte grandes sociedades en Francia, lanzó un curso *on line* para los últimos cursos de la rama económica y social centrado en la empresa y la microeconomía. El proyecto consiste en cambiar la orientación de los programas excesivamente enfocados, según los empresarios agrupados en esta asociación, en la macroeconomía y las políticas públicas de inspiración demasiado keynesiana de acuerdo con la opinión de Jean-Pierre Boisivon, uno de los responsables del Instituto de la Empresa. En nombre de la «apertura» y de la «colaboración», se llega a una situación en la que múltiples «actores» deseosos de contribuir a la gran obra educativa practican alegremente la intervención ideológica y la evitación de los programas...[21]

No se puede reprochar a las empresas privadas aquello para lo cual están hechas: encontrar clientes donde sea para sus mercancías. En cambio, debemos preguntarnos por la permeabilidad de la escuela a las estrategias de marketing escolar. La razón de esta penetración, todavía limitada, de las empresas en las aulas se debe, sobre todo, al abandono de la vigilancia por parte de las administraciones locales, académicas y nacionales, anestesiadas por un discurso balsámico y apologético del universo mercantil. Este debilitamiento de la conciencia está ligado al empobrecimiento relativo de la escuela y a sus necesidades de financiación en materia de equipamientos y de nuevos materiales, más complejos y más costosos. Igualmente, se debe a los deseos de diversión, de viajes y de comunicación en el contexto de crisis de la relación pedagógica y de adaptación a los alumnos tal como a veces se considera que son. Alex Molnar, que desarrolla desde hace veinte años un combate sin tregua contra la mercantilización de la educación en Estados Unidos, resume bien de qué se trata: «Las implicaciones de la

---

21. Véase Antoine Reverchon, «Les patrons veulent entrer dans les classes», *Le Monde interactif*, 6 de marzo de 2000.

transformación comercial de la educación pública norteamericana son importantes por un gran número de razones. El mercantilismo erosiona los valores políticos democráticos que guiaron la educación pública en este país desde que fue creada. Los valores mercantiles, es decir, los valores de gasto y adquisición, ocuparon su lugar. Así, en lugar de una educación pública presidida por una concepción de igualdad política y de justicia social, nos encontramos con una concepción del mercado en la que la obra de la escuela está desvirtuada y en la que las propias escuelas pueden comprarse como cualquier otro producto del comercio».[22] Evitar esta tendencia, en Francia, implica romper con la lógica de la imitación y la impugnación de la autonomía de la institución escolar a las que contribuyen incluso las más altas autoridades del Ministerio de Educación Nacional. Pero, sobre todo, implica reiterar que el eje central de la escuela no es ni debe ser la adaptación a la sociedad de mercado, a menos que reniegue de sí misma en obediencia a lógicas y exigencias que no son las de la verdad y el conocimiento. Transmisión del saber y consumo no pueden ser confundidos sin consecuencias.

---

22. Alex Molnar, «The Commercial Transformation of American Public Education», Bergamo, Ohio, 1999 Phil Smith Lecture, Ohio Valley Philosophy of Education Conference, 15 de octubre de 1999.

CAPÍTULO 8

LA COMERCIALIZACIÓN DE LA ESCUELA Y SUS EFECTOS SEGREGATIVOS

La transición de la administración de la escuela de una regulación estatal a un mercado en el cual se ejerce una «libertad de elección» se presenta como una de las transformaciones más importantes que acompañan a la constitución de la sociedad de mercado. La política educativa seguida en numerosísimos países desde hace veinte años consistió en desarrollar la autonomía, la originalidad y la diversidad de los centros escolares, a los que de esta manera se considera más capaces de responder a las diferentes demandas de los usuarios invitados a elegir «libremente» las ofertas educativas en su opinión más atractivas. Estos dos grandes ejes políticos que son la diversidad de la oferta y la libertad de la demanda fueron aplicados en muy diferentes medidas según los países, las tradiciones y las relaciones de fuerza.[1] Pero la idea común, muy liberal, que se expandió y asentó con mayor o menor claridad persiguió en todas partes el incremento de la eficacia de cada escuela mediante la presión de los consumidores, lo que suponía una mayor autonomía de los centros escolares en el plano de la financiación,

---

1. Jean-Michel Leclercq, «Projets sans frontières», *Éducation et management*, n° 17, septiembre de 1996.

de los programas ofrecidos, de los métodos y de la contratación del profesorado.[2] Esta política fue acompañada a menudo por medidas de desreglamentación muy avanzada, como la desectorialización de la inscripción de los alumnos, al abrir paso a una «educación de mercado», como en Inglaterra y Suecia.[3] Tanto en el ámbito educativo como por otra parte en los demás, el mercado fue presentado como una construcción que permitía obtener resultados más eficaces. En realidad, en todos los lugares donde se desarrolló una lógica competitiva, se pudo observar el aumento de los fenómenos segregativos que actualmente constituyen un factor nuevo y específico de reproducción social. El factor de «entorno», es decir, de incorporación social de las escuelas, se vuelve entonces primordial en las estrategias de los padres y de los centros escolares. La composición social y étnica de los establecimientos se vuelve una ventaja comparativa para algunos y un inconveniente para otros. La elección no es una elección libre, como pretenderían hacer creer los partidarios del mercado escolar. Lo que empuja a elegir es la creación de un mercado y una oferta desigual, que incita a elegir incluso a los más reticentes a los comportamientos estratégicos. Y en este mercado los recursos que orientan y permiten la «buena elección» son evidentemente muy desiguales. En ausencia de una voluntad de mejora colectiva, la escuela es objeto de prácticas de evitación y descompromiso dirigidas por los intereses particulares, sobre todo por parte de las capas sociales relativamente más favorecidas.

2. El CERI (Centro para la Investigación y la Innovación en la Enseñanza) analizó a su vez la tendencia: «La mayor libertad reconocida a los padres y a los alumnos en la elección de la escuela está modificando el equilibrio de los poderes en la toma de decisiones en el ámbito de la educación, que favorece a los "consumidores" en detrimento de los "proveedores"», CERI, *L'École: une affaire de choix*, París, 1994, pág. 7.
3. Véase *Le Monde de l'éducation*, nº 200, 1993, y Pascal Bressoux, «L'émergence des systèmes de contrôle en éducation: le cas de la Grande-Bretagne», *École efficace: De l'école primaire à l'université*, París, Armand Colin, 1995, pág. 66.

DE LA DESCENTRALIZACIÓN A LA DESREGULACIÓN

Francia no es ni el primer país ni el más adelantado en la vía de la descentralización escolar. Tanto en éste como en otros ámbitos, sigue un movimiento más amplio, como demuestran los estudios comparativos.[4] Tradicional en Estados Unidos, se extendió a Italia, Inglaterra, España y Holanda. En función de los países, se prefirió comenzar por las «experimentaciones piloto», o por la vía de la autonomía pedagógica y financiera, o incluso por la atribución de personalidad jurídica y moral a los centros escolares, como en el caso de Francia. La OCDE integró en sus indicadores una medida del grado de autonomía de los establecimientos calculando la proporción de las decisiones tomadas en los diferentes niveles administrativos. Aunque los estudios de la OCDE manifiestan que la mayoría de las decisiones se toman en realidad en varios niveles, la tendencia va en el sentido de un descenso de la decisión hacia los escalones inferiores del aparato escolar.[5] Como señala a su vez la Organización Internacional del Trabajo, las estructuras de gestión y de dirección, con diferencias de ritmo y de amplitud según los países, experimentaron un «proceso continuo de descentralización y de transferencia a las autoridades locales y a las escuelas de un poder de decisión que concierne ya no sólo a la financiación, sino también a las cuestiones de organización y de gestión».[6]

No toda descentralización es un primer paso hacia el mercado. Todo depende a la vez del papel que se le pretende hacer desempeñar y de las reglas que se imponen al sistema escolar para la incorporación del alumnado y la contratación del profesorado, para los programas y para los diplomas. ¿Cómo

---

4. En un próximo capítulo, examinamos con más detalle el caso especial de Francia en materia de descentralización.
5. OCDE-CERI, *Regards sur l'éducation*, 1998.
6. Informe de la Organisation Internationale du Travail, *La Formation permanente au XXI*ᵉ *siècle: l'évolution des rôles du personnel enseignant*, 2000.

se pretende llevar a cabo la descentralización: privilegiando la elección individual de las familias o bien el control democrático de la «comunidad política» local? ¿Qué es lo que se desea: aumentar el poder del director del centro, o bien aumentar la importancia y el poder efectivo de los profesores? Las opciones son numerosas, desde las más democráticas hasta las más comerciales. Es forzoso reconocer que, desde hace tiempo, la descentralización fue concebida mucho más como una avanzadilla hacia la constitución de un mercado escolar que hacia un incremento de la democracia en los establecimientos. La mayoría de las veces se recomienda la descentralización en nombre de la competencia, del papel del consumidor, de la eficacia, de la reducción de costes y de la colaboración escuela-empresa. Para no dar más que un ejemplo, es con esta mentalidad con la que la OCDE lamentaba que «el sistema francés se encuentre, por una parte, demasiado centralizado y reglamentado y, por otra, no permita la suficiente competencia». Y la organización internacional añadía: «De todas formas, el "consumidor" apenas puede ejercer presión sobre la "oferta" en la medida en que, en el seno del sector público, las posibilidades de elección de los centros están limitadas, por una parte, por los mecanismos administrativos y, por otra, por la insuficiencia de información sobre la evaluación de los rendimientos».[7] La Comisión Europea señala hasta qué punto la descentralización es concebida como una fuente de flexibilidad y como una posibilidad de introducción de la lógica de mercado: «Lo que enseña la experiencia es que los sistemas más descentralizados son también aquellos que son más flexibles, se adaptan más rápido y permiten desarrollar nuevas formas de cooperación con un enfoque social».[8] En resumen, le-

---

7. OCDE, *Système éducatif: quelle efficacité?*, retomado en *Problèmes économiques*, nº 2.295, 14 de octubre de 1992.
8. Comisión de las Comunidades Europeas, *Enseigner et apprendre, vers la société cognitive*, 1995, pág. 48.

jos de que esta «prudente descentralización»[9] confiera más iniciativa a la base, se ha iniciado un verdadero movimiento de fondo que ha transformado la mayoría de los sistemas educativos y los ha empujado a poner en funcionamiento una desregulación más o menos acentuada, factor generador de una segregación social entre los establecimientos.

LAS POLÍTICAS DEL LIBERALISMO ESCOLAR

Como en otros ámbitos, las políticas desarrolladas contribuyeron ampliamente a la constitución de mercados suscitando o tolerando una «elección activa» de las familias, que vino a reforzar los fenómenos de segregación social. Este tipo de política «olvida» generalmente que la elección del consumidor, que es su justificación fundamental, enmascara una desigualdad muy concreta de las posibilidades de elección por lo que respecta a la información y al dinero, sin contar que las desigualdades en el «poder de compra» escolar se redoblan con la desigualdad del éxito escolar según las clases sociales. La diversificación de la oferta en sí misma legítima suscita la práctica de la «buena elección», variable según las clases, y por sí sola no permite equilibrar las condiciones de enseñanza. Así, en el caso de Inglaterra, los estudios que recapitula un informe del CERI mostraron que si los padres de las clases medias privilegiaban en su elección el éxito escolar, los padres de los medios populares tendían a escoger un centro en el que sus hijos «se sintieran a gusto».[10] Según este estudio, las familias de las minorías étnicas se inclinan por establecimientos en los que los jóvenes de su mismo origen sean ya mayoritarios. Y ése

---

9. Según la expresión empleada en el informe a la Unesco de la Comisión Internacional sobre la Educación para el siglo XXI presidida por Jacques Delors (Jacques Delors, *op. cit.*, pág. 26).

10. CERI, *op. cit.*, pág. 75.

es a veces el pretexto de los partidarios del mercado escolar, que no aceptan tener en cuenta estas diferencias de valor para estigmatizar a los padres procedentes de las clases populares y las comunidades de inmigrantes como «malos padres», incapaces de realizar el esfuerzo de una elección inteligente. Al contrario, como hemos señalado anteriormente, en un sistema de libre elección, o incluso de elección restringida, las escuelas pueden definir criterios de selección con tanta mayor facilidad en la medida en que son objeto de una fuerte demanda.

Estas políticas de libre elección fueron desarrolladas y definidas tanto por las fuerzas políticas conservadoras como por las socialdemocracias, como en Nueva Zelanda, en Suecia, en Inglaterra con el New Labour o en Francia desde comienzos de la década de 1980. A este respecto, el ejemplo sueco es muy interesante. Las leyes de descentralización de comienzos de la década de 1990, fundadas en un amplio consenso político, alentaron la libre elección de la escuela y su financiación local. Los socialdemócratas querían diversificar el perfil de las escuelas, al ofrecer una posibilidad de elección según los «gustos» y las «aptitudes» de los alumnos. En cuanto a los conservadores, pretendían con esta misma política acentuar el «derecho de retirada» de las familias para que pudieran ejercer un verdadero poder de sanción por parte del consumidor. La Gran Bretaña de los conservadores llegó lejos en la construcción de tal mercado segregativo. Estos últimos se dejaron seducir primero por las *comprehensive schools* creadas a mediados de la década de 1960 y que equivalían a un sistema unificado destinado a proporcionar el máximo de conocimientos al mayor número de alumnos. Dos series de medidas quebraron el antiguo marco: la Education Act, de 1980, y la Educational Reform Act, de 1988. Estas leyes preveían ayudas financieras para la escolarización de los niños de las clases populares en las buenas escuelas privadas, la creación de «colegios tecnológicos ciudadanos» independientes financiados en parte por las empresas y la instauración de un *local management schools* que vuelve a los centros en gran medida financieramente autónomos. En Inglaterra, la elección de los padres fue intensamente alentada por la liberalización de las reglas de inscripción (*open enrolment*) y por la difusión entre los padres de los resultados de las pruebas y exámenes previstos en la Carta de los Padres de 1991.[11] La financiación de las escuelas depende con mucho del número de alumnos inscritos, lo que la vuelve semejante a un sistema de bonos de educación. En el fondo, el New Labour no puso en cuestión las orientaciones liberales. Incluso llevó todavía más lejos las sanciones contra las escuelas en quiebra y apeló de hecho mucho más masivamente a las empresas privadas pretendiendo defender el servicio público.[12]

La argumentación oficial en Inglaterra que asocia el *choice* a la *diversity*, según el Libro Blanco redactado por el gobierno inglés,[13] fomenta a partir de la ley de 1988 la competencia de las escuelas a las que se incita a desarrollar «estrategias de atracción», a poner en práctica un marketing con frecuencia exagerado y a dotarse, cuando pueden, de una imagen de respetabilidad mediante la imitación de los signos de prestigio social de las viejas *public schools* (uniformes, ritos, códigos indumentarios, actividades deportivas y buen «ambiente moral»). La prensa se entrega a una sobrepuja constante erigiendo los palmarés de las mejores

---

11. La Carta prevé la información de las familias por lo que respecta a la calidad de la escuela, pero bajo la forma de resultados en bruto y no bajo la forma de un cálculo de «valor añadido» que tenga en cuenta el nivel de entrada de los alumnos y, por tanto, las características de la población escolar. Lo que tiende a sesgar la información todavía más y a beneficiar a las escuelas cuyo público ya es privilegiado.

12. Véase el dossier «Politiques d'éducation prioritaire: l'expérience britannique», *Revue française de pédagogie*, n° 133, octubre-diciembre de 2000. Ken Jones observa que la «tercera vía» de Tony Blair se traduce en una «colaboración» en el nivel local con las empresas privadas en las zonas de acción educativa (EAZ) con el fin de realizar un «vasto programa de educación organizada tanto en torno a objetivos de cohesión social como de productividad económica» («Partenariats et conflits dans la troisième voie: le cas des zones d'action éducative», pág. 16).

13. «Governement White Paper», *Choice and Diversity*, Department for Education, 1992.

escuelas, resultados en bruto que traducen la mayoría de las veces una «buena frecuentación» social. No resulta entonces difícil comprender por qué las investigaciones demuestran que esta «libre elección» tiene como resultado esencial una mayor homogeneización social de los centros en función de los barrios.[14] Como ponen de manifiesto las investigaciones británicas sobre varios mercados locales, los asiáticos, los inmigrantes del Caribe y los africanos son especialmente víctimas de una discriminación evidente.

El caso inglés demuestra que la lógica competitiva, jerárquica y segregativa puede prevalecer sobre la lógica pluralista y «democrática» que algunos responsables políticos y expertos pretendieron ver en la promoción sistemática de la «diversidad de la oferta». Este error de diagnóstico se debe al hecho de haber subestimado sistemáticamente la importancia de los efectos social y étnicamente selectivos de la elección y a haber incluso negado la existencia de una preferencia *a favor de la segregación social*, incluso *racial*, en materia escolar dentro de una sociedad de mercado. La causa no reside tanto en las razones de método pedagógico, de creatividad y de innovación que los padres eligiesen, como hasta hace poco los innovadores pedagógicos pretenderían gustosamente creer, sino en las razones de «frecuentación», es decir, del medio social de incorporación, que, desde el punto de vista de las familias, condiciona el ambiente de aprendizaje escolar y de educación.

Esta tendencia se vuelve especialmente perceptible en los países que tienen una tradición de libertad de elección escolar. En Holanda, donde esta libertad es muy grande desde comienzos del siglo XX, las observaciones empíricas manifiestan que el factor de elección más importante actualmente no es el de la libertad de conciencia y de la «visión del mundo», sino un criterio social y racial.[15] De este modo se puede compro-

---

14. CERI, *op. cit.*, pág. 77.
15. *Ibid.*, pág. 83.

bar, en este país elegido sin embargo como modelo por determinados responsables «de izquierdas» (al menos antes de la «sorpresa» del voto xenófobo y populista masivo en las elecciones legislativas de mayo de 2002), una «fuga de blancos» de determinadas escuelas en las grandes ciudades de Holanda, fenómeno hasta ese momento muy poco significativo.[16] En estas escuelas, las tasas de alumnos procedentes de la inmigración se multiplicaron a veces por dos y alcanzaron proporciones situadas entre el 70 y el 100 % del alumnado. La OCDE señala con su habitual arte del eufemismo que «el agrupamiento social y étnico se efectúa en buena medida de un modo libre por medio de la elección más que a través de una barrera oficial o de hecho. Esto indica que una posibilidad real de elección no es incompatible con una segregación *de facto*».[17] En términos menos rebuscados y más directos, la separación entre la escuela de los alumnos blancos y la escuela de los alumnos «de color» se acentúa por todas partes en las que se instauró la «libre elección».

Nueva Zelanda avanzó igualmente muy lejos en la vía del mercado escolar, aun cuando fue inaugurado por un gobierno laborista. Las Tomorrow's Schools Reforms representan, según la Unesco, «el programa más audaz de liberalización de la educación nunca practicado en un país rico».[18] Por razones de eficacia y economía en los servicios públicos, el gobierno laborista inauguró, a partir de 1984, una política de liberalización al sustituir un sistema de asignación en función de los sectores de vivienda por un sistema de libre elección total en materia escolar. Esta transformación se llevó a cabo en un con-

---

16. En Bélgica se puede observar la misma tendencia y, especialmente, en Bruselas. Véase Denis Meuret, Sylvain Broccolichi y Marie Duru-Bellat, «Autonomie et choix des établissements scolaires: finalités, modalités, effets», *Cahiers de l'IREDU*, febrero de 2001, pág. 220.
17. *Ibid.*, pág. 83.
18. Edward B. Fiske y Hellen F. Ladd, «Nouvelle-Zélande: les exclus de l'école libérale», *Courrier de l'Unesco*, noviembre de 2000.

texto más amplio de privatización de numerosos servicios sociales que concernían a la sanidad, la vivienda y la protección social. El resultado no se hizo esperar. Los directores de los centros, muy favorables a la reforma, tuvieron las manos libres para elegir a sus alumnos sobre la base de criterios especialmente laxos. Los padres pertenecientes a los grupos sociales favorecidos vieron cómo se incrementaba su importancia en la gestión y en la política de las escuelas. Muy pronto, la rivalidad entre los establecimientos empujó a los centros a competir por su imagen y abocó a una jerarquización acrecentada por todas aquellas partes donde la transferencia de un número significativo de alumnos de una escuela a la otra fue posible, es decir, fundamentalmente en las zonas urbanas. La competencia conllevó el cierre de pequeñas escuelas progresivamente privadas de alumnos y la limitación del acceso a las buenas escuelas. Los alumnos se encontraron entonces en peores escuelas que las que habrían tenido sin libre elección. El ejemplo neozelandés muestra que la competencia hace desaparecer la escuela socialmente mixta y conduce a la diferenciación social y, sobre todo, étnica de los establecimientos. Los que inscriben a los alumnos más pobres y las minorías étnicas se ven envueltos en una «espiral descendente», como dicen los neozelandeses. «Al ser juzgados mejores, los centros que acogen a una mayoría de alumnos de origen europeo prosperan en el curso de la década de 1990. La ley del mercado se vuelve en su beneficio. Incapaces de atraer a los profesores más competentes y a los alumnos más motivados, los demás centros ven cómo disminuye su eficacia».[19]

Las investigaciones de la OCDE muestran que, en la mayoría de los países, la lógica del mercado escolar conduce del mismo modo a la desaparición del establecimiento de barrio polivalente y socialmente mixto y, al contrario, acentúa la polarización social y racial, ya se trate de Holanda, de Inglaterra,

---

19. *Ibid.*

de Francia o de Estados Unidos. Según la OCDE, «cuando las políticas favorecen la elección, ya sea ofreciendo la posibilidad de inscribirse libremente en las escuelas públicas, ya volviendo menos costosa la enseñanza privada, incluso gratuita, un número no desdeñable de individuos puede beneficiarse para elegir sus escuelas». La OCDE añade: «En la experiencia, se revela que la proporción de "responsables activos" no debe ser necesariamente enorme para tener un impacto significativo en los sistemas escolares».[20] El caso francés es una ilustración de ello.

LA HIPOCRESÍA FRANCESA

Francia no escapó al cambio desregulador. Pero la particularidad francesa se debe a que los responsables nunca lo asumieron plenamente ni de un modo político ni ideológico. El gobierno socialista introdujo una mayor posibilidad de elección por lo que respecta a la escuela pública, y primero a título experimental, flexibilizando las reglas de inscripción que, desde 1963, definían un «mapa escolar» que prescribía los centros escolares de las diferentes zonas de residencia. En etapas sucesivas, más de la mitad de los colegios y un tercio de los institutos conocieron una liberalización semejante, especialmente en las zonas urbanas. El mapa escolar, creado en 1963, respondía entonces a la preocupación de evitar que los nuevos CES (colegios de enseñanza secundaria) reconstituyeran la división social establecida entre los CEG (colegios de enseñanza general) populares y los primeros ciclos de los institutos más burgueses.[21] Por el mismo hecho de que el Estado no conseguía garantizar una igualdad de tratamiento entre los alumnos, el mapa perdía su legitimidad para un gran número de familias. Fue bajo la pre-

---

20. CERI, *op. cit.*, pág. 27.
21. Véase Robert Ballion, *op. cit.*, pág. 163.

sión del sector privado que, en Francia, Alain Savary puso en marcha la desectorialización y respondió así a la aparente expectativa de una mayoría de la opinión.[22] Esta política de la izquierda fue proseguida por la derecha, que desde la década de 1980 preconizó una desectorialización total.[23] Esta orientación, aun cuando no se haya generalizado, contribuyó a transformar «el usuario cautivo en consumidor de escuela», mientras que, como subrayan algunos investigadores, la elección a favor de una flexibilización desigual según las regiones, y negociada a nivel académico, impidió cualquier debate de envergadura sobre esta cuestión. Ni la extensión de esta política «descentralizada», ni su distinta amplitud según las zonas urbanas, periurbanas o rurales, ni mucho menos sus efectos, fueron objeto de un examen general o de investigaciones locales suficientemente precisas aun cuando todos los actores de la enseñanza son conscientes de su importancia. Algunos investigadores llegan hasta el punto de decir que esta política «no escrita» fue «desarrollada a escondidas, como si se supiera que era contraria a los principios, pero que había que hacer una concesión al aire de la época».[24] En suma, el tema en Francia permaneció hasta el presente como un inmenso tabú.

Igualmente, una cierta hipocresía prevaleció a comienzos de la década de 1990 en la elaboración y la publicación de las evaluaciones de los institutos. En lugar de presentarlas como un sistema de «apreciación» más justo que permitiera una elección racional a las familias, que es la justificación de este tipo de ejercicios en los países que siguieron esta política, la alta administración y los expertos pretendieron no ver en él sino un medio para que las familias y los profesionales se mo-

22. En un sondeo encargado por A. Savary en 1982, el 85 % de los padres de alumnos de la enseñanza pública deseaban poder elegir su centro escolar. Véase Alain Savary, *En toute liberté*, París, Hachette, 1985.
23. Démocratie libérale y algunas personalidades del RPR (ahora del UMP), como Guy Bourgeois, sostienen tal programa educativo plenamente liberal.
24. Denis Meuret, Sylvain Broccolichi y Marie Duru-Bellat, *op. cit.*, pág. 45.

vilizaran a fin de mejorar los establecimientos cuya inscripción seguía estando regulada por un mapa escolar. En otros términos, sólo se tenía en cuenta la lógica de la *movilización*, y de ninguna manera la de la *evitación*.[25] En los hechos, estas evaluaciones de los institutos y los colegios dieron lugar, sobre todo, a un derroche de publicaciones y comentarios en la prensa, y principalmente en la que leen los padres más informados y capaces de descifrar la compleja información que estos datos suministraban. Si no desempeñaron un papel masivo en el desarrollo del consumerismo (porque existen muchas otras fuentes de información, comenzando por las características sociales y étnicas del barrio y del público incorporado), estas listas de resultados tuvieron más bien un efecto de legitimación de las prácticas de elección de establecimientos. ¿Por qué no elegir otro centro, incluso privado, si el propio ministerio se toma el trabajo de proporcionar datos «objetivos» sobre las diferencias entre los establecimientos? A este respecto, el mantenimiento del mapa escolar se presenta como una contradicción con esta política de evaluación pública y ya no puede ser contemplada por los padres más que como una exigencia absolutamente injustificable.[26]

Para hacerse una idea más completa del fenómeno, habría que remontarse más atrás en el tiempo. La competencia en el sistema educativo francés no es nueva a causa de un importante sector privado de enseñanza que recibe, por añadidura, una considerable ayuda por parte del Estado. Las familias descontentas con la escuela pública, a veces por razones meramente sociales y étnicas, no se privan de recurrir a este medio desde

---

25. Según una tipología propuesta por Albert Hirschman, se pueden distinguir tres actitudes posibles entre los usuarios de un servicio: la movilización (*voice*), la fuga (*exit*) y la lealtad. La primera no tiene oportunidades de manifestarse más que si existe un discurso político potente y colectivo, y si existe una esperanza cualquiera de ver cambiar a corto plazo la institución. Ninguna de estas dos condiciones se ha reunido en la actualidad por lo que concierne a la escuela.

26. Véase «Entretien avec Agnès van Zanten», *Nouveaux Regards*, n° 16.

hace tiempo. La escuela francesa, como es sabido y se olvida con tanta facilidad, se caracteriza por un importante sector privado ampliamente financiado por los fondos públicos y en pugna con el sector público. Este sector privado escolariza alrededor del 18 % de los alumnos, pero constituye sobre todo un frecuente recurso en caso de dificultad: cerca de dos niños de cada cinco son usuarios de la privada a lo largo de su escolaridad, desde el parvulario hasta acabar la secundaria. Las familias privilegiadas recurren a esta posibilidad mucho más que las otras. Si este recurso es a veces una «segunda oportunidad», la existencia de tal sector subvencionado tiende a acentuar las desigualdades de los estudios universitarios al permitir eludir los juicios escolares y distanciarse del medio popular. Como demostraron los trabajos sociológicos, la elección de las familias a favor de la enseñanza privada es cada vez menos religiosa, y está determinada cada vez más por otros factores.[27] La mayoría de las veces son razones «consumeristas» las que explican estos desplazamientos y no preocupaciones morales o religiosas, como prueba la constante disminución de la fidelidad a la enseñanza privada de las familias, que pasan de lo público a lo privado, y a la inversa, sin escrúpulos anímicos.[28] Este cambio de significación, que manifiesta la intensificación del «zapping» entre los dos sectores, es el que convierte actualmente al sector privado en un incentivo muy importante del mercado escolar. Si nunca dejó de constituir el objeto de una elección socialmente determinada,[29] el sector privado representaba una especie de «compensación» concedida a las

---

27. Véase Gabriel Langouët y Alain Léger, *École publique ou école privée? Trajectoires et réussites scolaires*, París, Éditions Fabert, 1994.
28. Véase Gabriel Langouët y Alain Léger, *Le choix des familles, École publique ou école privée?*, París, Éditions Fabert, 1997.
29. Los clientes «que zapean», que pasan de un sector al otro, provienen la mayoría de las veces de los grupos más favorecidos, y estas estrategias incrementan las desigualdades escolares incluso si se verifica actualmente una muy relativa diversificación social de la incorporación en la enseñanza primaria.

religiones tradicionales frente al papel voluntarista del Estado educador en Francia,[30] en nombre de la «libertad de conciencia». Ahora bien, una de las características del período consiste precisamente en la modificación de esta función de la enseñanza privada que se integra en una lógica de mercado para la cual lo que importa no son ni esta libertad de conciencia ni la fe religiosa, sino el «cálculo egoísta» de la buena colocación escolar. En última instancia, el carácter confesional de la escuela se convierte en un «signo de distinción» entre otros de calidad social y pedagógica. También en este ámbito cambió de sentido el «liberalismo».

LA SEGREGACIÓN A LA FRANCESA

Ciertamente, Francia no llegó tan lejos como muchos otros países en esta vía desreguladora. Por una parte, se mantuvo parcialmente el mapa escolar; por otra parte, la política de las Zonas de Educación Prioritarias (ZEP) se propuso reequilibrar las condiciones de enseñanza entre los centros y, por modesta que fuera esta política, no lo fue totalmente en sus efectos. En cualquier caso, la situación es compleja: el principio constitutivo de las ZEP, la «discriminación positiva», importado de Inglaterra en la década de 1960 y de las políticas demócratas norteamericanas («dar más a quienes tienen menos»), se dirigía oficialmente *contra* la creación de escuela a dos velocidades, aunque una «discriminación negativa», más silenciosa, cuyos efectos se mostraban cada vez más devastadores, se desarrollaba paralelamente a causa de la evitación creciente por parte de las clases medias de los establecimien-

---

30. En otros países, como Bélgica u Holanda, según las historias y los compromisos propios de cada uno de ellos, el mantenimiento del sector privado y la libertad de elección están muy ligados a las dimensiones políticas y morales.

tos considerados de «malas compañías».[31] La flexibilización del mapa escolar, el mantenimiento de un importante sector privado generosamente financiado por el Estado,[32] la publicación por parte de los medios de comunicación de las evaluaciones de los centros, las derogaciones en el mapa escolar y la constitución de micromercados locales ligados a una segregación residencial que la política del hábitat reforzó contribuyeron a una polarización social cada vez más clara de los establecimientos (y que supera en amplitud a la diferenciación social de los barrios).[33] Los comportamientos de evitación refuerzan esta misma polarización según un proceso acumulativo muy inquietante. El simple dejar las manos libres se vuelve de este modo, en sí mismo, una política liberal.

Seguramente, a causa de que la discreción del ministerio y de que la escasez hasta hace poco de las investigaciones fueron patentes durante mucho tiempo en este ámbito, es difícil hacerse una idea de conjunto de las tendencias en Francia. La literatura oficial se propone ser generalmente tranquilizante. Así, se prestó mucha atención, en agosto de 2001, a una nota informativa del ministerio que manifestaba que las derogaciones en el mapa escolar no habían aumentado en la década de 1990. Aparte de que el recurso al sector privado aumentó ligeramente, es posible observar la constitución de verdaderos mercados escolares en zonas geográficas caracterizadas por la facilidad de transporte; se observa que la noción de «zona geográfica» en relación con la cual se calcula la intensidad de las derogaciones debe relativizar-

---

31. En realidad, el balance de las ZEP es decepcionante, como muestran diversos observadores. Las ZEP se han convertido más bien en «la válvula escolar de un dispositivo global de gestión de los barrios con dificultades» y los niños más desfavorecidos están relativamente desfavorecidos por su pertenencia a una ZEP, como destacan Marie Duru-Bellat y Agnès van Zanten, *La Sociologie de l'école*, París, Armand Colin, 2000, págs. 104-105.

32. Véase Marie Duru-Bellat y Agnès van Zanten, *op. cit.*, pág. 123.

33. *Ibid.*, pág. 100.

se en razón de las prácticas ocultas, no tomadas en cuenta, de domiciliaciones ficticias. Pero, sobre todo, no se puede ignorar que, en adelante, las elecciones de residencia de las familias están determinadas en gran parte por la presencia de centros escolares socialmente «bien frecuentados».[34] Algunas observaciones realizadas en ciudades como París parecen mostrar, sin embargo, que la diferenciación social de los colegios y los institutos no deja de crecer, haciendo desaparecer poco a poco los establecimientos socialmente mixtos de barrio. Al lado de algunos centros acaparados por una clientela favorecida, se observa una degradación concomitante de numerosas escuelas, de colegios y, ahora, de institutos que escolarizan a los niños de las poblaciones más carentes de medios, e incluso marginalizadas. A partir de las primeras investigaciones sobre los efectos de la desectorialización, se podían advertir, no obstante, las probables consecuencias desigualitarias de la política de manos libres que se ha venido siguiendo. Los trabajos de Robert Ballion, a finales de la década de 1980, sobre la desectorialización ya mostraban las posiciones diferenciadas de los colegios en los mercados locales y señalaban precozmente la polarización entre los centros muy solicitados y los centros rechazados.[35] El autor mostraba igualmente que los directivos y los profesores estaban sobrerrepresentados en las solicitudes de traslado de establecimiento, fenómeno que manifestaba la disparidad entre los lugares de residencia asignados por la estructura de las rentas y de los patrimonios y el conocimiento de las diferencias tanto entre los centros como entre los niveles de aspiración social de las familias. La teoría sociológica de los «capitales» económico, cultural y social de Pierre Bourdieu aclara las estrategias o las ausencias de estrategia de los gru-

---

34. Véase Christelle Chausseron, «Le choix de l'établissement au début des études secondaires», Nota informativa 01.42.
35. Véase Robert Ballion, *op. cit.*, págs. 181 y sigs.

pos sociales.[36] Los directivos superiores, profesiones liberales, gerentes de comercio y patronos industriales no tienen generalmente necesidad de solicitar otro centro porque poseen los medios que les permiten habitar en los barrios distinguidos y enviar a sus hijos a los centros «bien frecuentados». Mientras que las profesiones independientes optan con mayor facilidad por la privada, los docentes, aunque también todos los demás asalariados provistos de titulaciones superiores, pero que no disponen de los recursos financieros que les permitan vivir en los barrios más caros, utilizan activamente las posibilidades de elección entre los establecimientos públicos y ponen en juego recursos informativos que vienen a compensar un lugar de residencia netamente menos favorable. Las investigaciones realizadas después no han desmentido las primeras observaciones de Robert Ballion, sino todo lo contrario. Los estudios llevados a cabo a lo largo de la década de 1990 mostraron que las incorporaciones en los colegios públicos tendieron a volverse cada vez más segregativas, para los grupos sociales desfavorecidos y para los grupos extranjeros. Estos trabajos se ven confirmados por las investigaciones más recientes del ministerio sobre el tema. Según un estudio de la Dirección de Programación y Desarrollo (DPD) del ministerio, publicada en octubre de 2001, los colegios experimentan una diferenciación cada vez más acusada entre ellos. Este estudio, referido a los 4.956 colegios públicos, establece una tipología de los centros escolares que tiene en cuenta simultáneamente la categoría socioprofesional de los padres, la proporción de niños extranjeros y el porcentaje de alumnos rezagados. A partir de seis categorías distintas de colegios (*favorecidos*, *medios*, *obreros*, *rezagados*, *difíciles* y *muy difíciles*), el estudio muestra que si el 25 % de los colegios se encuentran en situación difícil, un poco más del 10 % se presentan como *favorecidos*, al

---

36. Véase Yves Careil, *École libérale, école inégale*, París, Nouveaux Regards/Syllepse, 2002.

acoger ocho veces más niños muy favorecidos en relación con los colegios *muy difíciles*. Algunas academias, como las de París y Versalles, padecen los más fuertes contrastes. Los colegios *favorecidos*, por una parte, y los *muy difíciles*, por otra, se encuentran ahí sobrerrepresentados. En muchas academias existen *bolsas de dificultades*, como expresa púdicamente la DPD, que influyen en el éxito global de las academias. Al parecer, las academias de Rennes, Limoges o Nantes, citadas a menudo como las más eficaces, son también aquellas en que los colegios medios son más numerosos y más escasos los establecimientos difíciles. Por el contrario, las que se sitúan por debajo de las medias nacionales se caracterizan por su gran cantidad de colegios con dificultades.[37]

La elección de la «buena escuela» pasa por medios que no dependen de las solas oportunidades legales internas al sector público. Existen múltiples formas de evitación en las zonas urbanas y periurbanas, desde el cambio de dirección obtenido gracias a los miembros de la familia mejor «situados» geográficamente, la elección de opciones raras o de lenguas, cuando no se trata de la compra de una habitación de doncella en un «barrio distinguido». Existe así un «mercado negro» de la escuela en el que intervienen las complejas estrategias de las familias, y que incluye la elección del lugar de residencia o la movilización familiar y relacional. Uno de los fenómenos más señalados reside en el hecho de que el mercado inmobiliario tiende a convertirse en un mercado escolar indirecto. Las familias que tienen hijos en edad de escolarización, y disponen de los recursos financieros correspondientes en función de los centros escolares ofrecidos a su elección, eligen el lugar de residencia, lo que vuelve a conferir al capital económico una cierta primacía sobre el capital cultural entre los factores de éxito escolar.[38] Del lado de

---

37. Danièle Trancart, «L'Évolution des disparités entre collèges publics», *Revue française de pédagogie*, n° 124, 1998, págs. 43-54.

38. Véase Marco Oberti, «Ségrégation dans l'école et dans la ville», *Mouvements*, n° 5, septiembre-octubre de 1999.

la oferta, los establecimientos multiplican las formas de atracción de los buenos alumnos mediante el juego de las opciones y las maneras de mantenerlas con la creación de «buenas clases» según una estrategia defensiva a menudo practicada por los establecimientos peor colocados en el mercado.

La polarización social no se debe pues únicamente a la flexibilización del mapa escolar. Sin embargo, en ausencia de una política muy voluntarista que aspire a equilibrar la composición social de los centros y a igualar las condiciones concretas de enseñanza, los márgenes concedidos a la elección de las familias refuerzan ineludiblemente las desigualdades y constituyen de ese modo una elección, al menos por omisión, a favor del dejar hacer. Como señala el informe de la OCDE ya citado, esta utilización diferenciada de las opciones se vuelve a encontrar de un modo idéntico en la mayoría de los países en que se ha vuelto posible. La conclusión de la organización económica internacional es definitiva: «El resultado de la ampliación de la elección consiste en acentuar las diferencias entre colegios que se dirigen a poblaciones diferentes».[39] El efecto de la instauración de una cuasi mercado implica por doquier una segregación reforzada: el establecimiento mejora si posee ya un «capital social» importante entre la población que escolariza, evaluable por la proporción de alumnos procedentes de las clases favorecidas, y se deteriora en el caso inverso.

LA ELECCIÓN COMO NUEVO MODO DE REPRODUCCIÓN

Los liberales presentan de buena gana la libertad de elección en materia escolar como una forma eficaz de *regulación*. En realidad, se trata sobre todo de una forma muy eficaz de *reproducción*. En efecto, el mercado educativo es una máquina de discriminación de los hijos de las clases populares. La desigual-

---

39. CERI, *op. cit.*, pág. 159.

dad ante la escuela no es tan sólo el fruto de una *selección a través de la escuela*, sino también el resultado de las condiciones desiguales de la *elección de la escuela*. Según la importancia de los recursos económicos y culturales, la posibilidad misma de efectuar elecciones, la capacidad que se puede llamar estratégica, se encuentra desigualmente distribuida entre la población. Contrariamente a lo que pretende la ideología del mercado, no existe ni una formación homogénea de las preferencias, ni igualdad de las oportunidades necesarias para elaborar elecciones racionales según los grupos sociales. Esta fabricación de las elecciones está socialmente determinada. Sharon Gewirtz, Stephen J. Ball y Richard Bowe, en la presentación de su estudio sobre varios micromercados locales en Inglaterra, distinguen con precisión tres grandes tipos de *choosers*. Los *privileged/skilled choosers*, los *semi-skilled choosers* y los *disconnected choosers*.[40] Los primeros pertenecen más bien a los medios favorecidos, los segundos se reparten entre los medios favorecidos y los medios populares, y los terceros se reclutan casi exclusivamente en la clase obrera. Los primeros tienen una fuerte inclinación a la elección como valor, e igualmente la capacidad intelectual, social y material para llevarla a cabo. Saben cómo funciona la escuela, establecen contactos y ponen en marcha todo tipo de recursos. Pueden concebir la trayectoria escolar no como una serie de experiencias dispares y heterogéneas, sino como una verdadera carrera temporalmente orientada y cuyas adquisiciones son acumulables: «ganar» y «perder» tiempo, saber o no utilizar las oportunidades escolares, son términos importantes para ellos. Como señalan los investigadores ingleses, esta categoría es también la que, puesto que debe tener en cuenta un gran número de factores, presenta mayores dificultades para jerarquizarlos y realizar un arbitraje complejo entre

---

40. Sharon Gewirtz, Stephen J. Ball y Richard Bowe, *Markets, Choice and Equity in Education*, Buckingham Philadelphia, Open University Press, 1995. Véase Agnès van Zanten, *L'École de la périphérie*, París, PUF, 2001, págs. 93 y sigs.

los deseos que se tienen para el hijo y los del hijo, las cualidades de la atmósfera escolar y las del trabajo que se lleva a cabo en la escuela, etc. Sólo algunos padres específicamente orientados por los resultados querrán la mejor escuela en el orden de la eficacia y tendrán menos en cuenta la impresión que produce en ellos el ambiente que allí reina. Los *semi-skilled choosers*, los semiadvertidos y semicompetentes, son quienes querrían elegir, pero no poseen todas las capacidades, porque no tienen las informaciones pertinentes, porque no disponen de los medios materiales o incluso porque carecen de la tenacidad y la seguridad necesarias para ejercer efectivamente una elección que reclama una entrega a veces intensa. Gracias al análisis de los cuestionarios entregados a estos padres, y cuyos resultados sirvieron para efectuar esta distinción, los autores clasifican aquí a quienes se confiesan los más prontamente derrotados ante los obstáculos que deben superar para obtener la escuela deseada y también quienes no disponen de todos los medios para distinguir entre las escuelas de manera clara. Los *disconnected*, a quienes podría creerse «desinteresados» por la escuela o, peor, indiferentes por la suerte de sus hijos, no alcanzan a entrar en el marco impuesto por la lógica de la elección. Perciben las escuelas como si fueran bastante semejantes unas a otras y limitan su horizonte a las escuelas de las cercanías. Es un proceder de confirmación más que de comparación, que puede presentarse como una forma de resignación o de fatalismo consistente en «hacer de necesidad virtud» al creer que la escuela de barrio al menos hará feliz al hijo en la medida en que no se aleja de sus compañeros de juego. En el fondo, estos padres procedentes de la clase obrera y a menudo de origen extranjero aspiran también, como los otros, a una buena educación para sus hijos, pero en una buena escuela de barrio. Su alejamiento social de la escuela y el hecho de que las viviendas de las clases pobres estén situadas en zonas apartadas y mal atendidas por los transportes públicos los empujan a una «no-elección» por la escuela más próxima geográficamente.

Naturalmente, esta tipología debería ser matizada. La libertad de «elección», que encierra la lógica de mercado, no es ciertamente la elección de todo el mundo. Desde luego, los sondeos parecen indicar, desde la década de 1980, una preferencia de la opinión por la «libertad de elección». Pero no se trata de un referéndum por el libre mercado escolar, salvo quizá para la fracción de las clases medias y superiores más apegada a la cultura del interés personal. En una situación de desigualdad creciente entre las condiciones de enseñanza, que son función de las condiciones de existencia y de rentas cada vez más desiguales entre los grupos sociales, no es sorprendente que quienes pueden, aunque *no lo quieran* necesariamente, elijan la evitación de los malos centros y las peores clases. La libertad solicitada por las familias responde así paradójicamente a un deseo de igualdad en la medida misma en que no realizan voluntariamente la elección de ser perjudicadas por las malas condiciones que tendrían que padecer sus hijos. Como justamente dice Robert Ballion, tener la libertad de no ser destinado a un mal centro escolar es una «libertad de recurso». Ésta provoca que padres militantes elegidos por partidos de izquierda, o incluso en ocasiones intelectuales que profesan ideas progresistas, se sientan obligados, contra sus convicciones ideológicas y éticas, aunque en interés aparente e inmediato de la escolaridad de sus hijos, a retirarlos de las escuelas en las que las condiciones están más degradadas y a colocarlos en mejores establecimientos, que dependen a veces incluso de la enseñanza privada. De la misma forma, en el otro extremo de la sociedad, los padres procedentes de la clase obrera y que, *a priori*, tienen menos oportunidades y recursos para poder evitar el establecimiento del barrio lo evitan, sin embargo, a menudo además por razones atribuidas a la violencia y/o a la presencia masiva de alumnos de origen extranjero.[41]

---

41. Las elecciones de escuela, motivadas social y racialmente, se eufemizan en el discurso de justificación de los padres. Sin negar la realidad de los fenómenos evo-

Muchos padres no son, por tanto, espontáneamente los «consumidores de escuela» a quienes se debería imputar la responsabilidad de la guetización creciente de los centros y no pertenecen de manera simple y unívoca a una u otra de las categorías mencionadas más arriba. La mayoría está, sin duda, en desacuerdo y su «elección» de elegir, si podemos expresarnos así, está lejos de hacerse siempre de buena gana y con buena conciencia por el hecho de que muchos saben que tales decisiones sólo pueden reforzar la desigualdad de las condiciones concretas de enseñanza, al menos en el actual estado de las políticas escolares. Por eso, concluir, como tienen tendencia a hacer los investigadores ingleses, que «el mercado es un modo de compromiso social propio de las clases medias»,[42] es una simplificación. Más importante es recordar que la «libre elección» es una *obligación de elegir* y no una libertad de la que dispondrían los padres de un modo natural o a la que habrían aspirado siempre. Es una obligación impuesta a «jugadores» que más o menos consienten en «jugar» el juego de competir todos contra todos, lo quieran o no.[43] Si la teoría económica tiene bien presente las *elecciones bajo obligación*, su punto ciego reside precisamente en su rechazo a considerar la *obligación de la elección* misma. En una situación en la que existen cada vez más claramente situaciones de enseñanza y de socialización muy desiguales según la incorporación de alumnos, desde la escuela primaria hasta la universidad, no es extraño que cada vez más padres «participen en el juego» de forma a medias sufrida y a medias querida.

La segregación social y racial existía antes de la instauración de las políticas neoliberales de elección, como ya hemos señalado, pero la lógica de mercado tiende en adelante a reforzar esta segregación preexistente sobre una base geográfica mediante la

---

cados por las familias, habría que analizar también desde este ángulo la cuestión de la «violencia en la escuela».

42. S. Gewirtz y otros, *op. cit.*, pág. 181.
43. Véanse sobre este punto las observaciones de Robert Ballion, *op. cit.*, pág. 240.

libertad de evitar los centros que seguían siendo socialmente *mixtos*. El principal efecto no concierne a los establecimientos que ya eran bien mayoritariamente «burgueses» o bien mayoritariamente «populares», sino a los centros de barrio que todavía presentaban una cierta mixtura social y escolar. Ya se trate de escuelas primarias, de colegios o de institutos, se produce una destrucción de su carácter mixto, cuando éste se había logrado preservar hasta el momento. Si las políticas del dejar hacer son altamente responsables de esta «pérdida del carácter mixto» de las escuelas, la situación de mercado, al hacer competir a las familias, vuelve difíciles el debate y la movilización colectiva eficaz por parte de los alumnos, los padres y los profesores. La privatización de los intereses es una situación que, por naturaleza, bloquea la politización colectiva de las necesidades y los derechos legítimos. De ahí, el sentimiento creciente de impotencia de los profesionales de la educación, y también el debilitamiento de cualquier ideal colectivo y de todo proyecto político, característico del posmodernismo liberal: cada cual debe arreglárselas por su cuenta, preferentemente con «soluciones locales». Existe el riesgo de que cada vez menos personas, incluso entre los educadores, consideren todavía posible construir una «escuela común» que combine a los jóvenes de las diferentes clases sociales. El gran proyecto histórico de la escuela de la igualdad, por el hecho mismo del abandono de su ideal por parte de la izquierda gubernamental, exhala su último aliento, lo que entrega el monopolio a las políticas de mercado y al «cada uno por su lado» generalizado. A propósito de Estados Unidos, los investigadores de la OCDE formularon claramente las consecuencias que cabe esperar: «La escuela pública "para todos", gran contrapeso en el sistema educativo norteamericano, se hunde en cuanto institución, mientras que la huida de las clases medias fuera de las circunscripciones urbanas, en especial, convierte a esta institución en un gueto».[44]

44. CERI, *op. cit.*, pág. 103.

LA IDEALIZACIÓN DEL MERCADO ESCOLAR Y LA REALIDAD

La vulgata extraída de la argumentación de los economistas liberales tiende a idealizar el mercado como una entidad a la vez natural y destinada a producir automáticamente la mejor asignación de los recursos. Si esta idealización ya es una ilusión para los mercados clásicos de los bienes y factores de producción, lo es en un grado suplementario para la educación. Como se puede observar, toda la teoría está fundada en una supuesta soberanía del consumidor invitado a elegir entre los productos con toda libertad. Pero ¿de qué productos se trata? ¿De qué consumo hablamos? ¿Qué es un centro escolar que satisface a su consumidor? ¿De qué naturaleza es la información necesaria para la elección? El consumidor aislado, átomo entre otros átomos, ¿conoce por lo demás qué es lo que necesita? ¿Posee los medios para calcular a largo plazo las consecuencias de sus elecciones? Los poderes públicos pretenden estar capacitados para suministrar una «información a la clientela» leal, en otros términos, un sistema de precio justo. Un mercado leal, según la doctrina idealizada del consumidor-rey, supone una política de información y de control de calidad para «equiparar las oportunidades de ser informado sobre los valores reales de un establecimiento». De ahí, la puesta en marcha de un sistema de evaluación, complementario de la libre elección de las familias, y que, mediante el anuncio de los resultados de los establecimientos, de las clases e incluso de los profesores, debe servir de indicador de los rendimientos de los «productores». Tal es el caso, por ejemplo, de las League Tables en Inglaterra (listas de resultados de las escuelas publicadas en la prensa) y de los IPES (indicadores de orientación de los centros de secundaria) en Francia.

En realidad, considerar la educación como un bien privado que un individuo puede apropiarse implica una buena dosis de irrealismo. A menudo se emplean los términos económicos de una manera muy metafórica en el discurso oficial, que abunda en referencias a la «oferta» y la «demanda» de educación. Aparte del hecho de que los consumidores no son ni libres ni iguales, es conveniente recordar que, en el «mercado educativo», quienes eligen no son únicamente los consumidores, sino que, para elegir efectivamente, deben esforzarse por *hacerse elegir* por parte de los establecimientos solicitados, los cuales están en una posición de fuerza ante una demanda excedentaria. En efecto, dado que el «producto» propuesto por el mercado es heterogéneo y que el buen «producto» es escaso, es decir, que las plazas en los buenos centros son caras, son estos últimos los que están en condiciones de efectuar la selección. Sus criterios de elección están pues determinados por el interés propio y egoísta de los administradores, los educadores y los padres del centro que acogen a los buenos alumnos, los más estudiosos y los más conformes con la imagen de prestigio que pretende mantener la escuela. Se debería concluir entonces que el «mercado educativo» es, en realidad, un dispositivo social oficioso de autoselección que, tras los falaces argumentos de la racionalidad del interés propio, permite escoger socialmente, e incluso étnicamente, a los alumnos en las sociedades jerarquizadas que presentan la doble característica de admitir una escuela de masas y de proclamar valores que prohíben una segregación oficial abierta. La invocación de las virtudes de la descentralización, de la autonomía de la escuela y del papel de la elección de los padres enmascara, por tanto, la nueva «alianza» social formada en torno de los miembros de las clases superiores y de las nuevas clases medias, que comparten los valores empresariales de la eficacia y la competición, y disponen de recursos materiales y culturales suficientes para salir adelante en un sistema de libre elección.

El «mercado» es una construcción retórica de los teóricos neoliberales que tiene también sus razones políticas.[45] Por más

---

45. Véase Michael W. Apple, «Rhetorical Reforms: Markets, Standards and Inequality», *Current Issues in Comparative Education*, vol. 1, nº 2, 30 de abril de 1999. Al adoptar en este punto exactamente la opinión contraria a la de John Chubb y Terry

que los idealistas del mercado utilicen el léxico del liberalismo clásico y retomen los antiguos argumentos elaborados a partir de Smith, no por eso la escuela se convierte en un verdadero mercado económico. El argumento de la eficacia, enunciado entre otros por J. Chubb y T. Moe, es un señuelo que oculta una burocratización acrecentada de la enseñanza. El ejemplo inglés y norteamericano muestra con evidencia que el aumento de poder del Estado evaluador es una transformación capital del período. Lejos de suprimir los controles centralizados sobre los contenidos y los métodos enseñados, se asiste más bien al dominio de un Estado cada vez más autoritario y prescriptivo, en nombre de la eficacia económica o de la «democratización», cuando no se hace en nombre de la «restauración moral».[46] Se asiste en numerosos países a una creciente centralización y a una reglamentación cada vez más amplia, no ya quizás en el ámbito de la intendencia, de la financiación o incluso de las contrataciones, sino en el corazón estratégico de la escuela, en el propio terreno pedagógico. Así, se produce un aumento de poder de las prescripciones pedagógicas elaboradas «desde arriba», e incluso se dan casos en los que la definición de los programas, la elección de los métodos y el orden de exposición de las materias están situados fuera del control de los educadores, e incluso de los inspectores, en nombre de la eficacia económica y social. Como muestra el ejemplo inglés, en el que la definición y la jerarquía de los objetivos fijados para las escuelas están especialmente explicitadas, el «mercado» va acompañado por una normalización de la producción educa-

---

Moe, M. Apple muestra que la competición entre las escuelas se efectúa en un marco cada vez más definido por el Estado, desde el currículo nacional hasta una evaluación centralizada de la que los directores de los centros y los docentes deben volverse sus eficaces servidores.

46. No hay que olvidar que los conservadores británicos (pero también los norteamericanos), aunque se presenten como modernizadores, son asimismo autoritarios, defensores de la familia y la Iglesia, y siempre están dispuestos a reforzar el control moral y religioso sobre las escuelas.

tiva confirmada por las evaluaciones centralizadas y calibrada por los criterios estandarizados. En Inglaterra, se asignan así a cada escuela «*scores*» que deben alcanzar bajo pena de sanción, pero con la esperanza, en el otro sentido, de recompensas al mérito para los docentes considerados más eficaces. Numerosos Estados norteamericanos reforzaron el papel de los exámenes de fin de estudios e instituyeron sistemas de recompensa para las escuelas con mejores rendimientos. Algunas escuelas con dificultades incluso fueron sometidas a una «reconstitución», procedimiento particularmente radical consistente en reemplazar a la totalidad del personal del establecimiento. El mercado impone por doquier una «profesionalización» de los educadores y una transformación de las escuelas en empresas eficaces según el modelo industrial. La libertad de elección, en este caso, es también una manera de inscribir a todas las escuelas, y de disciplinar todas las enseñanzas, en el «espíritu del capitalismo».

¿ES EFICAZ EL MERCADO?

La doctrina del mercado escolar descansa sobre el argumento de la eficacia. Ya había sido enunciado por Adam Smith, quien pretendía que el gobierno financiara una buena parte de la educación de los pobres, pero también que estos últimos pudieran elegir la escuela y pagasen la otra parte. En su opinión, era la condición para hacer desaparecer la rutina de las corporaciones educativas, para responder a la demanda y para innovar. Hoy día se impone la misma doctrina de la mano invisible que pretende que el bien común sea el producto de los intereses locales y particulares. Sigue siendo la idea según la cual, por ejemplo, los directores de los centros más autónomos, que controlan su presupuesto y dependen para sus ingresos y su carrera de la reputación y del buen funcionamiento de su establecimiento, actúen de modo que las escuelas sean menos costosas, más flexibles y más innovadoras según el modelo de las empresas privadas. El principal argumento de los autores y de las organizaciones internacionales que preconizan la liberalización y la privatización del ámbito escolar ¿se ve verificada por los hechos? A pesar de la heterogeneidad de los estudios realizados sobre los diferentes sistemas escolares, los investigadores que intentaron trazar la síntesis comprobaron la ausencia de una correlación neta entre el grado de autonomía y la eficacia.[47] Si, por ejemplo, algunas formas de autonomía en Estados Unidos, que delegan a los enseñantes el control sobre la gestión de la escuela, parecen suscitar una motivación mayor, algunas otras, que conceden más poder a los directores de los centros, no desembocan en tal mejora. De forma general, según los estudios norteamericanos, no sería la autonomía en tanto que tal la que sería una causa de mejora de los resultados obtenidos por los alumnos, sino el hecho de que la escuela vuelva a centrarse en su principal misión, que es el aprendizaje de los saberes. No olvidemos, a este respecto, que de lo que se trata en Estados Unidos, por detrás del dogma liberal, es también de una voluntad mucho más pragmática de «desplazamiento de las metas de la enseñanza hacia el dominio de las disciplinas fundamentales» por razones de poderío económico global.[48] De forma general, la autonomía no posee todas las virtudes que le atribuyeron los liberales y los militantes pedagógicos de las décadas de 1960 y 1970, o, más tarde, los responsables políticos y administrativos de la educación en Francia. «El discurso liberal de la década de 1980, que estipula que, liberados de su sujeción burocrática, los actores iban a desplegar una creatividad y una efectividad insospechadas, ha

---

47. Denis Meuret, Sylvain Broccolichi y Marie Duru-Bellat, *op. cit.*, pág. 140. Los autores escriben que «el grado de autonomía de un establecimiento no figura entre los factores de eficacia más inmediatos y más decisivos».

48. *Ibid.*, pág. 165.

quedado invalidado»,[49] concluyen drásticamente los investigadores del IREDU.

No resulta muy difícil entender sus razones. Al sobrevalorar lo que es visible y lo que es cuantificable, el modelo del mercado va exactamente contra la lógica educativa que exige tiempo, cosa que saben todos los educadores desde Rousseau. El mercado funciona a corto plazo y las soluciones a las que conduce son soluciones superficiales, inmediatas, con efectos que se pretendería que fueran rápidos. El mercado supone una «reactividad» muy fuerte, mientras que las soluciones a numerosos problemas educativos reclaman decisiones que operen a largo plazo. Así, como hemos señalado anteriormente, en Inglaterra, donde los fondos asignados dependen directa e inmediatamente del número de alumnos inscritos, para atraer a las «buenas familias» las escuelas recurren cada vez más a medidas represivas expeditivas contra los alumnos perturbadores, e incluso flojos, cuya exclusión inmediata se decide por motivos que no son todos de extrema gravedad. Las escuelas sometidas a una competencia intensa, al temer las sanciones ligadas a la publicación de las listas de resultados en los exámenes, en definitiva, impulsadas por su propio interés, se concentran más en los síntomas que en las causas de los problemas con que se encuentran. En consecuencia, a menudo las elecciones pedagógicas son las menos «eficaces» para los alumnos escolarmente más flojos. Incluso en Francia se amontonan las pruebas de comportamientos clientelistas y particularistas por parte de centros que rechazan las malas secciones y los alumnos demasiado flojos para privilegiar, al contrario, los tipos de enseñanza que mejoran su imagen y atraen a los buenos alumnos. Robert Ballion observaba ya hace tiempo que los gestores empresariales, en la situación de competencia en la que están colocados, se ven llevados a *luchar contra el servicio público* en la misma medida en que su éxito se debe a la expulsión de los

---

49. *Ibid.*, pág. 164.

alumnos que tendrían más necesidad de la escuela y a la selección de su clientela.[50] La obsesión por los resultados puede provocar igualmente efectos perversos sobre las motivaciones de los alumnos, al reducir la enseñanza a la pura producción sin alegría, sin implicación personal, de un capital humano eficiente.

Los expertos de la OCDE, a los que ya hemos citado, podían concluir con estas palabras que constituyen una condena radical del «mercado» escolar: «La elección, asociada a la aparición de una jerarquía de escuelas que se funda en la calidad, constituye, pues, una amenaza potencial para un sistema muy ampliamente percibido como capaz de dispensar una enseñanza de un nivel aceptable».[51] Las argumentaciones de inspiración liberal, que creen que pueden establecer una relación entre la autonomía de los centros, la libre elección de los padres y la eficacia, olvidan que esta *eficacia*, en la medida en que se busca en un nivel global y no sólo para categorías determinadas de alumnos, es inseparable de la equiparación de las condiciones de enseñanza. Ahora bien, el simple hecho de separar en distintos centros a los buenos alumnos de los malos, si mejora los resultados de los mejores, porque el contexto de aprendizaje es también mejor por la composición social del público, tiene también todas las bazas de arrastrar a los demás en una espiral declinante, cosa que sólo puede conducir a una ineficacia global. En definitiva, el «dejar hacer, dejar pasar» aboca a hacer depender cada vez más la calidad de la enseñanza únicamente de las características sociales de los alumnos y contribuye así al mismo tiempo al incremento de las desigualdades y al debilitamiento de la acción institucional sobre ellas. Mientras que antes se podía creer que «los gobiernos o las instituciones de benevolencia ofrecían la enseñanza a los ciudadanos», debemos ahora aceptar una lógica nueva que ya no es

---

50. Robert Ballion, *op. cit.*, pág. 240.
51. CERI, *op. cit.*, pág. 90.

la del Estado educador, sino la del servicio privado ofrecido a un cliente.[52] Así, se comenzó por sustituir la función arbitral del Estado en materia de orientación o de asignación escolar, por ejemplo, por un libre mercado en el que cada cual debe jugar sus bazas, sus informaciones y sus cualidades estratégicas. Mediante esta especie de privatización sociológica, el neoliberalismo convierte el sistema escolar, incluso cuando sigue siendo público, en un servicio segregativo.

La tendencia a la separación de los grupos sociales y étnicos en el espacio, en las prácticas sociales, en el hábitat y en la escolarización no es nueva: incluso es, sin duda, intrínseca a toda sociedad de clases. Pero superado un determinado umbral, esta tendencia se convierte en la ley general de una sociedad en vías de una escisión social cada vez más pronunciada como se puede ver en Inglaterra y, *a fortiori*, en Estados Unidos.[53] La política de la libre elección en materia escolar, por la acrecentada desigualdad que engendra en las condiciones concretas de la enseñanza, expresa y refuerza a la vez una lógica social que separa a los ganadores de los perdedores, que obliga a participar y a elegir, y que organiza la dinámica de distanciamiento de los grupos entre sí. Este universo de competencia tiene como efecto objetivo el favorecimiento todavía mayor de quienes ya están pertrechados con las mejores bazas económicas, sociales y culturales, que les permiten elegir y hacerse elegir por los establecimientos prestigiosos y, en consecuencia, funcionar, en la época del individualismo triunfante y de la masificación escolar, como un sistema de diferenciación

---

52. CERI, *op. cit.*, pág. 14.
53. Según tres informes encargados por el ministro del Interior británico, la segregación en Inglaterra ha alcanzado un punto extremo. Según *Le Monde*, que se hizo eco de ello, «sus conclusiones resuenan como una constatación del fracaso de la integración racial y cultural entre las comunidades blanca, surasiática, antillana o africana que viven al lado unas de otras pero raramente juntas», Jean-Pierre Langellier, «Le racisme et la ségrégation s'étendent dans plusieurs villes britanniques», *Le Monde*, 12 de diciembre de 2001.

y de exclusión legítima, es decir, como un mecanismo suplementario de reproducción de las clases especialmente temible.[54] El problema general que se le plantea al sistema escolar, y al que el neoliberalismo responde con la lógica de mercado, es doble: ¿cómo asegurar la elevación del nivel de saber para el conjunto de los futuros asalariados sin dejar de reproducir las diferencias y desigualdades de las posiciones profesionales y sociales? Sin dejar de mantener, de momento, a los «excluidos del interior» durante más tiempo en el sistema escolar, se trata de permitir que los mejores candidatos de la fortuna y el poder disfruten de las mejores condiciones escolares. Los efectos segregativos, la constitución de guetos escolares reservados para los niños pobres y extranjeros, y el deterioro de las condiciones de enseñanza que se observa en ellos, corresponden a una forma renovada, reforzada e indirecta, que utiliza todos los recursos familiares, de reproducir las desigualdades sociales.[55]

---

54. Stephen Ball, *op. cit.*, págs. 13-17.
55. Sobre todos estos puntos, véanse los trabajos de Yves Careil.

TERCERA PARTE

PODER Y GESTIÓN EMPRESARIAL EN LA ESCUELA NEOLIBERAL

CAPÍTULO 9

LA «MODERNIZACIÓN» DE LA ESCUELA

Tradicionalmente, Francia es un país en el que el neoliberalismo no se reconoce con franqueza, en el que se disfraza generalmente bajo eufemismos, en el que sus formas y su léxico se toman prestados de otros ámbitos u otras corrientes de pensamiento. Tan fácil es, cuando se examinan los discursos del Banco Mundial, de la Comisión Europea y de la OCDE, identificar su vulgata, como difícil, cuando se considera la ideología educativa francesa, recomponer las lógicas que la presiden. Desde luego, el discurso de los responsables franceses no pone francamente en duda las grandes líneas de la reforma mundial de la educación preconizada por esos organismos (a los que Francia se adhiere). Importó su vocabulario y lo más que hizo fue poner algunos bemoles a su uso interno. Sin embargo, limitarse a esta comprobación equivaldría a eludir el necesario trabajo de análisis de los pretextos, coartadas y autojustificaciones cuya eficacia ideológica se revela temible. Equivaldría igualmente a ignorar las formas específicas que adopta esta reforma mundial cuando se aplica a la situación nacional. En otros términos, la versión francesa de la reforma es elástica, retorcida, inasible, construida a partir de evidencias indiscutibles: ¿quién se opondría a la «eficacia», a la «evaluación» y a la «innovación»? Y, sobre todo, ¿quién se atrevería a manifestar contra la «modernización»? Bajo estas altisonantes palabras y estos temas pretenciosos, es siempre el liberalismo el que orienta la mutación de la escuela, aun cuando estemos lejos de la brutal franqueza de un Silvio Berlusconi y de su programa escolar resumido por las tres I: «Inglese, Internet, Impresa» (Inglés, Internet, Empresa).

La imitación del mundo de la empresa privada tiene como justificación la búsqueda de eficacia. Este tema de la «escuela eficaz» debe relacionarse con la reducción o, al menos, el control de los gastos educativos, que se ha vuelto una prioridad con la puesta en duda de la intervención del Estado: «hacer más con menos», ésta es la línea. La masificación escolar, según este enfoque, requeriría técnicas de gestión contrastadas en el sector privado. Un análisis generalmente compartido por los responsables de los sistemas educativos en los países europeos pretende de este modo que, tras haber asegurado un aumento del número de alumnos y una prolongación de la duración media de las escolaridades, se haya llegado a un umbral a partir del cual se vuelve más bien necesario buscar un *rendimiento cualitativo* más importante. Los conocimientos deben adquirirse mejor, los fracasos escolares, fuentes de exclusión y de «intolerables costes suplementarios», ser menos numerosos y la formación estar mejor adaptada al mundo económico moderno. Si ya no se pueden aumentar los recursos a causa de la deseada reducción de los gastos públicos y los impuestos obligatorios, el esfuerzo prioritario debe dirigirse hacia la *administración* más racional de los sistemas escolares gracias a una serie de dispositivos complementarios: la definición de objetivos claros, la recolección de informaciones, la comparación internacional de datos, las evaluaciones y el control de las transformaciones. En definitiva, mediante la importación de los enfoques de la gestión empresarial, se debería pasar, como en la industria, de las técnicas de producción de masas a las formas de organización fundadas en la «gestión calidad».

Los sofismas que estructuran la argumentación modernizadora en Francia tienen como principio una *abstracción*: los objetivos perseguidos serían independientes de las fuerzas sociales, económicas e ideológicas que rodean la escuela. Gracias a lo cual, esta tendencia irreprimible a la abstracción de los discursos reformadores dominantes, que se encuentra en toda tecnocracia cuya característica consiste en referir todo problema a una simple cuestión técnica, aboca a un autodeslumbramiento. «Modernización», «eficacia», «nuevas tecnologías»: todos estos temas, en realidad, dependen estrechamente de las presiones que se ejercen sobre el sistema educativo y constituyen cometidos que le son asignados por la lógica de la nueva dirección de las sociedades. En una palabra, su significación y su empleo están fuertemente determinados por las fuerzas dominantes que en la actualidad impulsan las sociedades. En Francia, la escuela, al contrario que su pretendida «excepción», se ve intimada como otras a integrarse en la gran competición global de las economías. La «reforma» no es sólo «moderna»: tiene como significación más relevante, como razón última, la competencia mundial de los capitalismos. Su manifestación es la presencia y la potencia acrecentada de los expertos, los administradores y los «calculadores» que tienden a monopolizar la palabra legítima acerca de la educación.

Tras las transformaciones que se pretenderían únicamente tecnológicas, la «modernización» anuncia una mutación de la escuela que afecta no sólo a su organización, sino también a sus valores y a sus fines. En el momento en que la prensa, la sociología y la edición proclamaban el «fin de la escuela republicana», la «muerte de Jules Ferry», el «ocaso del modelo escolar francés» y el «fin de las utopías escolares», se efectuó una redefinición oficial tanto de las metas y los medios de la escuela como de las identidades profesionales de los docentes. Más allá de las evidencias y los lugares comunes («la escuela debe moverse en un mundo en movimiento»), es necesario preguntarse pues con rigor por el sentido de tal exhortación.

LOS SENTIDOS DE LA MODERNIZACIÓN

Entre todos los temas esgrimidos que expresan y enmascaran al mismo tiempo la mutación de la escuela francesa, el de la «modernización» representa el supremo lugar común. Sin duda, es la primera y última palabra de la argumentación reformadora. Esta noción de «modernización», vaga pero acogedora, constituye el hilo director de una retórica de combate, ante la cual parece capitular a menudo el espíritu crítico.[1] Sean cuales fueren la naturaleza y el contenido de una «reforma» o de una «innovación», basta con decir que reporta una «modernización» de la escuela para que en la mentalidad de muchos sea sinónimo de progreso, de democracia, de adaptación a la vida contemporánea, etc. De manera que quienes, por una razón u otra, se oponen a ella se exponen a una estigmatización brutal por parte de los modernizadores. Y no es muy difícil movilizar a la opinión, a los padres, a los jóvenes y, en definitiva, a todos aquellos que piensan que hay que ser «absolutamente modernos» para estar del lado del progreso y la democracia, y apoyar así las transformaciones cuyo balance, es necesario decirlo, nunca realizan los adeptos de la ideología de la evaluación.

El término de «modernización» no es tan neutro como querrían hacer creer los partidarios de la reforma. Recordemos en primer lugar, a título informativo, que en el vocabulario de las ciencias sociales triunfantes de la década de 1960 «modernizar» significaba convertir sociedades o sectores de la sociedad todavía tradicionales a la modernidad destruyendo las costumbres y eliminando las maneras de ser y de hacer que repugnaban a la primacía de la eficacia y la racionalidad. Pero el verbo «modernizar» significa igualmente, en un sentido más restringido, perseguir un aumento de eficacia en las organiza-

---

1. Véase Jean-Pierre Le Goff, *La Barbarie douce: la modernisation aveugle des entreprises et de l'école*, París, La Découverte, 1999.

ciones y las instituciones para ponerlas en el nivel de productividad —en la suposición de que el término tenga un significado universal— de las empresas privadas más eficientes.[2] En realidad, en todos los ámbitos de la sociedad, lo que Max Weber llamaba el «espíritu del capitalismo» ha ganado terreno: la acción pedagógica es una buena ilustración de ello. La educación es objeto de un proceso de racionalización continuo desde los orígenes de la escuela en Occidente: contenidos disciplinarios e intelectuales, formas de transmisión y de control, organización de las divisiones y los niveles, materiales y locales, todo ello se ha ido transformando en el sentido de una normalización y una estandarización que permitieron el despliegue de la acción educativa bajo la forma de una «burocracia mecánica».[3] Esta forma organizativa centralizada y compuesta por células de base idénticas constituyó un medio muy eficaz de expansión y de racionalización de la educación hasta el momento en que dio la impresión de que ya no permitía extraer suficientes beneficios de productividad y que, incluso, se volvía un obstáculo para el desarrollo de la racionalización pedagógica. Evidentemente, la forma burocrática de la organización escolar nacional no se dio sin producir efectos negativos: uniformidad, obligaciones puntillosas, mentalidad de cuartel, mezquindad de «jefecillos» y de «oficinas», miedo a las novedades, y quizá, sobre todo, esfuerzo constante para controlar políticamente las mentalidades, induciéndolas, por

2. «Se olvida con demasiada facilidad que el mundo moderno es, bajo otro aspecto, el mundo burgués, el mundo capitalista. Incluso resulta un espectáculo divertido contemplar cómo nuestros socialistas anticristianos, especialmente anticatólicos, despreocupados de la contradicción, lisonjean el mismo mundo con el nombre de moderno y lo condenan con el nombre de burgués y capitalista.» Charles Péguy, *De la situation faite au parti intellectuel dans le monde moderne devant les accidents de la gloire temporelle (1907), Oeuvres en prose complètes*, vol. II, París, Gallimard, «Bibliothèque de la Pléiade», 1988, págs. 699-700.

3. Henry Mintzberg, *Structure et dynamique des organisations*, París, Éditions d'Organisation, 1982 (trad. cast.: *La estructuración de las organizaciones*, Madrid, Ariel, 1998).

ejemplo, al respeto de las «autoridades consagradas» e, incluso, a la adhesión a los «valores nacionales». El antiguo estilo de la escuela dio pábulo a una crítica muy legítima, incluso a una «protesta» masiva, que sería equivocado no reconocer actualmente. Pero la burocratización escolar dejó sus huecos, lo que en el lenguaje de la gestión se llamarían «cajas negras», que escapaban a la vigilancia, a la estandarización y a la formalización. Las lecciones, las clases, los cursos, las disciplinas y las relaciones pedagógicas quedaron, al menos en parte, fuera de la empresa gestionaria. En esos huecos, generalmente para lo mejor de la relación humana aunque a veces para lo peor, se preservó una cierta libertad y una cierta diversidad tanto en los contenidos enseñados como en las formas de hacerlo. Ahora bien, lo que está en juego, especialmente en la reorganización de la gestión empresarial de la escuela francesa, no es tanto la desaparición de la burocracia, como en ocasiones ha llegado a afirmarse, sino una nueva etapa en el control del poder gestor, el que debe internarse más a fondo en la definición de los contenidos y entrar con el mayor detalle en las prácticas y hasta en el corazón mismo de la relación pedagógica. De ello dan prueba los actuales discursos sobre la necesidad de una «cultura de la evaluación» en la escuela o la aplicación del cálculo económico y las problemáticas contables en la esfera educativa. La eficacia gestora se erigió como norma suprema hasta el punto de que se cree que la propia acción pedagógica puede evaluarse como una producción de «valor añadido».[4] Se pone en marcha un verdadero culto a la eficacia y al rendimiento, que da lugar al descubrimiento y a la clasificación de las «buenas prácticas» innovadoras que deberán ser transferidas y extendidas a todas las unidades de enseñanza.[5] En el nuevo discurso

---

4. Véase sobre este tema Jean Andrieu, *Les Perspectives d'évolution des rapports de l'école et du monde économique face à la nouvelle révolution industrielle*, Conseil économique et social, *J. O.*, 14 de octubre de 1987.
5. Béatrice Compagnon y Anne Thévenin, *L'École française et la société française*, París, Complexe, 1995, pág. 183.

de modernización, todo se ve bajo el ángulo de la técnica. Se eliminan las dimensiones políticas que implican conflictos de intereses, valores e ideales. Se obliga a la escuela a ser «competitiva». Debe adaptarse a lo que quiere el usuario, según una gestión «servicio-cliente».[6] La innovación en materia pedagógica se concibe cada vez más como un progreso lineal de los métodos propuestos por los «laboratorios» de investigadores y expertos, lo que parece legitimar su imposición uniforme y autoritaria. Si damos crédito a los más altos responsables del Ministerio de Educación Nacional desde hace veinte años, el toyotismo y la «calidad total» parecen haberse convertido en las nuevas Tablas de la Ley.[7] Como señala Lise Demailly, este desencantamiento de la escuela que en todas partes pone por delante una «legitimidad procedimental» (dirigir bien, organizar bien, calcular bien, gestionar bien, comunicar bien) rechaza al mismo tiempo la «legitimidad sustancial» que constituía hasta ese momento el sentido mismo de la escuela, sentido que se incorporaba en la propia persona de los educadores bajo la forma de una ética profesional y que englobaba a la vez los gestos del oficio y los valores que pretendían hacer compartir.[8] Este capital simbólico compuesto de referencias y de valores en parte comunes y en parte antagónicos (la cohesión social, la ciudadanía republicana, el progreso humano, la emancipación del pueblo, etc.) desaparece del discurso oficial de la institución o, con mayor exactitud, no es como máximo más que una fachada que «salva las apariencias», especialmente necesaria en los momentos en que lo que púdicamente se llama la «pérdida de referencias» desencadena el pánico entre los propios «modernizadores». Esta destitución de los valores con-

---

6. Pierre Blanc, «Services privés, service public», *Éducation et management*, n° 5, julio de 1990, pág. 25.

7. Alain Michel, «Vers une stratégie de renouveau», *Éducation et management*, n° 5, julio de 1990.

8. Lise Demailly, «Enjeux de l'évaluation et régulation des systèmes scolaires», *Évaluer les politiques éducatives*, De Boeck Université, 2001, pág. 18.

vierte este mismo capital ético en un simple recurso privado, una especie de opción particular que vale como cualquier otra. Desde este punto de vista, la «modernización» es un sucedáneo de sentido. En el plano de las referencias simbólicas, el *gestionarismo empresarial* sustituye poco a poco al humanismo como sistema de inteligibilidad y de legitimidad de la actividad educativa, que justifica así el peso creciente concedido a los administradores, a los expertos y a los estadísticos. Este gestionarismo empresarial es un sistema de razones operativas que pretende poseer la significación de la institución por el solo hecho de que todo parece que haya de racionalizarse según el cálculo de las competencias y la medida de los rendimientos.

LA MODERNIZACIÓN DE LA ENSEÑANZA NORTEAMERICANA

La comparación con el caso norteamericano sigue siendo en esto útil en la medida en que muestra, por una parte, que la «modernización» no es un tema reciente y que, por otra parte, este imperativo está muy ligado a las exigencias del mundo económico y a las ideologías que las sostienen. Cuando Hannah Arendt, en su famoso artículo «La crisis de la educación»,[9] hacía un balance particularmente sombrío de la transformación de la escuela norteamericana, dirigía una mirada retrospectiva sobre el fracaso del ideal republicano de una escuela hecha para todos, que otorga a cada cual oportunidades idénticas de éxito. Tenemos que seguir aquí el diagnóstico de Hannah Arendt y ver en Estados Unidos al mismo tiempo el país más moderno, el que señala a los demás la vía en la aplicación de las creencias más «avanzadas», y el que, entre los

---

9. Texto de 1958. Incluido en *La Crise de la culture*, París, Gallimard, col. «Folio», 1989, pág. 223 (trad. cast.: «La crisis de la educación», en *Entre el pasado y el futuro*, Barcelona, Península, 1996).

países desarrollados, experimentó el más patente fracaso de la escuela. Una de las explicaciones reside en la aplicación sistemática y mecánica en la escuela norteamericana de los valores y las maneras de pensar propias de la esfera económica e industrial. Dicho de otra manera, desde comienzos del siglo XX, es decir, mucho antes de que se produjeran las «innovaciones» de los reformadores de la escuela actual, la idea de que una escuela debía ser administrada como un «empresa educativa» se popularizó en Estados Unidos.

En la estela de los grandes fundadores republicanos, los norteamericanos intentaron aplicar, en el siglo XX, una educación universal. Era sobre todo necesaria porque correspondía a las exigencias de americanización de los inmigrantes y respondía igualmente a la preocupación meritocrática de promoción social que impregna tan fuertemente las representaciones populares en Estados Unidos. Pero este esfuerzo para generalizar y extender el acceso a la cultura fue en gran parte contrarrestado y sus metas modificadas a causa del importante peso de los medios mercantiles, especialmente poderosos después de la fase del «capitalismo salvaje» de finales del siglo XIX. La escuela norteamericana padeció, desde la década de 1890, una presión tan grande por parte tanto de los medios patronales como de un sector de la opinión pública que se vio obligada a adoptar los «estándares» de la industria con objeto de adaptarse a las necesidades económicas. Esta forma de capitulación constituyó una de las causas mayores de «la tragedia norteamericana en el ámbito de la educación», según la expresión de R. Callahan.[10]

A comienzos de siglo, pues, los periodistas y los patronos de la prensa popular de gran difusión denuncian el despilfarro

---

10. Raymond Callahan, *Education and the Cult of Efficiency*, Chicago y Londres, The University of Chicago Press, 1964. Más recientemente, Jeremy Rifkin recordó la importancia del principio de eficacia en la sociedad norteamericana en general y en el mundo escolar en particular desde el pasado siglo (*La Fin du travail*, París, La Découverte, 1997, págs. 80 y sigs. [trad. cast.: *El fin del trabajo*, Barcelona, Paidós, 1996]).

de los fondos públicos, y la mala gestión de las instituciones en general y de la escuela en particular. El ataque no se refiere únicamente a los aspectos financieros y presupuestarios, sino que concierne asimismo a la pedagogía. El despilfarro de la escuela es cuantioso sobre todo porque transmite un saber inútil, puramente libresco (*mere book learning, mere scolastic education*),[11] sin relación con la vida práctica, incapaz de suministrar la mano de obra que necesita la economía. R. Callahan pone de manifiesto que la exigencia de administrar la escuela como una empresa forma un todo con la reivindicación de un «currículo» más práctico, más profesional y, en una palabra, más útil. La idea de que la masificación de la escuela y la integración de un gran número de jóvenes procedentes de la inmigración reciente exigen una modificación radical de la cultura escolar se expande muy rápido a partir de la década de 1910. El filisteísmo ambiental, lejano eco del utilitarismo de Benjamin Franklin («Time is money»), considera la enseñanza del latín y el griego como un simple vestigio aristocrático que carece de toda utilidad para las actividades profesionales de los norteamericanos. Los hombres de negocios exigen que se proporcione a los alumnos una formación en contabilidad, en derecho comercial y en técnicas de venta en lugar de una cultura general que consideran «inútil para el 70 % de los jóvenes».[12] Las competencias prácticas y sociales (*skills*) se consideran de mayor utilidad que los conocimientos librescos, con grave perjuicio de muchos docentes e intelectuales. Este antiintelectualismo con pretensiones «democráticas» retoma un argumento más específicamente liberal concerniente a la necesidad de reducir los gastos del Estado y los costes de la educación para no entorpecer el desarrollo industrial. En fin, el tema recurrente de la competición económica —en esta época con Alemania— viene a sostener la reivindicación de una es-

---

11. *Ibid.*, pág. 8.
12. *Ibid.*, pág. 10.

cuela más eficaz. El conjunto de las medidas adoptadas desembocará tanto en una profunda impugnación de los objetivos propios de la escuela, en una desvalorización de la cultura clásica y de la formación cultural general, como en una transformación de la concepción del oficio de enseñante.

Sin duda, en esta evolución se presentan aspectos específicamente norteamericanos, como la enorme vulnerabilidad de los docentes y los administradores de la escuela sometidos al control estrecho de los *boards* —es decir, los consejos locales que representan la fracción acomodada de la «comunidad»— y, por consiguiente, obligados a adoptar estrategias defensivas para asegurar su situación profesional. Una de estas estrategias consistió precisamente en la imitación de las normas y las maneras de pensar del mundo industrial para demostrar que la escuela podía aguantar la comparación con la empresa y que los docentes y administradores podían también compararse con los «hombres de la organización», los directivos y los gestores empresariales. Estos discursos utilitaristas sobre la «escuela eficaz» se traducen a partir de la década de 1910 en un conjunto de nuevas prácticas institucionales. Los «superintendentes» no dudaron en identificar el establecimiento que dirigían con una fábrica y en pretender aplicarle los principios tayloristas cuyo éxito había sido alabado por la prensa. La referencia a la gestión científica facilitó la constitución de una élite profesional de administradores y universitarios muy agrupada en torno a los nuevos ideales y que formó una red a partir de algunos centros de formación universitaria como el famoso Teachers College de la Universidad Columbia en Nueva York o como los departamentos de pedagogía y administración escolar en Harvard, Stanford y Chicago, que constituyeron los modelos para Estados Unidos y Canadá.[13] Numerosos personajes, que se presentan entonces como «expertos en efi-

---

13. Véase Malie Montagutelli, *Histoire de l'enseignement aux États-Unis*, París, Belin, 2000, págs. 151 y sigs.

cacia», ofrecen nuevos modelos de organización, proponen técnicas de «gestión empresarial de las clases» e intentan imponer métodos de medida y de evaluación inspirados en la industria. Estos principios y estas recetas fueron difundidos ampliamente en toda la profesión por la prensa especializada y por los cursos de formación de profesorado impartidos por algunas grandes figuras del movimiento de racionalización educativa.

La eficacia es, en primer lugar, el reino de la medida y la cuantificación. Un reformador, especialmente, Frank Spaulding, se hizo ilusiones con un plan de renovación que permitía traducir todos los aspectos de la enseñanza en función de su coste monetario. Como dice R. Callahan, «el dólar se convirtió entonces en el principal criterio educativo».[14] Esta equiparación tan típica de una economía mercantil desarrollada se traduce en la tentación de una medida general de la eficacia educativa, ya concebida en esa época como la relación de un «producto acabado» con una «materia prima». De ahí, la manía del test, la práctica de la evaluación cuantificada y estandarizada de los resultados escolares y su comparación con la inversión escolar para medir su «rendimiento». Como señalaba en la época uno de los grandes partidarios del taylorismo aplicado a la vida social en general y a la educación en particular, William Allen, «algunos reaccionarios afirman que no se puede medir la eficacia, pero la mayoría de nosotros sabemos que hay tantas cosas que se pueden medir que verdaderamente no hay que inquietarse en absoluto por el pequeño número que no se puede medir».[15] R. Callahan insiste en la creencia según la cual «no existía ningún límite de hecho a los beneficios que se podían obtener gracias a la adopción de estándares. Los docentes sabrían inmediatamente cuándo los estudiantes se equivocan. Los directores de colegios sabrían cuándo los

---

14. R. Callahan, *op. cit.*, pág. 68.
15. Citado por R. Callahan, *op. cit.*, pág. 63.

docentes son eficaces y podrían así calibrar la posición de su establecimiento en comparación con otros, no de una manera general y vaga, sino con precisión y de un modo absoluto».[16]

Los norteamericanos fueron muy por delante en la aplicación a gran escala de esta cuantificación escolar, como confirma el éxito notable de los libros de Alfred Binet en Estados Unidos. Edward Thorndike, desde 1918, se convirtió en el adalid de la medida de los «productos educacionales» con el eslogan «Todo lo que existe existe en una cierta cantidad».[17] Concediendo mucho crédito a la escala Binet-Simon, los psicólogos norteamericanos desarrollan numerosos test de inteligencia y de competencia en las materias escolares (aritmética, escritura, lectura, expresión oral, etc.). En 1918, algunos estudios ya habían identificado más de un centenar de test diferentes utilizados en las escuelas norteamericanas. Un autor de la época habla de una verdadera «orgía de la tabulación» para describir este entusiasmo que acompaña la evaluación de las adquisiciones, a cuyo lado los actuales esfuerzos franceses parecen todavía tímidos.

Este ideal de la medida exhaustiva y perfecta implica una aceptación y una cooperación por parte de los «agentes de ejecución». Si los reformadores norteamericanos de comienzos de siglo pretendían desarrollar una especie de auditoría realizada por los *boards* locales, eran igualmente conscientes de que una gran parte del trabajo de medida debería ser realizado por el propio personal educativo. Ahora bien, la resistencia de estos últimos a la taylorización burocrática no fue despreciable. Ante el rechazo de muchos docentes a ser rebajados al rango de «trabajadores en cadena», los modernizadores intentaron doblegar la oposición de todos aquellos a quienes estigmatizaban como «intelectualistas», «individualistas»,

---

16. *Ibid.*, pág. 82.
17. Lawrence A. Cremin, *The Transformation of the School, Progressivism in American School*, Nueva York, Vintage Books, 1964, pág. 185.

«atrasados» y «antidemócratas», transformando profundamente la formación y la selección de los docentes sobre la base de criterios profesionales estandarizados.[18]

LOS EFECTOS DE LA RACIONALIZACIÓN TAYLORISTA

La aplicación en Estados Unidos de estos principios de la gestión empresarial científica tuvo como efecto, en primer lugar, poner de relieve una nueva profesión especializada, la de los «administradores escolares» formados en las técnicas de la *efficiency* en institutos especiales y convertidos a los ideales industriales. La literatura consagrada a la gestión de la enseñanza que se desarrolló en la década de 1920, así como la formación especial que recibieron, aislaron a los mantenedores de esta función administrativa de la cultura y los valores de los educadores. Esto permitió reforzar su situación profesional frente al exterior de la institución e imponerse en el interior como «verdaderos patronos». Alejados del contenido cultural de los estudios, al obedecer tan sólo a los cánones de la lógica gestionaria, muy sensibles a las presiones de los medios económicos, se definieron socialmente como expertos especialistas de la enseñanza aun cuando se desentendían de las dimensiones estéticas, morales o científicas de los estudios. Gracias a esta conversión profesional, la lógica de gestión se impuso en detrimento de los objetivos de formación intelectual general y de las significaciones culturales y políticas de la escuela. Aunque esta ideología de la burocracia escolar y los valores del *business* fueron impugnados en parte en el momento de la Gran Depresión, cuando el capitalismo ya no podía alardear tan ruidosamente de su eficacia social, el mal en parte ya estaba hecho. Las posiciones de poder en las escuelas y, sobre todo, en los institutos de formación del profesorado ya estaban ocupa-

---

18. R. Callahan, *op. cit.*, pág. 86.

das —y seguirán estándolo por mucho tiempo— por «expertos» convertidos al espíritu de la gestión empresarial. Esta taylorización desembocó en una profunda modificación del oficio de enseñante. La «profesionalización de la enseñanza», que consistió sobre todo en la prescripción de los buenos métodos y en el aprendizaje de los procedimientos de control de la «calidad de los productos», condujo a una división vertical del trabajo de acuerdo con el esquema taylorista, que opuso el polo de los expertos en ciencias de la educación, detentadores de los buenos métodos de estandarización del acto educativo y de su medida, y el polo de los simples ejecutantes encargados de aplicar las innovaciones y de poner en funcionamiento los procedimientos normalizados de enseñanza. La medida estandarizada de los rendimientos puesta a disposición de los consejos de administración permitía igualmente un control más estrecho sobre los docentes. Los esfuerzos de reorganización de las clases y los cursos, de los ritmos y las ocupaciones de los locales, se multiplicaron con el fin de abaratar los costes, en ocasiones con efectos pedagógicos desastrosos. La búsqueda de economías de escala impulsó a construir escuelas mayores, a aumentar el tamaño de las aulas y a eliminar por mor de la rentabilidad los pequeños grupos y las materias consideradas inútiles. El oficio del enseñante norteamericano se complicó y se burocratizó. Su carga de trabajo se volvió más pesada por el aumento del tamaño de las clases. La transmisión de los conocimientos fue parasitada por el sistemático examen de los test, por los cuadernos de seguimiento y por la actualización de las estadísticas. El profesor norteamericano, en adelante definido como un «técnico de la enseñanza», fue cada vez menos considerado un trabajador intelectual encargado de la transmisión de los conocimientos. El esfuerzo a favor de la reducción de costes se unió a una presión pretendidamente «democrática» en apoyo de otra reducción: la reducción de los contenidos enseñados y de las exigencias culturales.

Todo sucedió como si la *educación de masas* que Estados Unidos puso en marcha obedeciera a la misma lógica que la que se aplicó a la *producción masiva* en las fábricas Ford en Detroit. En el momento en que las cadenas de producción ya no tenían nada que ver con la fabricación de los automóviles de lujo, el sistema escolar ya no podía ni debía transmitir el mismo tipo de cultura en el mismo marco y según las mismas formas que antes. Desde finales del siglo XIX, se realizaron numerosos esfuerzos para aligerar los programas y toda una serie de comisiones oficiales se reunieron con ese propósito. Una de las más famosas, la Commission on the Reorganization of Secondary Education, formuló los Cardinal Principles of Secondary Education, en 1918, que tienen una clarísima inspiración utilitarista.[19] Estos principios aspiran a determinar las finalidades de la escuela como «la satisfacción de las necesidades de la sociedad, la educación del carácter de los individuos y la disponibilidad del conocimiento de la teoría y la práctica educativa». Los Cardinal Principles distinguen las metas de la escuela según las grandes actividades y funciones de la vida social y personal, de un modo ya presente en Herbert Spencer a mediados del siglo XIX. Encontramos ahí, por orden: la salud, el dominio de los procesos fundamentales, la contribución a la vida doméstica, la profesión, la ciudadanía, el empleo admisible del tiempo libre y el carácter moral.[20]

Esta tendencia utilitarista desembocará en la doctrina de la «Life-adjustement Theory» que presidió la modernización a la norteamericana inmediatamente después de la Segunda Guerra Mundial. Esta teoría define la educación que se propone la

---

19. Diane Ravitch, *The Troubled Crusade: American Education, 1945-1980*, Nueva York, Basic Books, 1983. Estos Cardinal Principles of Secondary Education se adecuan a las tendencias que se encuentran en determinadas corrientes pedagógicas que se pretenden «progresistas». Se trata de adaptar a los alumnos, de partir de sus necesidades para ayudarles a «integrarse» y a «socializarse».

20. Como dice muy justamente D. Ravitch, la referencia a la formación intelectual tiende a desaparecer, ahogada en las «tareas sociales». D. Ravitch, *op. cit.*, pág. 48.

adaptación mecánica a la vida social tal cual es. Todos los temas de la escuela moderna, todas las consignas que se creyeron durante mucho tiempo progresistas (el «niño es el centro», las «necesidades del niño», «enseñar a los niños, no las disciplinas», «reconocer las diferencias individuales», la «pedagogía del interés», «adaptar la escuela al niño») se convirtieron en los principios fundamentales y oficiales de la educación norteamericana.[21] Esta concepción sustentada por una parte de la izquierda intelectual, política y social, promovida con un cierto entusiasmo en Estados Unidos como el modelo escolar que correspondía a los ideales de la nación, condujo sin embargo a una escuela cuya «eficacia» fue objeto de debates tan numerosos como virulentos desde hace tres o cuatro decenios. Las débiles expectativas cognitivas, las desigualdades muy acusadas entre alumnos y entre establecimientos, reforzadas por la práctica de la elección de las materias, y el deterioro del ambiente en numerosas escuelas y clases, desembocaron en una degradación de la escuela pública y en una valorización paralela de las escuelas privadas más orientadas hacia las enseñanzas académicas. El progresismo reformador de los comienzos se volvió una teoría adaptativa, totalmente conservadora en el plano social.

A pesar de los efectos negativos de la imposición de las categorías y los *business values* en la educación norteamericana, la ideología de la gestión empresarial continuó extendiéndose por diversas vías hasta imponerse en la mayoría de los países. Los organismos internacionales, medios y vectores de estos discursos de modernización, desempeñaron en este campo un papel mayor durante las décadas de 1960 y 1970. La ironía de la historia consiste en que son precisamente los representantes de Estados Unidos en la OCDE quienes iniciaron, a escala mundial, este movimiento de «modernización de la enseñanza» para responder a su propia crisis de la ense-

21. L. Cremin, *op. cit.*, págs. 328-329.

ñanza.[22] Igualmente, ejerció una influencia sobre las concepciones europeas, especialmente en Francia, Bélgica y Suiza, el desarrollo del mismo tipo de preocupaciones de gestión empresarial en Canadá, en particular en Quebec, donde la formación en las restricciones a las escuelas es antigua. Más allá de la filiación directa o indirecta, el ejemplo norteamericano permite poner en duda una representación lineal de los progresos de la racionalización burocrática en la educación. Indica también que querer imitar al sector industrial e inspirarse en la empresa bajo la presión de los imperativos de los costes no afecta únicamente a la aplicación de los medios, sino que también concierne a las finalidades de la educación.

LA FASCINACIÓN DE LA ADMINISTRACIÓN ESCOLAR POR LA EMPRESA

Con retraso en relación con Estados Unidos, la administración francesa, confrontada también a las críticas y las presiones del mundo económico, intentó asimilar los modos de gestión empresarial del sector privado y definió una vía de «reforma de la escuela» que tiene como referencia la empresa y cuyo principio consiste en la analogía sistemática con el mundo económico, su organización, sus modos de evaluación y su productividad.[23] La difusión de la ideología de la gestión empresarial se fue llevando a cabo progresivamente desde finales de la Segunda Guerra Mundial, con aceleraciones en la década de 1960, como dan prueba entonces el éxito social de revistas modernistas como *L'Express* o la importancia del tema, famoso en su época, de *El Desafío americano* de Jean-Jacques Ser-

---

22. Véase Pierre Laderrière, «Les objectifs et les méthodes de l'OCDE», *Nouveaux Regards*, n° 14, verano de 2001.
23. Véase Pierre Laderrière, *L'Enseignement: une réforme impossible? Analyse comparée*, París, L'Harmattan, 1999, pág. 275.

van-Schreiber.[24] La llamada a la imitación del sector privado, ya muy apremiante en la derecha al menos desde la década de 1970, no fue verdaderamente oída más que con la «rehabilitación de la empresa» emprendida por la izquierda a mediados de la década de 1980. A partir de ese momento, se introdujeron los ideales de la gestión eficaz, el modelo del «gerente» y las promesas de las nuevas tecnologías informáticas (plan «Informática para todos»). La izquierda francesa, detentadora durante mucho tiempo de una especie de monopolio del discurso legítimo sobre la escuela, contribuyó abundantemente a esta conversión de la institución escolar a los valores de la empresa sobre la base de presupuestos cuya validez todavía hoy está lejos de haber sido verificada: la extinción del taylorismo y la emergencia de un poder de naturaleza «más humana» en las organizaciones productivas.[25] El viejo fondo saint-simoniano del socialismo quedó así amalgamado con el discurso neoliberal. El espíritu de empresa y la lógica gestionaria se convirtieron entonces en el «corazón» de la nueva doctrina de la izquierda gubernamental. Como afirmaba Laurent Fabius: «Sector público o sector privado: el espíritu de empresa es indivisible. [...] Uno de los cambios más importantes de las mentalidades en el curso de esta legislatura es la decadencia de los prejuicios acerca de la empresa y de las falsas oposiciones entre sector público y sector privado. Es un gran paso. Tenemos que llegar en adelante a la adopción de este mismo espíritu emprendedor en la solución de los problemas industriales y sociales que nos separan todavía de una estructura industrial completamente moderna».[26] Los problemas escolares debían,

---

24. Jean-Jacques Servan-Schreiber, *Le Défi américain*, París, Denoël, 1967 (trad. cast.: *El Desafío americano*, Barcelona, Plaza & Janés, 1972).
25. Para la permanencia del taylorismo bajo la forma de la «disciplina del flujo», véase Guillaume Duval, *L'Entreprise efficace à l'heure de Swatch et McDonald's, La seconde vie du taylorisme*, Syros, 1998.
26. *Le Coeur du futur*, en 1985, citado por Jean-Pierre Le Goff, *Le Mythe de l'entreprise*, París, La Découverte, 1992.

por tanto, poder también regularse mediante el recurso al espíritu de empresa.

Esta interiorización de la imagen de la empresa eficaz y que permite la plena realización personal se llevó a cabo de varias maneras: por una vía interna, a partir de un cierto número de reflexiones y de prácticas renovadoras en el seno del Ministerio de Educación Nacional, pero también por la importación directa de nociones y representaciones valorizadas que la gestión empresarial privada extraía por su parte de la literatura norteamericana de la época. Así, se supuso que la «gestión de proyecto» había de aplicarse a la escuela para servir mejor a los clientes con la idea de la «calidad total». Todavía más: no sólo era el «espíritu de empresa» el que debía impregnar la educación y constituir el motor del cambio, sino que también era la escuela la que se convertía en una empresa, e incluso «la empresa del futuro», como indicaba, a finales de la década de 1980, la máxima oficial del Ministerio de Educación Nacional. Muchos no vieron en eso sino uno más de los múltiples eslóganes renovadores que empleaba las técnicas de movilización publicitaria. Sin embargo, la sustitución de los emblemas y los eslóganes nunca es un asunto inocente. Esta mística no tenía nada que ver con un conocimiento real de la empresa a pesar de sus pretensiones de «realismo». Se trataba más bien de un discurso de sugestión, e incluso de evangelización, que pretendía mostrar a los actores del sistema educativo que «las empresas han conseguido proponer modelos de gestión y de organización eficaces» susceptibles de reformar el sistema educativo.[27] Además, esta empresa mítica se presentaba como un lugar en el que todas las dimensiones del hombre son tomadas milagrosamente en cuenta: pasiones, afectos diversos y pulsiones múltiples, necesidades de amor y de reconocimiento, valores morales personales, espíritu de solidaridad, sentimientos humanitarios, gustos estéticos, etc. Se hicie-

---

27. François Périgot, *Éducation et économie*, diciembre de 1990, pág. 6.

ron entonces muchos esfuerzos para mostrar que la empresa ya no era un vulgar lugar profano donde había que contentarse con producir bienes y servicios, sino que era ante todo un espacio «cultural». Una literatura impresionante hizo florituras sobre este tema usando y abusando de analogías pseudocultas («cultura de empresa», etc.). La empresa se convertía así en una nueva abadía de Thelema, alto lugar de la íntegra realización personal, de la felicidad conseguida y de la vida total.[28] Y si este lugar fuera además un lugar de «cultura», podría servir sin inconvenientes como «paradigma» a todas las instituciones que hasta el momento creían que desempeñaban una función primordial en este terreno, y, en primerísimo lugar, la escuela.

Esta veneración retórica no tiene precisamente una escasa presencia en Francia, país en el que la escuela parece el garante de su identidad nacional y que ha sido durante mucho tiempo, para la izquierda, el vector del progreso social. Una declaración que puede parecer particularmente angélica, pronunciada en 1984, da prueba de la conversión subjetiva llevada a cabo por unos cuantos administradores «modernos», algunos de los cuales continúan reivindicándose de la izquierda autogestionaria: durante un coloquio de la Asociación Francesa de los Administradores de la Educación Nacional (AFAE), la señora Gentzbittel, una directora de instituto de enseñanza secundaria que tuvo su hora de gloria mediática, al dirigirse a la representante del CNPF, afirmaba lo siguiente: «La empresa es un escuela y, a la inversa, la escuela es una empresa. Los que estamos aquí somos en su mayoría administradores: en consecuencia, podemos hablar un lenguaje común con los directores de empresa». Y más adelante, esta directora añadía: «En el camino hacia la cogestión, hacia la responsabilización de la base en la empresa, ustedes pueden introducir su lenguaje en el

---

28. El lector podrá remitirse aquí a los análisis de Luc Boltanski y de Ève Chiapello, *Le Nouvel Esprit du capitalisme*, París, Gallimard, 1999 (trad. cast.: *El nuevo espíritu del capitalismo*, Madrid, Akal, 2002).

funcionamiento mismo de nuestras escuelas. No olviden que las escuelas son realmente empresas en la nación». A lo cual, la representante del CNPF, la señora Vigneron, un poco desconcertada por semejante rendición intelectual, respondió: «Su lenguaje me parece fantástico y espero tener un día un público de directivos empresariales para hacerles comprender [sic] ese lenguaje. Sin embargo, hago una muy pequea salvedad con la cogestión, la cual precisaría muy largos desarrollos [sic]».[29] Precisamente gracias a ese «lenguaje fantástico», *la empresa de tercer tipo* se convirtió en el paradigma central de los discursos escolares, un modelo que imitar sin discusión.[30]

Esta imitación retórica y esta interiorización subjetiva acabaron por imponerse en una escala social más amplia hasta el punto de que las propias fuerzas que habrían podido y debido oponerse a ellas entraron en ocasiones en una lógica de emulación. Algunos sindicatos convertidos al modernismo participaron así, a su manera, en esta nueva representación de la escuela, con la pretensión de ponerle algunos parapetos tan tímidos como verbales. Yannick Simbron, entonces dirigente de la FEN (Federación de la Educación Nacional), reclamaba, por ejemplo, en 1991, en una tribuna del periódico *Le Monde*, una mejora de la «apertura de la escuela al mundo de la empresa», congratulándose de que la FEN hubiera tenido en este terreno una posición de vanguardia desde la década de 1970, con la promoción de las «secuencias educativas en la empresa».[31] Claude Allègre situó bien la cuestión cuando, al admitir la derrota a la vez política y cultural del discurso de la izquierda, lanzaba

---

29. Ve Colloque AFAE, 27-29 de enero de 1984, en *Administration et Education*, nº 23, agosto de 1984.

30. Aludimos aquí al título de la obra de G. Archier y H. Sérieyx (*L'Entreprise du troisième type*, París, Seuil, 1984), que se convirtió rápidamente en la biblia de la mitología de la gestión empresarial en Francia, entre otros en el mundo de la administración.

31. «École-entreprise: nous sommes prêts à discuter», *Le Monde*, 6 de junio de 1991.

un pullazo tanto sobre la lucha de clases como sobre el ideal de autonomía de la enseñanza y la investigación frente a la lógica del beneficio. En una entrevista en *L'Expansion*, el antiguo ministro afirmaba con su estilo tan personal: «Hace seis años, los docentes no querían ni oír hablar del trabajo con las empresas. Hoy día ya no hay ningún problema, se ha roto el hielo. [...] Contribuyó a esta transformación la modernización del lenguaje de los sindicatos (Notat, pero también Viannet y Thibault), que hablan de la empresa ya no sólo como lugar de lucha social, sino también como lugar de producción de riqueza».[32]

EL CULTO A LA EFICACIA

Si prestamos atención al discurso de los «modernizadores» franceses, la temática de la eficacia, asimilada por lo general a la de la «democratización», se pone constantemente por delante. La eficacia se erigió progresivamente como valor último, al suplantar el ideal en adelante venido a menos de la emancipación por el saber. Lejos de ser una referencia nueva y original, como hemos visto, se instala cuando la escuela se sitúa bajo la presión de los medios económicos. Se convirtió en el *schibolleth* de una vasta coalición que va desde los directores de empresa hasta las federaciones de padres de alumnos pasando por determinados medios sindicales y asociativos «modernistas», sin hablar de todos aquellos para quienes la innovación se ha vuelto un valor en sí. Este tema se distingue entre todos por lo que hay que llamar precisamente su «eficacia simbólica». Como toda acción humana, la acción pedagógica aspira a un fin y, para alcanzarlo, dispone de medios que deben ser seleccionados y dirigidos a la consecución de este fin. Pero el pintor artista, el médico, el agricultor, el artesano o el

---

32. *L'Expansion*, nº 608, 4-7 de noviembre de 1999.

ingeniero poseen, cada cual, un modo de eficacia que presenta sus peculiaridades. La concepción de la eficacia que se ha ido imponiendo progresivamente en la educación, como hemos visto en el caso norteamericano, considera que la eficacia siempre es medible, que puede atribuirse a dispositivos, métodos y técnicas enteramente definidos, estandarizados y reproducibles a gran escala, a condición empero de una «formación», de una «profesionalización», de una «evaluación» y de un control de los agentes de ejecución, en este caso los docentes. Igualmente, esta concepción implica la construcción de aparatos de medida, de test y de comparación de resultados de la actividad pedagógica. En otros términos, es inseparable de una burocratización de la pedagogía.

La temática de la evaluación de la escuela se inscribe en la lógica misma de la educación de masas y de su organización administrativa desde el siglo XIX. Por lo demás, los partidarios del cálculo en la educación no dejan de recordar que los docentes dedican una gran parte de su trabajo a calificar a los alumnos para justificar la extensión de esta práctica. En efecto, la evaluación adquirió una considerable importancia desde comienzos del siglo XX con la expansión de los test a gran escala, como en Estados Unidos. Los resultados cuantificados se fetichizan y se presentan a la vez como un criterio de calidad de las diferentes escuelas y como la medida del nivel cultural de la población. El *testing* se ha convertido incluso en una práctica comercial muy lucrativa gracias a un vasto mercado en el que intervienen grandes empresas especializadas. Más globalmente, hemos asistido a una vasta actividad de institucionalización y de estandarización de la evaluación, y hemos visto proliferar empresas de *benchmarking*, es decir, de contraste, en todo el mundo. La producción de normas de calidad y de criterios de comparación, a través de las categorías estadísticas, constituye el objeto de un verdadero mercado en el que intervienen múltiples organismos nacionales o internacionales como el IEA (International Association for the Evaluation of Educational

Achievement). La OCDE se suma al movimiento con los indicadores internacionales de la educación (INES) y los grandes estudios comparativos sobre las competencias de los alumnos (PISA). La Comisión Europea alentó esta actividad con la creación de una red de agencias de evaluación de los quince países miembros de la Unión. Tanto las administraciones nacionales como los organismos internacionales, como la OCDE y el Banco Mundial, trataron todos de desarrollar herramientas que permitieran medir el «rendimiento de las inversiones educativas», evaluación juzgada necesaria para su crecimiento y la eficacia económica global.

Esta «cultura de la evaluación», que se puso en boga hace veinte años en Europa, se desarrolló asimismo en Francia de manera significativa. A finales de la década de 1980, el movimiento experimentó una aceleración con la creación de la Dirección de la Evaluación y de la Prospectiva (DEP), en 1987, seguida por el coloquio organizado conjuntamente por la OCDE y el Ministerio de Educación Nacional en 1988, en Poitiers. La inspección general, vieja instancia creada en 1802 para controlar a los educadores, se consagró cada vez más a la evaluación del sistema educativo. A partir de mediados de la década de 1990, se introdujeron instrumentos pioneros que concernían a la eficacia de los establecimientos (IPES, «indicadores para la dirección de los centros de secundaria»), no sin efectos perversos, como la acrecentada competencia entre los centros en el mercado escolar a causa de la publicación de palmarés anuales, sobre «bases científicas fiables», difundidos por la prensa. La DEP concibió y realizó evaluaciones masivas a escala nacional, ya fueran grupos de alumnos, niveles escolares, políticas particulares como la de los ZEP o evaluaciones de los centros.[33]

---

33. Véase Jean-Louis Derouet, «La constitution d'un espace d'intéressement entre recherche, administration et politique en France dans les trente dernières années», en Yves Dutercq (comp.), *Comment peut-on administrer l'écolе?*, París, PUF, 2002, págs. 38-39.

Este vasto movimiento de evaluación y de comparación internacional es inseparable de la subordinación creciente de la escuela a los imperativos económicos. Acompaña a la «obligación de resultados» que se juzga que debe imponerse a la escuela como a cualquier organización productora de servicios. En esto, participa de las reformas «centradas en la competitividad» que aspiran a fijar y a elevar los niveles escolares esperados, y, para lograrlo, a normalizar los métodos y los contenidos de la enseñanza. Este movimiento a favor de la evaluación estandarizada se manifiesta especialmente en los países tradicionalmente más descentralizados. En él, todas las universidades y todos los departamentos se juzgan *accountable*, es decir, a la vez responsables y contables de las sumas asignadas. Aún hoy, algunos expertos y administradores siguen viendo en el *assessment* (evaluación) el momento clave de la empresa educativa. Esta evaluación sería a la vez prueba de eficacia, de convergencia de las expectativas y los resultados, y de democratización. Evidente para todos, la evaluación produciría el consenso de la oferta y la demanda de educación. Esta gestión empresarial por los resultados implica que se concuerde en considerar los dispositivos de evaluación como técnicas neutras de control del cumplimiento de los objetivos que también son objeto de consenso. En definitiva, los controles y las prescripciones de la administración tradicional, respetuosa de las reglas del derecho público, serían reemplazados por otra racionalidad formal guiada por principios prácticos de eficiencia. La «organización» podría maximizar sus efectos sin prescribir en detalle los medios y los procedimientos, dejados a la apreciación de quienes operan sobre el terreno.

En el fondo, poseer buenas herramientas sería el modo universal de poner remedio a la crisis de la enseñanza, que consistiría fundamentalmente en un problema de subeficacia de los recursos empleados. Para una mejor «orientación» de la acción educativa y de los centros, habría que disminuir los costes financieros, pero también los costes sociales del fracaso escolar. En una palabra, «evaluar» bien sería la condición de la acción adecuada según un esquema de *feedback*. Más allá de los objetivos globales, la evaluación tal como ha sido introducida en Francia es un instrumento clave en la reorganización de la escuela.

LOS EFECTOS REDUCTORES DE LA EVALUACIÓN Y DE LA EFICACIA

Este proceder supone conocer en qué consiste la «eficacia» en la enseñanza, antes incluso de preguntarse qué es lo que hace que un enseñante sea eficaz y si esta eficacia depende de técnicas y de métodos reproducibles. Esta cuestión de la naturaleza de la eficacia depende, sobre todo, de las finalidades perseguidas. Sin duda, sería fácil ponerse de acuerdo sobre el hecho de que la escuela es una institución encargada históricamente de la formación intelectual y de la transmisión de los saberes formalizados y legítimos, y que su «eficacia» debe evaluarse en este plano. ¿Qué es lo que saben los alumnos? Pero ¿qué saberes hay que retener? Y ¿acaso se pueden separar los conocimientos de los valores a los que se conforman? Aunque la escuela sea esta institución especializada en la transmisión de los saberes, participa de la educación, «hecho social total» que abarca todas las dimensiones humanas, y que es el terreno por excelencia del complejo. Ahora bien, es sabido que muy a menudo los reproches que se formulan a la escuela de ser ineficaz quieren decir, en realidad, que no persigue las «buenas finalidades», que varían: el empleo, la adaptación a las empresas, la integración de los inmigrantes o la lucha contra la violencia. La eficacia no tiene la evidencia que se cree. Es una construcción social, fruto de opiniones pedagógicas, de ideologías y de relaciones de fuerza.

Lo que actualmente determina la forma en la que se entiende el sentido de la eficacia es una lógica *económica*. El discurso actual sobre la «escuela eficaz» insiste en el único hecho que parece contar: debe ser gestionada con tanto más rigor en la medida en que está en juego un importante gasto público que no debe ser despilfarrado con el riesgo de perjudicar a otros ámbitos de la acción pública.[34] La persecución de la eficacia tal como se entiende hoy día de manera muy reductora aspira a aumentar los objetivos cuantificados habida cuenta de los escasos medios de los que pueden disponer los agentes. La *eficacia* de la enseñanza de la que se trata tiende entonces a confundirse con lo que los economistas llaman la *eficiencia*, que consiste en maximizar los resultados cuantificados —evaluados con mayor o menor finura— utilizando del mejor modo posible los medios financieros limitados asignados por la autoridad pública o los «consumidores» de la escuela. De manera que el horizonte de los fines de la educación se oscurece, recubierto por los objetivos generalmente cifrados en número de diplomados, tasas de supervivencia o tasas de éxito, a su vez relacionados con las inversiones realizadas y las necesidades en mano de obra de la economía. El Banco Mundial se especializó en este modo de cálculo para las inversiones escolares en los países subdesarrollados. Lo que lo condujo, por ejemplo, a preconizar una baja salarial de los docentes africanos para aumentar su número o un aumento de alumnos por clase en nombre de cálculos que pretenden englobar el conjunto de los costes/beneficios de tal decisión.

En consecuencia, es necesario contemplar de cerca la argumentación de los «calculadores», especialistas de la econometría educativa. Algunos de ellos se quejan de la excepción que reivindicaría el mundo educativo: «El mundo educativo es el de lo inefable. Le repele la objetivación y, sobre todo, considera que, en lo que le concierne, el principio que garan-

---

34. Véanse las declaraciones de Pierre Laderrière, «Gestion et production: abus de langage ou nouvelle réalité?», *Nouveaux Regards*, nº 9, primavera de 2000, pág. 35.

tiza la validez de la comparación de dos medidas (siendo todas las cosas iguales por otra parte) le es completamente inaplicable, mientras que paradójicamente es un mundo en el que la evaluación y la objetivación son cotidianas a través de las calificaciones y la orientación de los alumnos».[35] Así, en la educación, «el desarrollo de la evaluación moderna representa una verdadera revolución cultural».[36] Con la introducción de los criterios de eficacia y productividad, con los trabajos de análisis econométrico de las acciones educativas, la cuantificación de las acciones educativas «ofrece numerosas ventajas tanto en el plano instrumental (recurso a análisis estadísticos que permiten la separación de la influencia de cada uno de los factores) como en el plano conceptual (razonamiento en el margen, arbitraje, optimización)».[37] Se supone que esta generalización del análisis costes/beneficios reduce los prejuicios de los actores; incluso debe permitir superar los conflictos de valores e intereses porque la medida y los cálculos son «objetivos». Esta problemática «desencantada» de la cuantificación se basa en la doble creencia en la perfecta neutralidad de la ciencia y en su capacidad para captar, si no todas, al menos las dimensiones más importantes de la acción educativa. Que eso no se dé sin afectar al sentido no entra en el cálculo de los costes/beneficios. Los autores ensalzan así este proceder: «Al oponerse a una selección de las acciones que se deben emprender basada únicamente en las opiniones de los actores, el proceso de justificación de las acciones educativas se refiere a las dimensiones operacionales medibles de la producción de los sistemas de formación (las adquisiciones de los alumnos y el desarrollo de las carreras escolares, la inserción profesional o el nivel de

---

35. Secrétariat d'État au Plan, *Éduquer pour demain*, París, La Découverte, 1991, pág. 133.
36. Jean-Pierre Jarousse y Christine Leroy-Audouin, «Les nouveaux outils d'évaluation: quel intérêt pour l'analyse des "effets-classe"?», en Jean Bourdon y Claude Thélot (comps.), *op. cit.*, pág. 163.
37. *Ibid.*, pág. 167.

los salarios de los formados). Esta operacionalización del producto, si continúa siendo perfectible, modifica totalmente la manera de abordar las elecciones de política educativa. Permite la introducción de un razonamiento marginalista que casi siempre estaba ausente, y autoriza la comparación directa de acciones divergentes antes incompatibles».[38] En realidad, como podemos ver en estas declaraciones, tan sólo los resultados medibles, y en especial los que se encuentran en la articulación de la escuela y el mercado de trabajo, importan verdaderamente para tal análisis «objetivo». Así, por ejemplo, el tiempo empleado por un alumno para alcanzar el nivel del bachillerato, o los resultados en el diploma del primer ciclo de secundaria o en el BEP (diploma de estudios profesionales) en un grupo de alumnos o por centros escolares, o incluso los resultados obtenidos en test idénticos propuestos a todos los alumnos de un mismo nivel. Este movimiento de cuantificación, de acuerdo con el movimiento más general de racionalización característico del espíritu del capitalismo, se presenta en ocasiones como el *nec plus ultra* de la modernidad que se supone capaz de prevenir las desigualdades, los despilfarros y las insuficiencias profesionales. Es necesario analizar más detalladamente de qué se trata.

Si desde luego es útil disponer de datos cuantitativos sobre los resultados de los centros, de las ramas y, finalmente, del sistema educativo, el espíritu auténticamente científico debería incitar a interrogarse sobre los límites de estas evaluaciones, sobre los usos que se pueden hacer de ellas y sobre las consecuencias prácticas que se pueden extraer, especialmente en el plano pedagógico. Por ejemplo, habría que preguntarse si, mediante este tipo de proceder, no se tiende acaso a medir únicamente lo que es más fácilmente cuantificable y, en consecuencia, a medir la «eficacia» según criterios que son reductores por sí mismos. Es necesario tener presente que la eva-

---

38. *Ibid.*, págs. 163-164.

luación también está dirigida por un imperativo de eficacia económica, ya que sólo se concede la inversión en la evaluación a condición de que desemboque en la definición y en la generalización de los «buenos métodos».[39] Lo real medido tiende entonces a no ser nunca más que la parte de realidad que se deja medir y que se quiere y cree poder modificar. Aun cuando no se limite a los diplomas o a los pasos a clases superiores y que se intenten evaluar los conocimientos o las competencias, nunca se capta más que una parte de lo que los alumnos saben o ignoran. Más generalmente, la habilidad técnica de la cuantificación, si es deseable, no podría hacer olvidar hasta qué punto el *valor* de una educación no se deja encerrar simplemente en una medida de éxito, por fina, modesta y prudente que sea. Por no dar más que un simple ejemplo, es posible verificar año tras año una determinada evolución del número y de la tasa de bachilleres, pero para conocer la realidad que recubren tales datos, especialmente en términos de adquisiciones intelectuales, habría que emplear enfoques muy diferentes que el de recuento de bachilleres. Este tipo de racionalización cuantitativa induce a fetichizar el «número», o incluso a «hacer números» sin preocuparse demasiado por lo que recubren.

En realidad, estamos en relación con una verdadera ideología de la evaluación, que ya vimos funcionar en Estados Unidos y actualmente conquista el mundo entero. Responde a este avance constante de la racionalidad contable que, no sin fuerza persuasiva, asimila cualquier acción humana a una acción técnica medible por sus efectos mediante indicadores cuantitativos. Por otra parte, se antepone a menudo la analogía con la producción de las empresas. Se pretende así calcular el «producto», o mejor, el «valor añadido» de un centro escolar, exactamente como se calcula la cifra de negocios o el

---

39. Véase Philippe Joutard y Claude Thélot, *Réussir l'école*, París, Le Seuil, 1999, pág. 128.

valor añadido de una empresa o una sucursal de un grupo. Al carecer de precio de mercado, se trata en definitiva de fabricar su sustituto.

La evaluación tal como es practicada y utilizada plantea pues un problema en la medida en que ignora todo lo que no sea el «código de la economía» que compara los costes y los beneficios.[40] Como mostró Élisabeth Chatel, no se puede evaluar una acción superponiéndole una rejilla que ignoraría lo que tiene de específica. Ahora bien, la evaluación tal como ha sido concebida conduce demasiado a menudo a ocultar la realidad misma del acto educativo en toda su complejidad y tiende a no medir más que una ficción. El autor que acabamos de citar elabora la hipótesis de que es posible establecer una evaluación del acto educativo con la condición expresa de tener en cuenta la experiencia del enseñante y la complejidad de las acciones que tienen lugar en la clase. Por tanto, la acción educativa debe ser objeto de una evaluación que esté conforme con lo que ella es, con lo que se efectúa realmente entre el profesor y los alumnos en una acción finalizada por el acceso a determinados objetos de conocimiento.[41] El esfuerzo de racionalización contable encuentra su límite en la relación pedagógica misma y se revela paradójicamente ineficaz por no ser pertinente. La relación educativa es tan compleja y variable, tan «incierta», como sigue diciendo Élisabeth Chatel, que su resultado «es irreductible a la idea de un bien, de una utilidad o de resultado medible».

Como recuerda Lucie Tanguy, «la evaluación se convierte en un instrumento de política educativa susceptible de modificar los modelos cognitivos y culturales que dominan en la escuela».[42] ¿Cuáles son, en efecto, las consecuencias de esta ideología de la evaluación sobre lo que se enseña, sobre el

---

40. David Harvey, «University, Inc.», *The Atlantic Monthly*, octubre de 1998.
41. Élisabeth Chatel, *op. cit.*, pág. 305.
42. L. Tanguy, *op. cit.*, pág. 38.

sentido de lo que se aprende, sobre los contenidos y el valor de estos contenidos para los alumnos mismos? ¿Cómo medir, por ejemplo, la parte crítica y cívica de la cultura transmitida? ¿Cómo apreciar la integración de los valores de igualdad, de honestidad, de verdad y de tolerancia que se dice a veces que constituyen el corazón de la escuela? Y si las soluciones segregativas produjeran resultados escolares más elevados que los de una organización escolar social o étnicamente mixta, ¿habría que adoptarlas en nombre de la «eficacia»? Por otra parte, basta con considerar la lógica no igualitaria que funciona en el universo de la formación permanente de los adultos, que sin embargo se presenta a veces como modelo para la formación inicial, para inquietarse por las consecuencias que la imposición de los imperativos de eficacia de tipo económico puede implicar en el sistema escolar. Este modo de evaluación corre el riesgo de impulsar a una especie de normalización de la enseñanza, de los contenidos y los métodos, en la misma medida en que no juzgara el desarrollo educativo más que a partir de los resultados apreciados cuantitativamente según ejercicios a su vez normalizados. La educación padecería entonces la amenaza de parecerse a una cría industrial de ganado. Dos autores mostraron cómo, en nombre de una coartada democrática, la ley de orientación de 1989 introdujo desde el parvulario principios de observación y evaluación según «ítems» rígidos de «competencias adquiridas» y de «competencias no adquiridas».[43] La agenda de observación que deben llevar al día los docentes no enumera menos de 89 competencias, distribuidas en grandes rúbricas: «competencias transversales», «competencias en el dominio de la lengua», «competencias matemáticas», «competencias en ciencias y tecnología», «competencias en educación cívica, «educación artística» y «educación física». De aplicación imposible

---

43. Véase Annick Sauvage y Odile Sauvage-Déprez, *Maternelles sous contrôle, les dangers d'une évaluation précoce*, Syros, 1998.

(89 competencias que observar entre treinta niños... cada dos meses), este registro es una tentativa de objetivación integral del niño, vana pero muy emblemática y que plantea serios problemas, no sólo pedagógicos y éticos, sino también psíquicos. Sin duda, una evaluación muy diferente es posible y deseable, porque es más «eficaz», pero debe pasar por la reflexión y la deliberación colectiva de los docentes sobre su propia práctica y no por el poder de los expertos y los administradores.

LA IDEOLOGÍA DE LA INNOVACIÓN

El culto a la innovación encuentra en este contexto su verdadera razón. Las transformaciones operadas estos últimos decenios se llevaron a cabo en nombre de lo que se llama la «innovación», erigida como referencia metafísica y norma profesional. Este nuevo culto es uno de los aspectos de la conversión a los imperativos de la guerra económica efectuada por la burocracia centralista, durante mucho tiempo muy hostil, como es sabido, a los «espíritus subversivos», a los «agitadores» y a los «creadores de desórdenes». Si la sociedad y la economía se caracterizan por la innovación permanente, la escuela debe de estar a la altura de los ideales y los funcionamientos de los otros universos de la sociedad. Debe ser «innovadora», sin tener en consideración el hecho de que una innovación de estructura, de contenido o de método puede producir resultados tanto benéficos como negativos, sin tener en consideración tampoco el hecho de que una rutina puede ser tan eficaz como ineficaz en función de determinados criterios o determinados valores.

Este tema de la innovación en la escuela experimentó un éxito considerable a partir de la década de 1980 gracias al prestigio de lo «nuevo» en nuestra sociedad y gracias a la importancia de la «destrucción creativa» en la dinámica capitalista.[44] Su prestigio y su legitimidad permitieron movilizar mentalidades inventivas y buenas voluntades militantes disfrazando sus vínculos con los imperativos de eficacia y la competitividad económica que son sus resortes profundos. La ideología de la innovación es la consecuencia del empobrecimiento de los ideales progresistas de la izquierda política y pedagógica. Incapaces de «cambiar la vida», creyendo sin embargo mantener la llama de los deseos de revolución y permanecer fieles a la «protesta» de su juventud, algunos se replegaron sobre este sucedáneo sin preguntarse lo que esta ideología encubría, en qué consistía, si era siempre «progresista» en sus motivos y sus resultados. De ahí, las curiosas alianzas entre la flor y nata de los movimientos pedagógicos y los portavoces de la alta administración «modernizada». Ya se trate de un efecto de contexto o de una sucesión de deslices profesionales de tipo individual, o sin duda de una combinación de los dos, en todo caso es posible verificar que las transformaciones pedagógicas se han despolitizado profundamente y que a menudo se han separado de su significación social excepto en los «centros difíciles» más movilizados. Por ejemplo, apenas nos hemos preguntado si las «innovaciones» introducidas en el colegio y en el instituto estos últimos años tenían, virtudes democratizantes. Su valor parecía depender totalmente de su novedad. Contrariamente a lo que se podría pensar y a la argumentación dominante, la innovación no tiene mucho que ver con la búsqueda de una eficacia evaluable. Sin duda, se preferiría creer que la innovación tecnológica o pedagógica representa siempre una mejora al menos en potencia, que toda reforma estructural, toda nueva práctica es más «eficaz» que aquella a la que reemplaza. Como señalaba con toda razón un inspector

---

44. Algunos especialistas de la innovación escolar, como Françoise Cros, observan así que «el origen de la innovación escolar reside en esta concepción schumpeteriana de una visión economicista de eficacia, de rentabilidad, de relación coste/calidad o de satisfacción del cliente que es ya el alumno directamente, ya indirectamente los padres», en François Cros, *L'Innovation scolaire*, París, INRP, 2001, pág. 19.

del Ministerio de Educación Nacional, Jean Ferrier, «la promoción de las innovaciones está basada en la idealización de las novedades siempre más o menos ligadas a la esperanza de progreso [...] pero estas innovaciones nunca hasta ahora se han sometido a validación. Nadie se preocupa de verificar que lo "más" esperado se concretice en adquisiciones para los alumnos sin reflejarse en un "menos" con relación a lo que había antes; se cree que se hacen bien las cosas, pero ¿se hacen mejor?».[45] En la interpretación gestionaria dominante, la innovación se ha convertido en un fin en sí mismo, que debe constituir el objeto de una «gestión» particular, en la que coinciden expertos en pedagogía y administradores. En este sentido, la innovación define una norma de funcionamiento tanto para la organización escolar como para todas las instituciones cualquiera que sea su naturaleza y su objetivo, norma que es la de las empresas en un mercado competitivo. De ahí, la combinación muy liberal del tema de la innovación y de la argumentación a favor de un mercado que obligaría a una innovación perpetua, y de ahí, igualmente, la unión de esta ideología con el gran relato de las nuevas tecnologías que se supone que revolucionan las relaciones pedagógicas.

La metafísica de la innovación funciona, a decir verdad, como un señuelo. La escuela neoliberal, confrontada con las contradicciones mayores, en especial de tipo social, desvía hacia la periferia y hacia la base la resolución de los problemas. Se considera que la innovación debe resolver todos los males de la escuela, lo que, mediante un sofisma bastante habitual en las altas esferas y en un determinado peritaje «sociológico», implica que los problemas no resueltos parezcan tener como causa principal el «inmovilismo» de los educadores. De ahí, la exhortación centralizada, pero contradictoria con las premisas, a una innovación uniforme cuyos efectos democráticos no

---

45. Jean Ferrier, *Améliorer l'efficacité de l'école primaire*, MEN, julio de 1998, pág. 24.

resultan nada evidentes. Aun más, se considera que la innovación es capaz de resolver todos los males de la sociedad: droga, violencia, racismo, inseguridad viaria, pérdida de referencias, desigualdades, etc. Este homenaje tecnocrático al «hecho social total» no es sino más peligroso: si la educación está atravesada por todas las dimensiones de la vida social e individual, no está a su alcance, en cambio, el hecho de modificar a toda la sociedad. Y sobre todo, no se ve cómo los docentes innovadores por sí solos, a pesar del tesoro de sus buenas intenciones, podrían cambiar precisamente lo que las políticas no quieren de ninguna manera cambiar, a saber, la creciente desigualdad social en la sociedad de mercado.

Esta fetichización de la innovación está de acuerdo con la excelencia humana planteada implícitamente como referencia de la acción pedagógica. A través del alumno, se trata de formar a un innovador permanente que tendrá que administrar situaciones de incertidumbre cada vez más numerosas. ¿Y cómo podría formársele mejor que sumergiéndolo directamente en nuevos proyectos pedagógicos, que exigiéndole inventar y dar prueba de un espíritu de iniciativa e imaginación? Sin duda, la OCDE dio la clave al señalar que si una de las condiciones de la competitividad y del empleo residía en la flexibilidad del mercado en todos los ámbitos, debía venir acompañada por una transformación de las mentalidades a la que debía contribuir la escuela. La organización internacional hace así de la estimulación del espíritu de empresa uno de los objetivos principales de las políticas educativas.[46] Este «empresariado» está esencialmente ligado a la innovación. Y esta última nunca se valorizará tanto como cuando sea «apertura», «colaboración» y «contacto con la empresa». La innovación no es, o ya no es, considerada como el resultado de intenciones transgresoras de una base movilizada, de iniciativas personales, de necesidades íntimas o de ideales políticos, sino que

---

46. OCDE, *Stimuler l'esprit d'entreprise*, 1998, pág. 95.

es una «apasionada obligación», una política en sí, una norma institucional que debe además pasar por medidas uniformes y que adquiere cada vez más el aspecto de «reformas desde arriba». Para retomar el lenguaje de los especialistas, la lógica vigente va «de arriba abajo» (*top down*) y no «de abajo arriba» (*bottom up*). Un ejemplo entre otros es la introducción en el colegio de los «Itinerarios de descubrimiento» o en el instituto de los «Trabajos personales enmarcados» cuya gestión, cualquiera que sea el deseo subjetivo que puedan inscribir en ellos profesores y alumnos, está centralizada y burocratizada. La ideología de la innovación y la burocratización de su aplicación, al hacer perder lo que tiene precisamente de fundamental una transformación de las prácticas para un individuo y una colectividad, agotan una fuente mayor de creatividad subjetiva y anulan la significación política y ética del cambio. Desde este punto de vista, a pesar de la confusión de las apariencias, la *movilización* pedagógica y política de los docentes, a la que se asiste, por ejemplo, en los centros víctimas de la segregación social, no tiene nada que ver, por lo menos directamente, con la innovación normalizada, impuesta desde arriba, cuya característica general consiste en negar la complejidad de lo real en nombre de un modelo preestablecido.[47]

LA MODERNIZACIÓN TECNOLÓGICA

Hay otras derivas que siguen la imitación de la empresa. Lo que fascina no son sólo las «cantidades», sino también las «máquinas». ¿Acaso no se materializa lo «nuevo» en equipamientos que forzarán a los usuarios a innovar? Uno de los me-

---

47. Véanse sobre este punto las sugestivas investigaciones y las conclusiones de Agnès van Zanten, Marie-France Grospiron, Martine Kherroubi y André D. Robert, *Quand l'école se mobilise*, París, La Dispute, 2002.

dios ensalzados para incrementar la eficacia del sistema educativo es un puro calco de los modos de pensamiento en el universo de la industria: las nuevas tecnologías deberían difundirse en él para aumentar su productividad. Este argumento ha sido muy empleado en los últimos años, al menos hasta la quiebra de la nueva economía en la primavera de 2000. Las nuevas tecnologías siguen siendo, en todo caso, para algunos, el motor principal de transformación de la escuela, tanto en sus formas como en sus contenidos. Bajo el pretexto de la adaptación a las «revoluciones tecnológicas», se pretendería que se forjase inmediatamente otra concepción de la escuela, de su función y de su importancia en la sociedad. Al escuchar a muchos expertos, se tiene la impresión de que en la «sociedad de la información» la escuela ya no tiene que educar, ni instruir, ni formar en el pensamiento justo, sino que debe enseñar a recolectar, seleccionar, tratar y memorizar las «informaciones». Es la tecnología la que dictaría no sólo las nuevas formas de «enseñar», sino más profundamente las nuevas formas de «pensar», un pensar que en este caso se identificaría más que nunca con un «hacer» y con un «comunicar» en el espacio virtual, y que se encontraría en la más perfecta continuidad con el nuevo ambiente profesional. Si, como escribe Manuel Castells, «la creación, el tratamiento y la transmisión de la información se convierten en las fuentes principales de la productividad»,[48] sería conveniente que la escuela convirtiera estas nuevas competencias reclamadas por las empresas en la primera de sus prioridades. Por la confusión terminológica y conceptual entre informaciones y saberes, entre comunicación y reflexión, se tiende a hacer creer que la cultura que transmite la escuela, y la forma en que debe de hacerlo, pertenecen al mismo orden que la actividad de los profesionales cuando utilizan las NTIC. Ahora bien, la herramienta de comunicación es evidentemente cualquier cosa menos neutra, sobre todo si

---

48. Manuel Castells, *La société en réseaux*, tomo I, París, Fayard, 1998, pág. 43.

tiende a reducir todo saber a un conjunto de informaciones como sostienen sus defensores.

Las promoción de estas tecnologías coincide con las preocupaciones de quienes pretenden reorganizar la enseñanza poniendo fin a la presencia física del profesor y sus alumnos. Sería necesario acabar con una «actividad artesanal», con una «profesión liberal» superada por ser demasiado poco «racional».[49] El ERT expone con la misma intención: «Ya es hora de transformar el aula de clase con los mismos beneficios acreditados de la tecnología y de las técnicas de gestión que han revolucionado cada lugar de trabajo en la industria y los negocios». A imagen de Estados Unidos, se pretenderían resolver los problemas educativos con herramientas «revolucionarias» que obligarían a cambiar completamente la pedagogía magistral al introducir la no-directividad, y que permitirían motivar a los alumnos y remediar el fracaso escolar de los más desprotegidos socialmente. En otro capítulo, hemos visto en qué medida este tipo de preocupaciones atraería las simpatías de todos aquellos que tienen interés en la reducción de los gastos públicos en materia de enseñanza. En realidad, estas ventajas tan a menudo evocadas no siempre acuden a la cita y, por otra parte, no constituyen el interés propiamente escolar de su utilización. El tiempo de preparación, de instalación y de comprensión reclamado por la *high tech* se revela a menudo más importante que los métodos tradicionales. Si los industriales aspiran a un mercado de masas de productos estandarizados según los procesos industriales, los docentes por su parte siguen una lógica pedagógica que posee sus razones y sus ritmos propios.

Si en numerosas disciplinas, en especial científicas y técnicas, el recurso a la informática es indispensable, si una integración progresiva de la herramienta multimedia como instrumento de trabajo es a la vez deseable y probable, nada ha

---

49. ERT, *Education for Europeans, towards the Learning Society* (1994).

llegado a demostrar hasta el momento que la introducción masiva de los ordenadores en las clases haya bastado para elevar los niveles escolares de los alumnos como prometían los industriales y los adeptos de la pedagogía *high tech*. Eso no impidió que de la informatización escolar se haya esperado la resolución casi mágica de todos los problemas actuales, con el evidente riesgo de una enorme decepción.[50] Prever la amplitud de las mutaciones, su impacto real y los resultados de lo que se presenta por anticipado como la «revolución copernicana» de la pedagogía excede los principios de prudencia intelectual. Christian Janin, secretario federal del SGEN-CFDT, interrogado por el periódico *Le Monde*, contestaba a la pregunta «¿Qué tipo de profesor necesita la sociedad de la información?» diciendo que los docentes iban a transformarse «en ingenieros del saber, en organizadores del proceso de adquisición de conocimientos».[51] Otros incluso ven en las NTIC el remedio milagroso para superar las desigualdades escolares. Hace algunos años, los informes oficiales pedían poner prioritariamente a disposición de los centros desfavorecidos de extrarradio la red de Internet. Gracias a un nuevo «ambiente de trabajo (con pupitre *network* para cada alumno)», la «Escuela del siglo XXI» permitirá la verdadera «redistribución de los saberes y las oportunidades que pertenece a su última esencia, y hoy día es el más urgente de sus deberes», declaraba el informe del rector Fortier consagrado a la situación en Sena-Saint-Denis.[52] Este género de afirmaciones perentorias no se funda evidentemente en ninguna seria investigación empírica. «Internet» nunca es aquí más que el nombre de una misma ilusión tecnológica, una especie de varita mágica que se cree que

---

50. Véase Ph. Rivière, «Les sirènes du multimédia à l'école», *Le Monde diplomatique*, abril de 1998.
51. *Le Monde*, 8 de diciembre de 1999.
52. Jean-Claude Fortier, *Les Conditions de réussite scolaire en Seine-Saint-Denis*, MEN, 1997.

puede cambiar radicalmente toda la pedagogía y resolver así las contradicciones de la escuela como se pensaba que la televisión iba a hacerlo en la década de 1950.

La retórica triunfalista de la modernización, de la eficacia, de la evaluación y de la productividad industrial encuentra sus límites en la propia naturaleza del acto pedagógico. ¿Cómo iba a dejarse reducir a la función de producción que permitiría calcular un «valor añadido»? Los docentes, por oficio, pueden saber que la *modernidad* de un método, de un dispositivo, de un modo de evaluación o de una técnica no es suficiente para definir su uso como pedagógicamente pertinente. Pueden saber, por el hecho mismo de la multiplicidad de parámetros que han de tener en cuenta y la innumerable singularidad de los sujetos humanos con los que tienen que mantener una relación pedagógica, que lo que puede ser aquí una ventaja puede ser también en otra parte una pérdida. No se trata de que el acto de enseñar pueda o deba escapar a la observación y a un saber específico, a cualquier evaluación y al progreso de la práctica, sino de que un acto tan complejo no puede ser simplemente objetivado por un enfoque económico o tecnológico reductor, que sin duda tampoco podrá jamás ser completamente racionalizado según la creencia cientificista. Esta creencia no es únicamente una creación de la mente. Está sostenida desde ahora por un medio de expertos, de administradores, de estadísticos e, incluso, universitarios que ven en ella una legitimidad. En cualquier caso, cabe esperar de los docentes, al menos en la medida en que no se tomen a sí mismos por «hombres de la organización» —técnicos, directivos, contramaestres o gestores—, que fijen los límites al dominio gestionario sobre los alumnos, reduciéndolo al mínimo necesario requerido por el funcionamiento general de la institución.

CAPÍTULO 10
DESCENTRALIZACIÓN, PODERES Y DESIGUALDADES

Descentralizar la educación es liberarla.

ALAIN PEYREFITTE, *Pouvoirs locaux*, n° 31, diciembre de 1996, pág. 50

Una de las palabras clave que caracterizan la nueva forma de escuela es «diversidad», que se opone a la «uniformidad» del antiguo modelo. Sin embargo, la ambivalencia de la transformación en curso es asombrosa. Por una parte, se puede observar una descentralización acrecentada,[1] con una autonomía mayor concedida a los centros en los terrenos financiero, pedagógico y administrativo, y, por otra parte, una determinada centralización de los objetivos, los programas, las prescripciones metodológicas y los exámenes.[2] ¿Cuál es el sentido exacto de esta evolución paradójica?

---

1. Con esta palabra entendemos aquí la descentralización y la desconcentración en el sentido técnico de los términos (transferencia de los poderes a las colectividades territoriales y delegación de las competencias a los servicios periféricos del Estado).
2. J. Davies y T. Guppy, «Globalization and Educational Reforms in Angloamerican Democraties», *Comparative Education Review*, vol. 41, n° 4.

La mutación de la escuela echa mano de giros retóricos de argumentos de autoridad que, si se parecen mucho al contenido y al estilo de los informes y los textos orientativos de las grandes organizaciones internacionales y de la Comisión Europea, no se distinguen menos de ellos por el régimen permanente de eufemización que se debe tanto a la hibridación del liberalismo y la lógica burocrática como a las reticencias oficiales en contra del ultraliberalismo anglosajón. No se pasa directamente de la «República de derecho divino» (Dominique Schnapper) a una fascinación por el mercado sin mediación, sin velo y sin rodeos. La línea de acción que se impuso en la bisagra de las décadas de 1980 y 1990, y que recapitula en Francia la ley de orientación de 1989, dibuja la imagen idealizada de un servicio público de educación más descentralizado gracias a la transferencia de competencias a las colectividades locales, más desconcentrado gracias a la reorganización de los establecimientos y los servicios para los que se fomentan «redes» y «colaboraciones», más abierto a la lógica económica, más diversificado según divisiones sociales y culturales reconocidas institucionalmente por los «proyectos» y «contratos», y que se dejaría desde ahora guiar más por la demanda del usuario que por los imperativos de la construcción política y cultural de la nación como cuerpo. Este equilibrio ideal, este compromiso entre la lógica de la «demanda» y el mantenimiento de un marco republicano, es lo que se expresó en el eslogan de la «renovación del servicio público», que pretendía armonizar eficacia y democratización gracias a la diversificación y a la gestión «periférica» de la heterogeneidad social.

La descentralización fue presentada como la gran reforma de la izquierda desde comienzos de la década de 1980, «que pone fin a siglos de centralización francesa». Un mismo término puede designar políticas diferentes, o remitir a políticas semejantes, pero que tienen efectos diferentes según los contextos. En el terreno de la educación, la aspiración a una mayor democracia en la base, la reivindicación de «derechos de iniciativa» para los actores, se manifestó de forma cada vez más intensa desde al menos la década de 1960. La percepción de las necesidades de equipamientos escolares también se volvió más aguda a nivel local y las voluntades políticas de desarrollo de la escolaridad se presentaron allí en respuesta a la demanda de los habitantes. El nivel local parecía asimismo favorecer la realización plena de una verdadera democracia de proximidad. La izquierda tuvo entonces la legítima preocupación de «acercar las decisiones al ciudadano», para retomar una expresión convencional, ciudadano que, según los discursos, es a la vez el actor, el usuario, el contribuyente, el votante, etc. Sin embargo, detenerse en estas fórmulas estereotipadas equivaldría a impedir considerar que, en el contexto neoliberal, en un momento en que se imponen las lógicas consumeristas y en que la educación se vuelve a la vez un factor económico y un argumento electoral, la descentralización, no en sí misma, sino en la forma en que es aplicada, aceleró la pérdida de autonomía de la institución escolar y condujo al abandono de la referencia de su ideal de igualdad, especialmente en su dimensión territorial.

    La convergencia entre la derecha y la izquierda a propósito de la escuela es relevante en este punto. El apoyo político casi unánime a los proyectos descentralizadores de Claude Allègre, entre 1997 y 2000, fue el momento más significativo, proyecto que el gobierno Raffarin retomó ampliamente por su cuenta.[3] El antiguo ministro de Educación se había pronunciado, inmediatamente después de su destitución, por «una descentralización y una implicación mayor de los usuarios y los cargos electos» en la que «las escuelas serían confiadas a los municipios, los colegios a los departamentos y los institutos a las regiones, incluido el personal». Aun cuando proponía el mantenimiento de los diplomas nacionales y de subvenciones

---

3. Discurso en la Sorbona, del 24 de septiembre de 2002.

del Estado para garantizar la igualdad entre las regiones, el proyecto del antiguo ministro insistía, sobre todo, en el establecimiento de un Ministerio de Educación para cada región.[4] La derecha liberal y ultraliberal aplaudió naturalmente esta concepción que coincide *de facto* con su programa.[5] El RPR y luego el UMP no se quedaron atrás en la descentralización del sistema educativo, muy influidos por las tesis de su principal inspirador, Guy Bourgeois, que querría separar el Estado «licitador» y las regiones, las academias y los establecimientos que serían «contratistas» y «operadores».

La pregunta que se plantea consiste en saber cómo la izquierda que tuvo que administrar en Francia lo fundamental del cambio radical hacia un sistema descentralizado fue capaz de justificarlo, cómo consiguió transformar determinadas reivindicaciones legítimas y determinadas aspiraciones democráticas en reformas de consecuencias más que problemáticas.

LAS CRÍTICAS CADA VEZ MÁS NUMEROSAS CONTRA LA UNIFORMIDAD

La estrategia descentralizadora dio respuesta a una insatisfacción creciente con respecto a la burocracia centralista. La crítica, aunque a menudo exageradamente simplificadora para las necesidades de la «reforma», apunta a la organización misma de la institución y concierne a una cuestión muy real. La escuela antigua, dicen los partidarios más declarados de la nueva corriente, era una escuela que, desde arriba o desde el centro, imponía los conocimientos, los valores y los métodos unifor-

---

4. Véase *Le Nouvel Observateur*, n° 1.848, 6-12 de abril de 2000.
5. Véase Pascal Bouchard, «Guy Bourgeois: la logique des propositions du RPR pour l'éducation est la séparation des fonctions de maître d'ouvrage et de maître d'oeuvre», AEF, 8 de enero de 2002.

mes para un conjunto social y cultural cada vez más heterogéneo y una sociedad cada vez más compleja.[6] La política escolar respondía, en efecto, al doble ideal de «construir Francia» sobre una base unitaria y de difundir la ilustración emancipadora en beneficio del pueblo, y todo esto por medio de una administración imponente. El establecimiento, en este tipo de organización, era un escalón en la parte baja de la cadena jerárquica y obedecía a normas impuestas en cascada, aun cuando las tradiciones locales y una cierta independencia de los grandes establecimientos atemperaban la uniformización. Esta transcendencia del Estado educador fundaba y legitimaba la clausura simbólica que hacía de la escuela una institución que poseía sus propios imperativos, su temporalidad y sus ritos. Si las críticas modernistas del antiguo modelo insisten en la «mentira republicana», igualmente señalan la «obsolescencia» de esta ficción política: habríamos salido definitivamente de esta época de uniformidad nacional. Al convertirse la antigua clausura en un obstáculo para la democratización, pues la escuela demasiado «autónoma» ya no podía responder a las necesidades económicas y tecnológicas, era preciso por tanto adaptar la escuela a la diversidad de la población y a la variedad de la demanda, aproximarla al medio local y al mundo de la empresa.

Fueron numerosos los trabajos que mostraban la crisis del modo de gestión de la administración en general y de la escuela en particular, gestión que parecía cada vez más indiferente a la diversidad de las situaciones engendradas por la masificación. La crítica más corriente consiste en decir que la centralización burocrática francesa reveló, sobre todo, sus inconvenientes cuando se hizo necesario introducir cambios en las formas de enseñar, en los programas y en la relación con

---

6. Es posible comprobar retrospectivamente que esta uniformidad era a menudo más aparente que real, pero también que sus virtudes igualadoras no estaban tan aseguradas como la ideología republicana pretendía.

los alumnos. El anterior sistema de mando estaba abocado a la inercia, a la ineficacia y al corporativismo. Se consideraba que el enseñante de base, en su clase, estaba demasiado aislado y se resistía demasiado al cambio, situado fuera del alcance de una jerarquía que se suponía portadora de un proyecto a la vez moderno y democrático. El crecimiento económico, la división más avanzada del trabajo, la necesidad de acoger a alumnos de orígenes sociales más variados y la necesidad de innovación pedagógica obligaban a repensar la organización del aparato educativo. El aumento de los «flujos» y de los «stocks» de alumnos, para emplear el estilo gestionario, planteó considerables problemas materiales (locales, contratación, administración del personal, etc.), pero sobre todo pedagógicos. Las relaciones entre los educadores y los alumnos se degradaron en ocasiones de forma notoria y, frente a las impotencias de la política central, las dificultades engendradas por esta masificación parecieron sobre todo exigir remedios urgentes a escala local. Además, la crisis económica y social planteó de manera cada vez más apremiante la cuestión de las relaciones entre el centro escolar y la región, e incluso el «canal de empleo» en el que se insertaba, en la misma medida en la que se suponía que la cuestión del empleo debía plantearse a nivel local.[7] En fin, no olvidamos que las restricciones presupuestarias en el marco de la política de austeridad incitaron a la transferencia de los problemas de financiación y de planificación escolares hacia las colectividades territoriales y los establecimientos locales. La descentralización necesaria estaba también destinada a hacer tomar conciencia del coste de la educación y a obligar a las colectividades locales a las elecciones y a las prioridades.[8] Implicaba asimismo una contractualización de los medios que

---

7. Bernard Charlot, «La territorialisation des politiques éducatives: une politique nationale», en Bernard Charlot (comp.), *L'école et le territoire: nouveaux espaces, nouveaux enjeux*, París, Armand Colin, 1994, pág. 32.
8. Informe de la Comisión dirigida por Luc Soubré, *La Décentralisation et la démocratisation des institutions scolaires*, MEN, 1982.

ya no podrían ser obtenidos más que a cambio de compromisos particulares, de proyectos precisos, de resultados pretendidos, etc.

LA DIVERSIDAD CONTRA EL CENTRALISMO

Hemos visto anteriormente que los grandes temas del «mercado educativo» habían sido sostenidos, desde finales de la década de 1970, por la derecha francesa. Pero no fue ella, a pesar de la dominación *ideológica* que ejerció, quien, la mayoría de las veces, dirigió *políticamente* la mutación de la escuela. Su gran ordenadora fue la izquierda. Conviene, pues, explicar cómo y por qué la política que esta última dirigió pudo desembocar en la introducción y la expansión de las lógicas de gestión empresarial en la escuela. Las críticas de izquierda a la uniformidad y al autoritarismo burocrático alcanzaron su pleno desarrollo particularmente después de 1968 y quisieron favorecer la «toma de palabra» y la experimentación local, a partir de la «base». El combate de los militantes pedagógicos de las décadas de 1960 y 1970 había consistido en la ampliación de los márgenes de maniobra, en el cambio de las prácticas, en la ruptura de las rutinas y en tener en cuenta a los «alumnos tal como son». La democratización de la enseñanza, una mayor responsabilización de los docentes en el seguimiento de los alumnos y una movilización social a favor de la escuela parecían reclamar una descentralización administrativa.[9] En este sentido, esta última era esperada por numerosos «actores» de base, en particular por pedagogos innovadores de los que la izquierda «moderna» se pretendía la portavoz. La convicción consistía entonces en que, de una mayor diversidad y de una autonomía incrementada, debía surgir una mayor igualdad por

---

9. Suzanne Citron publicó una acusación que manifiesta el estado de ánimo antiburocrático de la época. Véase Suzanne Citron, *L'École bloquée*, París, Bordas, 1971.

el solo hecho de la adaptación de la pedagogía a las necesidades y a las diferencias sociales y culturales de los alumnos. Esta diversificación se contemplaba incluso como una fuente posible de creatividad que acompañaría a una revolución permanente de las maneras de vivir. Lo que se llamó en la década de 1980 la «segunda izquierda», vasto movimiento y «sensibilidad» difusa, en torno a la CFDT (Confederación francesa democrática del trabajo), a la corriente de Michel Rocard en el seno del PS y a la escuela de Alain Touraine en sociología, prolongó a su manera esta reivindicación, percibida ya no como un momento en la transformación revolucionaria de la sociedad burguesa, sino, al contrario, como la característica de una sociedad «moderna» liberada de las obligaciones y las protecciones del Estado.[10]

Con la llegada de la izquierda al poder, en 1981, pareció sonar la hora de la gran reforma descentralizadora. Si, mediante las leyes de 1982, afectó a campos muy numerosos de la organización de los poderes y la acción pública, también tuvo efectos específicos en la enseñanza, cuya ambigüedad merece ser destacada. Como señalaba el ministro Alain Savary, se trataba en primer lugar de «liberar las iniciativas alentando la innovación en los maestros». Alain Savary presentaba así esta nueva orientación: «La corrección de las desigualdades no pasa por una pretendida "igualdad de oportunidades" cuyos nefastos efectos hemos conocido, sino, muy al contrario, por el reforzamiento selectivo de la acción educativa en las zonas y en los medios sociales en los que las tasas de fracaso son más elevadas».[11] Y añadía: «Es evidente que las necesidades y, por tanto, la pedagogía apropiada están lejos de ser las mismas en todos los establecimientos y todas las regiones, y no reclaman

---

10. Para un análisis de una transformación semejante en Bélgica, véase Nico Hirtt, *L'École sacrifiée*, Bruselas, EPO, 1996. Todavía en la actualidad, los socialistas o los Verdes siguen defendiendo una política de autonomización más amplia de los establecimientos escolares inspirada en la misma desconfianza hacia el Estado.
11. Alain Savary, *En toute liberté*, París, Hachette, 1985, pág. 54.

una respuesta centralizada».[12] La renovación de los colegios sobre una base experimental, con tutoría y grupos de nivel, y la creación de los ZEP constituían dos de los ejes importantes de esta política. En nombre de este principio de la diversidad considerada como la condición misma de la igualdad, Alain Savary flexibilizó el mapa escolar a comienzos de la década de 1980: «Las rigideces del mapa escolar se mostraban en contradicción con la necesaria diversidad del sistema educativo. Los padres ven en él, por una parte, un atentado contra la libertad, pues no pueden inscribir a sus hijos en los centros de su elección, y, por otra, a menudo una causa del fracaso escolar», afirmaba el antiguo ministro.[13] Como ahora sabemos mejor gracias a la perspectiva de la que disponemos, la vía del consumerismo escolar estaba así justificada de antemano. Alain Savary también alentó, en nombre de la diversidad de las situaciones locales, la puesta en marcha de los «proyectos de establecimiento», la distinción de los perfiles de establecimiento y los «géneros de educación», presentadas como los acompañantes necesarios de la negociación con el sector privado. Entonces se dio mayor reconocimiento a la necesidad de «diversificar los itinerarios de los alumnos», en función de la personalidad del niño, y a la libre elección de los padres —inclusive para el sector público— del tipo de educación que desean dar a sus hijos. Por primera vez, el servicio público invocaba el «carácter propio» de los centros sobre el modelo de las escuelas privadas, como si la libertad concedida a estas últimas debiera, por prurito de igualdad, otorgarse asimismo al servicio público.[14] En su trabajo, el antiguo ministro explicaba: «La

---

12. *Ibid.*, pág. 54.
13. *Ibid.*, págs. 54-55.
14. Claude Lelièvre, *L'École «à la française» en danger*, París, Nathan, 1996, págs. 87 y sigs. El autor recuerda que la ley Guermeur de 1977 establece que los docentes del sector privado están obligados a respetar el «carácter propio» del centro y que, en adelante, serán nombrados por el rector a «propuesta» del director del establecimiento y ya no «de acuerdo» con él (pág. 82).

unidad del servicio público no es sinónimo de uniformidad [...] cada centro —público o privado— concurrente en el servicio público debería disponer de un margen de responsabilidad expresada en su proyecto. El proyecto del establecimiento es el que determina en particular la identidad del centro, ya sea espiritual, pedagógica o cultural». Para integrar lo privado en un gran servicio público unificado, era necesario que el sector público ofreciera la misma diversidad de elección que la escuela privada, que se convertía paradójicamente en un modelo de libertad para los centros públicos y mostraba que una escuela podía perfectamente, incluso debía, funcionar como una empresa. Además, se reconocía a la escuela privada una «misión de servicio público», prefiguración de las políticas de delegaciones y de concesiones a los colaboradores y «agencias» privados. Sin que pueda verse naturalmente en él un proyecto consciente, ése fue un paso decisivo hacia el mercado escolar efectuado en nombre de la diversidad de los niños y de la innovación de los actores.

El alcance efectivo de esta política fue enmascarado por una doctrina pedagógica de intenciones progresistas. El informe Legrand sobre la renovación de los colegios es un texto importante que marcó el debate escolar de esta época.[15] Florilegio de las ideas renovadoras «democráticas», condensado de las ideas de la «nueva escuela», este informe marca legítimamente una época, aunque sólo sea por las oposiciones que levantó en el cuerpo docente. Louis Legrand impugnaba el «sistema de normas nacionales» y afirmaba que, por su dispositivo, «tanto la heterogeneidad de las poblaciones enseñadas como la gran diversidad de los establecimientos se considera ahí como normal». Solicitaba un ajuste de los programas nacionales a las realidades locales «introduciendo las acciones interdisciplinares que corresponden a los intereses, a las actitudes y a

---

15. Véase Louis Legrand, *Pour une collège démocratique*, informe al ministro de Educación Nacional, París, La Documentation française, 1983.

las competencias comprobadas en los estudiantes».[16] Había que tener en cuenta las diversidades sociales y las diferencias territoriales antes de querer imponer saberes procedentes de otra parte y de arriba, y había que organizar las «actividades», sus contenidos y sus métodos en colaboración con los usuarios. Pero esta exigencia de tener en cuenta a los «alumnos tal como son», a la que se adhirieron los pedagogos progresistas, por necesaria que sea, puede transformarse rápidamente en una situación muy peligrosa si esas «diferencias» se juzgan fatales. Una cierta apología de estas mismas «diferencias» puede conducir a la aceptación pasiva de las desigualdades entre las clases y entre los alumnos. Lo que, de entrada, parece ser un proceder que presta atención a las dimensiones sociológicas de la enseñanza y reclama una movilización política, se invierte en una gestión caritativa hacia los pobres cuyo problema debe abordarse singularmente, caso por caso, o en un trámite de adaptación a las mentalidades más «concretas» y a las experiencias vividas. Este diferencialismo moralizante, nutrido de buenas intenciones, corre el riesgo de ocultar los fenómenos sociales que están en la base de las desigualdades escolares. La «atención a las diferencias» se transforma entonces en «asignación de las diferencias» en el pensamiento de los teóricos que encierran apresuradamente a los alumnos en categorías miserabilistas y estigmatizantes.[17]

Si se traza el balance de estas transformaciones ideológicas y políticas, se advierte que la izquierda padeció en el terreno escolar un efecto de dominación a la vez masivo y difuso. Se impusieron nuevos valores (lo diverso, la diferencia, lo individual y lo local) que, si se corresponden con ciertas aspiraciones tanto de los docentes como de los alumnos, fueron interpretadas por muchas familias como fuentes de realización

---

16. *Ibid.*, pág. 113.
17. Véase Sandrine Garcia, «La marchandisation du système éducatif et ses ressorts idéologiques», texto en la web del APED.

personal, pero sobre todo como medios para defender mejor los propios intereses en la institución y no como los fundamentos de una comunidad de ciudadanos más iguales. En lugar de fundirse con los valores mas sustanciales de la tradición republicana y socialista, estos «valores modernos» tendieron más bien a suplantar a los más tradicionales valores de izquierda de universalidad, de emancipación y de igualdad juzgados «carrozas» e incluso «totalitarios».

LA GESTIÓN EMPRESARIAL COMO HORIZONTE «REALISTA» DE LA IZQUIERDA

La utopía de la transformación social, en cuyo seno la reforma de la escuela tenía una importancia mayor que desempeñar como instancia de «liberación» de los espíritus y de promoción de las clases populares, se degradó poco a poco en una simple «renovación» hecha en nombre de la eficacia. La derrota de la izquierda en el dossier de la enseñanza privada, el estancamiento de la renovación de los colegios y el fracaso del pedagogismo del informe Legrand favorecieron y aceleraron, en el transcurso de la década de 1980, la implantación del discurso de la gestión empresarial en la izquierda. La transformación de los temas es particularmente evidente tanto en los escritos del Partido Socialista como en las orientaciones del SGEN-CFDT (Sindicato General de la Educación Nacional y Confederación Francesa Democrática del Trabajo, respectivamente), e incluso de la FEN. Se constituyó un bloque «modernizador» cuya influencia, al menos ideológica, no hay que subestimar, hasta hoy. Esta insistencia en los problemas de organización y de estructura parece responder a las insatisfacciones y a los anhelos de cambio en el mundo educativo, pero la respuesta, al mezclar vestigios de los ideales autogestionarios de la década de 1970 y las nuevas técnicas de gestión empresarial, rebaja las voluntades políticas de transformación del período precedente en aspiraciones modernizadoras y en «soluciones» pedagógicas a la vez más desencantadas y más complacientes. El hechizo por la innovación pedagógica y organizativa («trabajar de otro modo») muestra bastante bien la descomposición de los temas progresistas en beneficio de una fe modernista a la vez mucho más «realista» y mucho más vacía políticamente.

El reflujo político y cultural de las ideas de izquierda durante la década de 1980 —a despecho o a causa de las victorias electorales de los socialistas— condujo a la recuperación de estas reivindicaciones mediante una teoría de la nueva gestión empresarial, profundamente recelosa con respecto a la autonomía de la base (el «corporativismo») y favorable a la lógica del mercado (la «demanda»). Si la crítica de la centralización burocrática constituyó un tema de convergencia muy importante entre los gestionarios modernistas y los renovadores pedagógicos, lo que triunfó tanto en este terreno como en otros, bajo la presión de la ideología liberal, fue una doctrina de inspiración gestionario-empresarial, y no la aspiración igualitaria y democrática de una base movilizada a favor de la transformación social. El eje principal de la política llevada a cabo no fue entonces el que esperaba Alain Savary, quien había querido devolver el poder a los «actores», liberar las iniciativas y encargar así a los docentes innovadores la misión de arrastrar al resto del cuerpo profesoral por medio de un proceso de «mancha de aceite». La política llevada a cabo por sus sucesores fue más bien en el sentido del *liberalismo burocrático*, cuyo inflexible principio consiste en que la transformación no procede, no puede ni debe proceder, de la base enseñante considerada como definitivamente reacia al cambio. Proviene de la presión exterior de los consumidores o de los «colaboradores», de la aplicación de la contractualización y del impulso dado por la jerarquía intermediaria. Desde este punto de vista, el gran inspirador de esta mutación, aquel cuyas tesis conocieron el mayor éxito, tanto en la derecha como en la izquierda, fue Michel

Crozier, cuya obra *El Fenómeno burocrático* (1964) constituyó el breviario de varias generaciones de reformadores.

Si damos crédito al programa de este sociólogo de las organizaciones, expuesto en 1969 en *La Sociedad bloqueada*, la tarea más urgente debía ser la «descolonización» de una sociedad asfixiada por la burocracia. El Estado debe recular para que se pueda desarrollar el «cambio social». La modernización social se presenta como un proceso a la vez inevitable y deseable, sin vínculo con la naturaleza del sistema económico y sin relación con los objetivos de las luchas sociales. No sólo el sentido de la transformación económica y social no es tenido en cuenta, sino que la definición misma del Estado es objeto de una confusión permanente porque tan pronto es identificado únicamente con la actividad administrativa, tan pronto asimilado a la mística monárquica, pero nunca es considerado como una institución política en relación con las identidades individuales y colectivas. Esta sociología de las organizaciones está impregnada por una desconfianza hacia los actores de base, sospechosos de desplegar comportamientos de protección y disimulo con el fin de incrementar su libertad. El ideal del interés general y el sentido de la misión se contemplan como señuelos destinados a enmascarar las estrategias corporativistas. Con la perspectiva que nosotros tenemos, no es muy difícil ver en qué medida esta sociología era una manera «técnica» de pensar y de imponer los cambios institucionales que implicaba el final de un capitalismo enmarcado y sostenido por el Estado. Sólo la oposición entre los «modernos» y los «conservadores» parecía entonces pertinente.

La «reforma de la escuela», en este marco, se volvía un mero asunto de «organización», aislada del análisis político y económico, remitida a un «cambio social» presentado a la vez como un hecho en sí y como un imperativo absoluto. Tampoco se relacionaba con la finalidad específica de la escuela —la entrada en la cultura científica— ni con las múltiples dimensiones de la educación. La crítica de la burocracia se limitaba por tanto únicamente al terreno de la organización y conservaba intactos, sin confesarlo, los presupuestos mismos de la burocracia que otorga, por constitución, la primacía a la dimensión de la «eficacia». La primera piedra del consenso del que no hemos salido estaba puesta.

La lectura retrospectiva de esta literatura de renovación tecnocrática de las décadas de 1960 y 1970, dirigida toda ella contra «las ideologías» cuyo fin anunciaba, permite comprender cómo las críticas del centralismo, henchidas de intenciones libertarias («liberar la iniciativa y la creatividad de la base»), pudieron desembocar en propuestas de reformas que debían crear, en lugar de la «vieja máquina napoleónica y ferrysta», una red de «comunidades descentralizadas»[18] y para las cuales el riesgo de una fragmentación de los objetivos, de una desigualdad incrementada entre los grupos sociales o de una competición entre los establecimientos no era, ni por un solo momento, contemplado. La mutación gestionario-empresarial de estas posiciones, y el acuerdo que permitió entre la izquierda moderna y la derecha liberal, desembocó en la definición de una nueva organización y de nuevos principios de gestión, con frecuencia titulada pomposamente «el pilotaje del sistema educativo».

UNA NUEVA ORGANIZACIÓN DESCENTRALIZADA

El nuevo modelo de gestión empresarial pública consiste en delegar en el Estado el cuidado de fijar las grandes líneas y las últimas metas, y en dar a las unidades autónomas de base la misión de alcanzarlas o de aproximarse a ellas con una mayor libertad en el uso de los medios. Sucede así con la nueva forma escolar que debe reposar, según los expertos en organización, sobre una nueva articulación entre el centro y la periferia. El

---

18. S. Citron, *op. cit.*, pág. 156.

Estado conserva la definición de los objetivos, los contenidos y las cantidades presupuestarias, continúa en gran parte la contratación, organización y formación de los «recursos humanos» (aunque este punto sea objeto de división entre los descentralizadores), pero cede a la periferia todo lo que depende de la gestión territorial y cotidiana según un reparto de tareas que se pretendería «técnico», pero que engloba grandes apuestas políticas.[19] El dogma de la nueva gestión empresarial pública pretende que las soluciones se encuentren en la periferia, lo más cerca posible de la «demanda» de los usuarios. Se dice que, ante la singularidad de las cuestiones, no basta con una estrategia uniforme. Eficacia y diversidad estarían así estrechamente ligadas. Cuanto más próximo se esté, más implicado y más capacitado se está para encontrar soluciones locales adaptadas. El presupuesto es que hay que tratar los problemas allí donde se plantean «concreta y visiblemente». La evaluación se ha transformado en un momento esencial del dispositivo. Realizada *a posteriori* sobre los resultados y ya no a partir de reglas y normas que seguir, se considera que la evaluación asegura un autocontrol de las unidades de base y la coherencia del conjunto. Como dice H. Mintzberg, «tales sistemas de control de los rendimientos son característicos de las unidades organizadas sobre la base de mercados».[20] La descentralización, la «reticulación» de los establecimientos y de sus múltiples colaboradores horizontales y la constitución de micromercados convierten, en cualquier caso, la evaluación en el modo de regulación típica de una nueva forma escolar que se supone que puede evitar una fragmentación del sistema mediante la fijación de objetivos nacionales sin obstruir, no obstante, el movimiento de diferenciación de los establecimientos.[21] Por un doble golpe de fuerza se eva-

---

19. Véase Louis Saisi, «L'État, le "local" et l'école: repères historiques», en Bernard Charlot (comp.), *op. cit.*, pág. 24.
20. Henry Mintzberg, *op. cit.*, pág. 150.
21. Yves Dutercq, *Politiques éducatives et évaluation*, París, PUF, 2000, pág. 158. Véase Agnès van Zanten, «Le rôle de l'évaluation dans les estratégies concurrentie-

cuaron tanto la dimensión sociohistórica de las transformaciones escolares como la dimensión de la acción política general susceptible de responder a ellas de forma adecuada. La nueva gestión empresarial se beneficia, a este respecto, de una represión de lo político que intenta trasladar a las entidades locales más o menos autónomas, y en última instancia a los individuos requeridos a «innovar», las tareas antaño asumidas por el Estado. Éste cuenta con los innovadores de la base y los empresarios dinámicos para inventar remedios inéditos a los males sociales y psicológicos de las sociedades de mercado, sin perjuicio de asegurar un «servicio posventa» para las víctimas. «La escuela es su propio recurso», se repite, para decir que cada centro, caso por caso, debe arreglárselas por sí mismo, aun cuando los problemas que padece dependen, en primer lugar, de un Estado social general y, con mucha frecuencia, de las lógicas de mercado que sufre directamente. La razón de que esta ideología se apoye en un empirismo a la vez sociológico y administrativo, que convierte el centro escolar en el objeto de investigación pertinente y en el terreno de resolución eficaz de los problemas, es comprensible.

Tras las justificaciones de la descentralización y las consideraciones pragmáticas, se efectúa una reconfiguración de la acción pública, tanto de sus modalidades como de su perímetro. La cuestión ya no consiste en saber qué es, de tal o cual aspecto de la vida social y económica, incumbencia del Estado, sino en saber, desde el único punto de vista de la eficacia, cómo hay que repartir la acción, por un lado, entre el Estado y las colectividades locales, y, por otro, entre las instituciones públicas y las «agencias», los «servicios» y los «colaboradores», llamados genéricamente «actores» —ya sean comerciales, asociativos o individuales—, a los que se delega una «misión de servicio público». La teoría que se hizo de ello pretendería que, en una época

---

lles des établissements et dans les estratégies de choix des parents en France et en Grande-Bretagne», en L. Demailly, *op. cit.*, pág. 31.

de debilitamiento del Estado y de desconfianza ante la acción pública, sólo una acción negociada entre múltiples socios, obediente a los intereses y las lógicas que les son propios, podría actualmente definir y realizar el bien público.[22] En consecuencia, la ley, en tanto que es uniforme y fruto de una voluntad general, vería reducirse inexorablemente su espacio en beneficio de una contractualización generalizada de las relaciones sociales.

Esta nueva «gobernancia» pretende que por todas partes se pase del administrado pasivo al usuario. Pero el usuario, en el contexto de las sociedades de mercado, se convierte en un cuasi cliente que compra un servicio a la colectividad pública y espera que ella se lo entregue según un modo contractual y utilitarista: «La legitimidad de la acción pública nace de su utilidad verificada por el bien de cada uno».[23] Se puede apreciar ahí el sello de una época individualista. Sólo que la voluntad de los individuos de no dejarse dirigir sin posibilidad de intervención no significa que deseen transformarse en consumidores. Reconocer los derechos colectivos en materia de educación no tiene nada que ver con el consumerismo escolar y el ahondamiento de las desigualdades entre grupos que lleva consigo, como un determinado fatalismo pretendería hacer creer.

Cuando hoy día se reprocha a determinados teóricos o responsables de izquierda el hecho de haber facilitado el camino al liberalismo mediante esta política de diversificación y de descentralización, se defienden queriendo distinguir la lógica de servicio público y la problemática de mercado. Pero, añaden, el servicio público, para ser mejorado, debería estar regido por una *lógica de la demanda*. Ésta obligaría a la fijación de objetivos de mejora de la relación coste-rendimiento y a una evaluación

---

22. La «tercera vía» del New Labour hace mucho caso del sistema del PPP (*private-public partnership*), en especial en el ámbito escolar.

23. Catherine Grémion y Robert Fraisse, *Le Service public en recherche: quelle modernisation?*, París, La Documentation française, 1996. Véase igualmente, sobre este punto, Claude Pair y otros, *Rénovation du service public de l'Éducation nationale: responsabilité et démocratie*, MEN, febrero de 1998.

permanente cuyo principal beneficiario sería el usuario. Una vez planteado el principio de que la escuela es un servicio descentralizado que satisface a una clientela diferenciada y no, ante todo, una institución encargada de educar a todos los miembros de una sociedad según valores y reglas comunes, y de instruir a ciudadanos capaces de asumir las tareas colectivas, se han suprimido muchos obstáculos a la privatización *de facto* de los establecimientos escolares, es decir, su subordinación a todo tipo de intereses privados. En este punto, los liberales parecen más coherentes. Si aplaudieron todas las iniciativas llevadas a cabo por la izquierda hacia la diversificación y la descentralización del sistema educativo, creen que, si la demanda individual es ciertamente el factor fundamental, conviene llevar hasta el final esta lógica poniendo en marcha la descentralización más completa. A mediados de la década de 1980, las cosas ya estaban anunciadas con claridad. Desde 1983, los administradores reunidos en un congreso habían anticipado la dinámica liberal de los proyectos descentralizadores: «En el núcleo del proceso de descentralización se encontrará el proyecto de establecimiento y su animador, el director del establecimiento. La comisión estima que la noción misma de proyecto de establecimiento implica la supresión del mapa escolar (en especial en sus exigencias de sector escolar entre establecimientos de la misma naturaleza), la libre elección por parte de los alumnos y sus padres de un establecimiento en función de su proyecto (*idem* por parte de los profesores, por lo demás) y la determinación del perfil de la plaza de director de establecimiento en función nuevamente del proyecto a llevar a cabo».[24]

---

24. Coloquio de la AFAE (Asociación Francesa de los Administradores de la Educación Nacional), comisión nº 4, informe de Henri Legrand, 25-27 de febrero de 1983, en *Administration et éducation*, vol. 19, nº 3, 1983, pág. 88.

EL ESTABLECIMIENTO ESCOLAR EN EL CENTRO DEL DISPOSITIVO

La idea de convertir al establecimiento en la «célula de base» del sistema educativo no es nueva. El movimiento se diseñó a raíz del coloquio de Amiens (18 de marzo de 1968).[25] Este coloquio, que se convirtió en una verdadera biblia de los reformadores «modernistas» en el pos-Mayo, anunció la nueva vía descentralizadora. En la conclusión del informe preparatorio de la comisión consagrada a los establecimientos escolares, se encuentran los grandes temas de la reforma anticipada hacía más de treinta años, en particular la asociación de la autonomía y la innovación. Tras haber recordado la necesidad de diferenciar la pedagogía y de individualizar la enseñanza con la finalidad de adaptarla a los alumnos, el informe expone: «La consigna es, en adelante, la flexibilidad. Para realizar esta flexibilidad de adaptación a las necesidades del momento y a las condiciones locales, es importante conceder una amplia autonomía a los centros escolares. Es indispensable que los responsables de cada escuela puedan tomar decisiones rápidas y adaptadas. ¿Y cómo suscitar la participación si el terreno que se le ofrece es inconstante, si no existe ningún poder que ejercer en común? En resumen, sea cual sea el punto de vista adoptado, se desprende siempre la misma conclusión. La transformación del centro escolar implica una *revolución administrativa* [la cursiva es del original]. El buen empleo del personal docente, la utilización juiciosa de los créditos, la eficacia de nuestra enseñanza y su modernización tienen ese precio».[26] Fue, pues, muy pronto cuando se definió la estrategia que consiste en conceder mucha más

---

25. Véase sobre este punto J.-P. Obin, *La Crise de l'organisation scolaire*, París, Hachette Éducation, 1993, pág. 31.

26. Association d'Étude pour l'Expansion de la Recherche Scientifique, *Pour une école nouvelle: formation des maîtres et recherche en éducation*, Actas del coloquio nacional, Amiens, 1968, París, Dunod, 1969, pág. 213.

autonomía a las unidades de base, en dotarlas de una personalidad propia y en dejarles un margen de iniciativa respecto a los contenidos de la enseñanza. Las décadas de 1970 y 1980 estarán marcadas, a este respecto, por la profundización de lo que técnicamente se llama la «desconcentración administrativa», hasta la ley de orientación de 1989 que consagra la estrategia del proyecto de establecimiento, pariente del proyecto de empresa que se puso de moda a mediados de la década de 1980. La «descentralización» de los poderes, también aquí en el sentido técnico del término, acompaña el movimiento, al conceder más competencia a las colectividades territoriales. En continuidad con las medidas adoptadas en el marco de la política general de descentralización comenzada en 1982, la ley del 25 de enero de 1985 definió las reglas relativas al reparto de competencias entre los municipios, los departamentos, las regiones y el Estado en el terreno de la enseñanza.

Paralelamente, se desarrollan numerosos trabajos que intentarán poner en evidencia un «efecto-establecimiento», que se convierte en un «paradigma» supuestamente capaz de suplantar los análisis sociológicos anteriores que insistían mucho más sobre el efecto de la pertenencia social en la desigualdad de los resultados escolares.[27] Según esta «nueva sociología de la escuela», los mecanismos de la reproducción social expuestos por la sociología crítica en la década de 1960 no bastan para dar cuenta de las diferencias observadas entre alumnos que pertenecen a establecimientos distintos. Este nuevo «paradigma» sirvió de justificación a la estrategia política definida por la máxima: «La escuela es su propio recurso», y que incluso, a veces, arrastró a determinados autores a ensalzar los méritos del «gestor empresarial educativo» eficaz, único capaz de «encarnar el establecimiento y de expresar su proyec-

---

27. Véase Olivier Cousin, «L'"effet-établissement", construction d'une problématique», *Revue française de sociologie*, n° XXXIV, 1993, págs. 395-419.

to».[28] Del acta a la conclusión práctica, el paso no siempre era necesario. Muchos de estos trabajos, interesantes aunque limitados, revelan las prácticas muy diferentes de los establecimientos bajo el efecto del medio y del tipo de alumnos que pretenden incorporar. Pero, lejos de mostrar que los centros escolares *no* se adaptan *suficientemente* a su entorno, estos estudios tienden a demostrar, al contrario, que con frecuencia se adaptan a él *demasiado* y que se vuelven rápidamente tanto en instrumentos al servicio de los medios más favorecidos como en víctimas más o menos complacientes de las estrategias de evitación. En cualquier caso, se constituyó una verdadera ideología del establecimiento, que incluso convertía a veces la descentralización y la desconcentración en sinónimos de democratización.

El desplazamiento más relevante que se pudo observar fue el que permitió identificar este establecimiento más autónomo con una *empresa* con un patrón, asalariados y clientes. Fue como si, bajo el efecto de los vientos que soplaban, cualquier organismo que hubiera ganado una cierta independencia no pudiera ser otra cosa que una empresa. Mientras que los primeros argumentos descentralizadores atribuían esta autonomía a un aumento de democracia, como por otra parte indican los textos de orientación de comienzos de la década de 1980 (en especial, el informe Soubré), se llegó rápidamente a vincular esta descentralización a una mutación «empresarial». El rector Daniel Mallet fue muy explícito a propósito de la transformación previsible de la reforma que consistirá, según él, en conceder a los establecimientos públicos locales de enseñanza (EPLE) «el dominio de los medios fundamentales de toda empresa, a

---

28. Robert Ballion, «Les chefs d'établissement efficaces», *Éducation et management*, octubre de 1993, pág. 60. Véase igualmente *Le Lycée une cité à construire*, París, Hachette Éducation, 1993, págs. 227-228. Esta autonomía de los establecimientos es entendida como la «autonomía de los directores de establecimiento» por los principales interesados, según una fórmula de Yves Grellier, *Profession, chef d'établissement*, París, ESF, 1998, pág. 120.

saber, la elección y la gestión de su personal y el dominio de los medios fundamentales de un establecimiento escolar, a saber, la elección y la gestión de su cuerpo docente».[29]

ESCUELAS RICAS Y ESCUELAS POBRES

La intención que animó a los descentralizadores de la década de 1980 consistió en *limitar* la influencia de las colectividades locales sobre los centros escolares. Entonces se creía que el estatuto público de estos establecimientos y la definición centralizada de los objetivos educativos que se les asignaría bastarían para protegerlos de una dominación demasiado directa de los poderes locales que amenazaba con hacer saltar por los aires el sistema. Las colectividades eran requeridas a financiar el esfuerzo escolar permaneciendo al margen de la acción pedagógica, salvo una representación en los consejos de escuela y de administración. El informe Soubré de 1982 enunciaba una fórmula simple: «A poderes locales fuertes, establecimientos fuertes».[30] Pero este reparto de tareas que concedía a los poderes locales la labor de pagar y no ocuparse más que de las actividades periescolares fue poco a poco puesto en cuestión. Unos cuantos trabajos disponibles dedicados a las acciones de las municipalidades, de los consejos generales y regionales, mostraron los nuevos desequilibrios y desigualdades que se diseñan. Los proyectos (no realizados) de Claude Allègre y los proyectos (en vía de realización) del equipo Raffarin-Ferry muestran que las próximas etapas, de tener lugar, consistirán en la concesión a las colectividades territoriales, y en especial a las regiones, un poder acrecentado de definición de

---

29. Daniel Mallet, «La nouvelle réalité administrative et pédagogique de l'EPLE», *Administration et éducation*, vol. 55, nº 3, 1992, pág. 100.
30. Luc Soubré, *Décentralisation et démocratisation des institutions scolaires*, MEN, 1982, pág. 24.

la política educativa (contratación, gestión del personal, implantación de establecimientos y de formaciones).

Uno de los grandes argumentos enunciados por los promotores de la descentralización es que las financiaciones de las colectividades a favor de la educación fueron más elevados que las cantidades transferidas por el Estado a esas mismas colectividades. Los gastos de las colectividades territoriales en materia educativa representan ya cerca de una cuarta parte de los gastos públicos para la enseñanza y más de la quinta parte de los gastos internos de educación (incluidos los gastos de las familias) y sin duda seguirán creciendo tal como los responsables políticos de derechas y de izquierdas incitan a hacerlo. Este esfuerzo financiero permitió un cierto reequilibrio entre las academias, medible por ejemplo por el aumento muy sensible de las tasas de los bachilleres en las regiones atrasadas. Sin poner en duda las carencias pasadas por parte del Estado, se acostumbra a ver en ello la prueba de una superioridad definitiva de la descentralización en materia de igualdad. Así, los contribuyentes pagaron más por la educación en el capítulo del impuesto local que en el del impuesto nacional con el fin de asegurar el desarrollo de la escolarización masificada de los últimos veinte años.[31] Ahora bien, esta financiación incrementada se realizó sobre bases cada vez menos igualitarias tanto del lado de la recaudación como del lado del gasto. En efecto, es sabido que el tributo fiscal local es socialmente muy injusto, que la presión fiscal es muy diferente según los luga-

---

31. El informe Mauroy sobre el futuro de la descentralización (octubre de 2000) observa así que «el aspecto de la Francia escolar ha cambiado radicalmente en este punto gracias a la acción de las colectividades territoriales» (pág. 51). En cuanto al menor compromiso del Estado, las cifras son elocuentes: en 1983, el Estado asumía el 90 % de la financiación inmobiliaria de los colegios e institutos con 6.300 millones de francos, mientras que los departamentos y regiones no aportaban más que 800 millones. En 1998, el Estado aportaba 9.900 millones, pero esta suma no representaba más que el 32 % de la inversión total. Los departamentos y las regiones le dedicaron 21.000 millones, 2.100 millones de los cuales estaban destinados a la enseñanza superior.

res y que, con mucha frecuencia, es claramente menor en las colectividades más ricas que en las más pobres. La descentralización no sería intrínsecamente desigualitaria si viniera acompañada por reglas claras y respetadas no sólo de «perecuación», sino también de verdadera redistribución entre colectividades locales ricas y colectividades pobres.[32] Cosa que, hay que señalarla, supondría la intervención activa del Estado árbitro. Ahora bien, es forzoso comprobar que la descentralización acentuó las diferencias de riqueza entre municipios, departamentos y regiones, y por tanto entre establecimientos que están lejos de percibir las mismas financiaciones. Según un estudio de la Federación de delegados departamentales del Ministerio de Educación Nacional, el porcentaje del presupuesto municipal destinado a los gastos educativos era muy variable, yendo del 7 % (en el 10 % de municipios) al 20 % (en el 5 % de los municipios). La cantidad asignada para la compra de suministros, material fungible y libros escolares es asimismo muy diferente: de menos de 200 francos en el 25 % de los municipios a más de 500 francos en el 10 % de los municipios.[33] Desde luego, las comparaciones son difíciles a causa de la misma contabilidad pública que distribuye en partidas presupuestarias muy variables las cantidades asignadas a los establecimientos de diversos niveles. Sin embargo, la importancia del fenómeno es indiscutible. Si nos ceñimos únicamente a la financiación de las escuelas primarias por los municipios, sabemos que estos últimos aportan ya alrededor del 38 % de los fondos de las escuelas municipales (no incluido el transporte). Según un sondeo de la SOFRES (Sociedad francesa de sondeos de opinión), citado por el periódico *Le Monde*, que se refiere sólo a

---

32. Véase François Castaing, «Décentralisation: un millon d'une nouvelle régulation?», *Nouveaux Regards*, n° 18, verano de 2002.
33. Bernard Toulemonde, *La Gratuité de l'enseignement, passé, présent, avenir*, MEN, 2002, pág. 19.

los créditos pedagógicos, cada alumno francés recibió 239 francos de media al año.[34] Pero si hemos de creer los testimonios de los docentes recogidos por el SNUipp, el sindicato mayoritario de los enseñantes del primer grado, las cantidades fluctuarían entre 70 y 700 francos según los lugares. Otros recursos provenientes de las colectividades locales van a veces mucho más allá de las obligaciones legales en materia de construcción y de mantenimiento de edificios, comenzando por la financiación de los talleres, de las salidas, de los viajes y de las estancias escolares. Esto puede igualmente tomar la forma de actividades culturales múltiples animadas por interventores exteriores, o la presencia de agentes mediadores para luchar contra la violencia, como en Hauts-de-Seine.[35] También algunas municipalidades, consejos generales o regiones desbloquearon fondos importantes para el equipamiento multimedia de los diferentes tipos de establecimientos. La diversidad creciente de los objetivos asignados a la escuela elemental en materia de lenguas extranjeras, de tecnologías y de literatura contemporánea resalta un poco más las desigualdades de medios. Los equipamientos de las escuelas son muy variables: así, según un estudio reciente del SNUipp referido a la mitad de los departamentos franceses, si el 72 % de las escuelas poseen un ordenador, las que poseen más de diez sólo alcanzan el 8 %.[36] La financiación de los libros de texto de los estudiantes de instituto es asumida, en determinadas regiones, por ellas mismas, y en otras no existe ninguna financiación. La apertura de los establecimientos al exterior favorece la activación de múltiples canales a través de los cuales pueden transitar las financiaciones más di-

---

34. Marie-Laure Phélippeau, «École riche, école pauvre, derrière les réalités le choix des maires», *Le Monde*, 22 de noviembre de 2001.
35. Yves Dutercq, *Politiques éducatives et évaluation*, París, PUF, 2000, págs. 136 y sig.
36. Véase Nicole Geneix, «Enquête d'argent», *Fenêtres sur cour*, n° 227, 31 de agosto de 2002.

versas.[37] Los medios socialmente desiguales de las familias no son desdeñables en la aportación financiera a las escuelas, gracias a la cooperativa, las tómbolas, los viajes escolares, las compras de fotos y las donaciones de libros, de documentos e incluso de materiales informáticos. Igualmente, las diversas actividades o producciones artesanales de la escuela, la movilización de las cooperativas, peñas y asociaciones de padres, las diferentes formas de esponsorización de las fiestas y concursos pueden contribuir a alimentar las cajas de las escuelas. La encuesta de la SOFRES, citada anteriormente, indica que el 20 % de los recursos pedagógicos de las escuelas provienen de estos diversos expedientes.

Si el asunto no es nuevo, nos podemos inquietar sin embargo por los efectos de la «localización» cada vez más consolidada del sistema escolar. Con la creciente dependencia respecto a las financiaciones privadas o locales, se puede observar, en materia de condiciones materiales, una polarización cada vez más profunda entre las escuelas pobres para los hijos de los pobres y las escuelas de lujo para los hijos de los ricos. De la misma manera, el coste soportado por las familias, en ocasiones muy elevado en el momento de la vuelta a clases, es muy variable. Según la encuesta de la Confederación Sindical de las Familias (coste de la escolaridad de 2000, agosto de 2000), el coste de la vuelta a clase para un alumno en BEP (diploma francés de estudios profesionales) terciario era de 3.000 francos y en BEP industrial de más de 4.000.[38] Estas desigualdades múltiples deben relacionarse con la participación creciente de determinados padres muy movilizados y cada vez

---

37. Sobre el conjunto de estos aspectos, véase Yves Careil, *De l'école publique à l'école libérale: sociologie d'un changement*, Rennes, Presses universitaires de Rennes, 1998, y especialmente págs. 167 y sigs. El autor muestra que en determinadas escuelas «el dinero chorrea por las paredes» y que los excedentes de tesorería se colocan en SICAV (sociedad gestora de fondos de inversión), mientras que otras carecen cruelmente de medios.

38. Véase Bernard Toulemonde, *op. cit.*, pág. 17.

más profesionales en la vida de la escuela, que convierten su participación en el consejo de escuela o en el consejo de administración en medios de presión sobre los docentes y que intervienen a diferentes títulos y con ocasión de actividades múltiples en el funcionamiento del establecimiento, y no siempre por lo demás con un propósito de mejora colectiva de la escolarización o para favorecer el respaldo a los alumnos más flojos, sino muy a menudo por cálculo estratégico para defender el interés de su propio hijo (inclusión en las buenas clases, elección del docente que en opinión de los padres se supone más competente, movilización contra las clases del sábado por la mañana, etc.). Para Yves Careil, apenas cabe duda de que la escuela pública se ve así «vendida en pública subasta».[39] Esta desregulación de las financiaciones es uno de los vectores que, por la adaptación a las dimensiones locales, es decir, con frecuencia sociales, del público permite diferenciar la «oferta escolar» en función de los medios sociales. La igualdad de tratamiento a los alumnos en el territorio francés no sólo no se ha vuelto una realidad, sino que, con la descentralización, no es ni siquiera un ideal regulador. Al pasar de la igualdad abstracta a la desigualdad asumida, el progreso no es evidente.

CONTROL LOCAL Y MUTACIONES DE VALORES

Esta territorialización desigualitaria desempeña un papel no desdeñable en la transformación del sistema de valores en el interior del sistema educativo.[40] Si la intervención de las municipalidades no es reciente, se produce una ruptura cuando se considera no sólo la amplitud de la financiación descentraliza-

---

39. Yves Careil, «L'école public à l'encan», *Le Monde diplomatique*, noviembre de 1998.

40. Véase Agnès van Zanten, «L'action éducative à l'échelon municipal: rapport aux valeurs, orientations et modes d'intervention», en François Cardi y André Chambon, *Métamorphoses de la formation*, París, L'Harmattan, 1997.

da, como se acaba de hacer, sino también la puesta en marcha de verdaderas políticas educativas territoriales. Las colectividades locales lógicamente se ven impulsadas a no contentarse ya con ser simples proveedoras de fondos, privadas del control de los contenidos y los resultados, y a participar, al contrario, en nuevas acciones situadas en el centro de la actividad pedagógica. Hubert Chardonnet, presidente de la red francesa de las ciudades educadoras, decía en este sentido: «No queremos ya ser considerados como cajas registradoras, sino como verdaderos socios. Eso significa participar en la definición de los proyectos, determinar los objetivos, el método y los medios, y clarificar las competencias y las responsabilidades de cada uno, en el respeto a los programas definidos a escala nacional».[41] Desde las leyes de descentralización, las colectividades cubrieron un nuevo campo que les aporta una gran legitimidad en la medida en que la escolaridad de los niños es una preocupación esencial de muchos electores. Como señalan a porfía los portavoces de las colectividades territoriales, son los límites y las lagunas mismas de las políticas nacionales las que exigen estas intervenciones locales sin perjuicio de transgredir el marco de la ley, como ejemplariza el Consejo General de Hauts-de-Seine, en la vanguardia del tema.[42] Según su Plan para el Éxito en la Escuela (PRE), este Consejo General pretende instalar «talleres innovadores» para el sostenimiento escolar, se propone tratar los problemas de incivismo y violencia, y proyecta incluso «equipar a todos los colegios con un sistema de televigilancia».

Esta transformación está lejos de lograr los efectos positivos generalmente anticipados, en especial en términos de eficacia y de igualdad. Los padres más activos y disponibles se ocupan de «colonizar la escuela», mientras que los docentes

---

41. Citado por Dominique Glasman, «Réflexions sur les "contrats" en éducation», *Ville-École-Intégration*, n° 117, junio de 1999, pág. 89.
42. Véanse las investigaciones dirigidas por Yves Dutercq, *op. cit.*

son invitados a convertirse en «empresarios asociativos o políticos locales». La multiplicación de las intervenciones exteriores, que puede satisfacer quizá las aspiraciones a la «apertura» y a la «expansión» de determinadas franjas favorecidas de los padres y obedecer también a la preocupación electoralista de las municipalidades, puede disminuir asimismo el tiempo de los aprendizajes fundamentales y perjudicar a los alumnos más flojos.[43]

Agnès van Zanten, a propósito de los «proyectos de acción educativa» a escala local, señala que «las municipalidades tienden más bien a utilizar el proyecto para ampliar su margen de intervención, para "pilotar" la transformación de las prácticas docentes y para hacer visible su inversión».[44] Las empresas locales se ven igualmente solicitadas para intervenir más, ya se trate de formación profesional, de colaboración «cultural» o a veces incluso de acción de formación destinada a los docentes, bajo la forma de invitaciones a coloquios y a seminarios donde participan ejecutivos y directores de empresa, encuentros que permiten difundir nuevos valores, competencias y un léxico «modernos».[45] Las acciones locales se hacen a veces acompañar por discursos antiburocráticos primarios que denuncian «la jerarquía que bloquea» y «los reglamentos que paralizan», etc., para realzar mejor las virtudes de la flexibilidad y la proximidad. Además, las actividades propuestas en los «talleres» municipales se presentan en ocasiones como más aptas para interesar a los alumnos que las clases de la escuela, y ello en el momento en que los «contratos educativos locales», al legitimar el papel educativo de las colectividades locales, tienden a situar en el mismo rango las actividades socioculturales de las colectividades locales que las actividades escolares, e incluso en competencia con ellas.[46] A las colectividades locales les gus-

43. Véase el Informe de Jean Ferrier, *op. cit.*
44. Agnès van Zanten, *op. cit.*, pág. 179.
45. *Ibid.*, págs. 180-181.
46. Yves Dutercq, *op. cit.*, págs. 126-127.

ta presentarse como portadoras de modernización, mientras que los reformadores del sistema escolar cuentan por su parte con esta intervención en la escuela para favorecer el cambio pedagógico y organizativo. El Consejo General de Hauts-de-Seine se define gustosamente como un «laboratorio de innovación educativa» que desarrolla políticas que responden a una demanda y sirven de palanca para mover al sistema entero.[47] Al resaltar las carencias del Estado, al deslegitimar su función y sus pretensiones, estas políticas territoriales conducen a «soluciones» discutibles como aquellas que consisten en contratar a «grandes hermanos» de las ciudades para resolver los problemas de violencia en los colegios y los institutos.

En resumidas cuentas, las políticas locales en materia de educación aceleran las transformaciones empresariales y desregularizadoras de la escuela que ve así reducida su autonomía. Conceden un poder de control sobre los contenidos y los métodos, y refuerzan las evaluaciones más cuantitativas de la acción educativa. Por esto, imponen a los docentes obligaciones ligadas con la lógica electoral de la máxima visibilidad («crear acontecimientos») y de rendimiento político de los resultados escolares. Los someten a complejos juegos de intereses sociales y económicos locales, que llevan a veces a condicionar determinadas ayudas y subvenciones a la ostentacion de una lealtad política. Además, esta descentralización, especialmente a nivel regional, impulsa a transformar la escuela cada vez más en suministradora de «competencias» para las empresas locales. La legitimidad de las políticas locales en términos de prosperidad y de empleo, que determinan por una parte la sanción electoral, conduce bastante rápido a que los diputados se tomen casi por patronos con derecho a doblegar a cualquier funcionario que se atreva a ofrecer resistencia a las voluntades de las colectividades locales. Como señala Yves Dutercq a propósito de la nueva forma escolar experimentada

---

47. *Ibid.*, pág. 145.

por el Consejo Regional de Hauts-de-Seine, se desemboca así en la constitución «de un verdadero pequeño Estado-nación» capaz de reemplazar al poder central merced a sus considerables medios financieros.[48] La descentralización es un medio para modificar el sentido mismo del trabajo, el estatuto y la ética del personal que la lleva a cabo. En otros términos, no es sólo una forma inteligente de conseguir nuevas financiaciones o de definir los medios que permiten alcanzar mejor los fines de la escuela pública, como pretendía la izquierda descentralizadora, sino que, gracias a la retirada del Estado, tiende a modificar estos últimos convirtiendo la escuela en una agencia local destinada a ofrecer «servicios» definidos por las colectividades territoriales y, en especial, a producir competencias para las empresas.

El gobierno de Jean-Pierre Raffarin pretende acelerar el proceso de descentralización en materia educativa, siguiendo en esto las recomendaciones del informe de la Comisión para el Futuro de la Descentralización (de octubre de 2000), presidida por Pierre Mauroy.[49] La «organización descentralizada» de la República tendrá consecuencias sobre el sistema educativo. Sin prejuzgar las experimentaciones plurianuales previstas por el gobierno, se puede esperar que los diputados de las regiones manifiesten deseos de ampliación de sus competencias en materia de educación y formación. Inmediatamente después del anuncio del proyecto, los responsables de la región Ródano-Alpes, por boca de la presidenta Anne-Marie Comparini, daban a conocer además su deseo de una transferencia global del «bloque educativo» a la región, declarándose preparados para ejercer «una competencia exclusiva, plena y

---

48. *Ibid.*, pág. 153.
49. Este informe se pronunció a favor de un poder regional muy beneficiado por importantes traspasos de competencias, especialmente en materia de universidad, de investigación y de formación profesional. En particular, habría de ser la región la que decidiera y financiara la construcción de las universidades del mismo modo que tendría la plenitud de los medios de la formación profesional.

entera» sobre todos los niveles desde el primario hasta el superior, sin olvidar la formación permanente.[50] El ahondamiento de la descentralización en beneficio de las regiones amenaza gravemente con incrementar la dependencia de las formaciones respecto de las financiaciones del sector privado y con acentuar todavía más la lógica de adaptación a las características del mercado local del empleo bajo la presión de los medios económicos y por razones electorales evidentes.

No es seguro que este traspaso de competencias del «bloque educativo» constituya el objeto del gran debate político que merece, tan grande es hasta el presente el consenso sobre el tema entre la izquierda extragubernamental y la derecha. Sin embargo, esto no debería impedir que nos interrogásemos sobre el sentido y los efectos de la localización de la acción educativa. Sin duda, hoy día no es posible razonar sin conceder un lugar a la dimensión territorial de las políticas de educación. Pero esta preocupación por lo local ¿sirve para acentuar las desigualdades o aspira a reducirlas? ¿Sirve para seguir incrementando la mezcla de poderes opacos bajo pretexto de «gobernancia» donde ya nadie, colectividades, Estado, familias ni empresas, es responsable claramente en materia de educación, o bien aspira a poner en funcionamiento una democracia local más efectiva? La valorización de lo local por sí mismo es fuente de confusión. Numerosas luchas y reivindicaciones a favor de una educación pública cualitativamente mejor se expresan a nivel local, como se vio estos últimos años tanto en las grandes huelgas de 1998 en Sena-Saint-Denis como en 1999 y 2000 en los departamentos de Gard y de Hérault. Constatemos igualmente que el espacio local se ha convertido en un espacio privilegiado de la desregulación, en el que se expresan las lógicas de privatización de la educación pública y donde se juegan directamente las relaciones de fuerza políticas y económicas.

50. Jean-Baptiste de Montvalon, «Rhône-Alpes veut expérimenter un transfert de compétences sur l'ensemble du "bloc éducatif"», *Le Monde*, 5 de octubre de 2002.

A este respecto, el ejemplo de la enseñanza profesional debe ser meditado.[51] Los contratistas generalmente prefirieron el carácter local, incluso regional, de esta carrera en la medida en que el control de proximidad sobre la formación es mucho más eficaz que el control lejano por la vía de las ramas profesionales y por las diversas comisiones paritarias que establecen los certificados nacionales. La regionalización del «bloque educativo» amenaza gravemente con acentuar los fenómenos de regionalización de la oferta, pero quizá también de los diplomas, que fragmentaría todavía un poco más los modos de certificación y les haría perder cada vez más su carácter universal.

La desigualdad geográfica e indirectamente social en materia de prestaciones y de gastos escolares aumenta considerablemente en Francia y es de temer que esta tendencia se acentúe con la profundización de la descentralización. Se plantea entonces la cuestión de saber si el Estado todavía tiene como misión asegurar la igualdad en el territorio, tanto en lo que concierne a las contribuciones fiscales y las ayudas a las familias como por los medios de que disponen los centros escolares. Observemos que los responsables políticos apenas asumen la elección y los efectos de esta desregulación —en tanto que estos efectos van en contra de los deseos de la población— y que no sienten apremio por remediar esta desigualdad territorial cuyas principales víctimas son los medios populares. Sólo quedan las invocaciones mágicas a la región y al espacio europeo de la formación y la educación, remedios frente a todas las dificultades...

A fuerza de poner el acento en la «autonomía del establecimiento» con relación a los escalones superiores de la administración, se ha descuidado la «autonomía de la escuela» con respecto a las empresas locales y familiares, y por consiguiente se ha dejado vía libre a múltiples formas de desigualdad

---

51. Véase Gilles Moreau (comp.), *Les Patrons, l'État et la formation des jeunes*, París, La Dispute, 2002.

como si los antiguos combates por el derecho universal a la educación estuvieran desfasados. La voluntad política de defender la igualdad no quiere decir que todos los establecimientos de Francia deban ser idénticos. Quiere más bien decir que los responsables y los agentes de la institución escolar, en el marco del cometido de interés general que les ha sido confiado, deben disponer de libertades reales para llevar a cabo este igualamiento, no para alejarse de él. Entonces, es evidente que la autonomía de la escuela, la mayor libertad de organización y el objetivo político de igualamiento podrían armonizarse y abrir una vía distinta. Las condiciones iguales de educación, o al menos lo más iguales posible, implican una redistribución importante de medios y soluciones organizativas y pedagógicas distintas, pero cuya diferencia se encuentre *siempre* subordinada a la misión de universalización de los saberes. La igualdad no la crea la diversidad, como tampoco la uniformidad. Es la propia igualdad la que reclama, en determinados ámbitos y en determinados momentos, diferencias prácticas y materiales.

CAPÍTULO 11

LA NUEVA «GESTIÓN EMPRESARIAL EDUCATIVA»

La función atribuida a la escuela en la formación de las competencias y los objetivos de eficacia que se le fijan encuentran en el sistema educativo su continuación lógica bajo los auspicios de la «revolución de la gestión empresarial».[1] Esta última tiene como objeto *administrar la escuela como una empresa*. Esta transformación se sigue presentando como una respuesta a las aspiraciones de la base a una mayor libertad e, incluso, a una mayor democracia. Pero las galas de la nueva gestión empresarial no deben llamar a engaño. Desde luego, los argumentos fundados en los defectos del centralismo tienen su peso, al igual que la aspiración de los «actores» a una mayor autonomía. Pero, bajo el pretexto de descentralizar y de desburocratizar, estamos asistiendo a traspasos de poder que no se corresponden con las lógicas oficiales y que tampoco tienen los efectos esperados. No es la democracia la que triunfa, tampoco es la iniciativa de la base la que es directamente fomentada, concepciones que si-

1. Michel Crozier, «Le système scolaire face à la révolution managériale», *Éducation et management*, n° 7, junio de 1991. Véase igualmente Claude Durand-Prinborgne, *L'Éducation nationale*, París, Nathan Université, 1992, pág. 30. Luc Boltanski, «America, America... Le plan Marshall et l'importation du management», *Actes de la recherche en sciences sociales*, n° 38, mayo de 1981, págs. 19-41.

guen siendo fundamentalmente extrañas al léxico de la burocracia francesa, sino las transformaciones que refuerzan el dominio de los controles y las prescripciones sobre los docentes y, en consecuencia, sobre los alumnos. En realidad, la imitación de la empresa encontró su lógica prolongación en la voluntad de poner a la cabeza de las unidades descentralizadas a «verdaderos patronos» encargados de aplicar eficazmente las políticas de modernización decididas desde arriba y capaces de movilizar las energías y de introducir las innovaciones y controlar a los docentes en la base. Los partidarios más auténticos del neoliberalismo escolar insisten mucho en la importancia de un verdadero *líder* al frente de las escuelas, contrapartida organizativa esencial a la constitución de un mercado escolar.[2] La lógica es diáfana: si la escuela es una empresa productora de un servicio, si depende de una eficacia medible, si su coste debe ser contenido o reducido, es necesario colocar al frente de la «organización docente» a un verdadero organizador que sea capaz de dirigir un «equipo» y que pueda ser considerado como el responsable de la producción de «valor añadido» de su «empresa». A pesar de las estruendosas declaraciones sobre la «modernización», esta «reorganización empresarial de la Educación Nacional»[3] no es original, como prueban las transformaciones que experimentaron otros sistemas escolares. Hemos visto en qué medida la escuela norteamericana había seguido precozmente esta vía desde la época del taylorismo triunfante. Los administradores de la escuela se convirtieron en nuevos «capitanes de la educación», cuya identidad estaba construida sobre el modelo de los capitanes de la industria. Admiradores de los directores de empresa, tanto de sus métodos como de sus necesidades comerciales y financieras, compartían las mismas concepciones de la sociedad y del individuo y con frecuencia

---

2. Véase John E. Chubb y Terry M. Moe, *op. cit.*, págs. 56 y sigs.
3. Véase Lise Demailly, «L'Évolution actuelle des méthodes de mobilisation et d'encadrement des enseignants», *Savoir*, nº 5, enero-marzo de 1993.

presentaban las mismas características sociales y mentales. La universidad norteamericana, gigantesca y fragmentada, también se hizo depender de los administradores.[4] Llegó, pues, la hora del reforzamiento de las jerarquías intermediarias en Francia. Los administradores deben convertirse en gestores empresariales capaces de encarnar, gracias a su nueva identidad profesional, la escuela neoliberal, gestores empresariales que «hacen prevalecer la utilidad y la eficacia en todos los dominios como valores preeminentes».[5] Pero, en realidad, es todo el cuadro directivo, bajo las órdenes de los responsables de alto nivel (gabinetes ministeriales, directores y rectores), el que debe formar piña en esta estrategia modernizadora. Esto implica una línea de mando más eficaz, la consolidación de una «cultura común» de la dirección gracias a una formación semejante y a referencias idénticas, y, finalmente, un poder acrecentado del responsable local para imponer a las bases las «innovaciones». El nuevo espíritu de la dirección se impone en detrimento de la autonomía profesional relativa que la tradición concedía a los docentes, pero que hoy día se considera demasiado costosa. La mutación no se limita a Francia. En la década de 1980, los trabajos del ISIP (Proyecto internacional sobre la mejora del funcionamiento de la escuela), financiados por la OCDE, definieron el marco de esta reorganización centrada en los directores de los establecimientos como vectores de innovación.[6] Aun cuando es, sobre todo, en los colegios y los institutos donde se observa más clara-

---

4. Clark Kerr verificaba, desde la década de 1960, que «la era de los "gestores empresariales" había llegado tanto para la universidad como para el resto de la sociedad», en *Métamorphose de l'Université*, París, Les Éditions ouvrières, 1967, pág. 35.

5. Véase Yves Grellier, «L'encadrement: force ou faiblesse de l'école française», *Administration et éducation*, n° 77, 1er trimestre, 1998, pág. 25.

6. Véanse C. Hopes (comp.), *Le Chef d'établissement et l'amélioration du fonctionnement de l'école: Études de cas dans dix pays de l'OCDE*, París, Economica, 1988, y N. Eskilstego, K. Gielen, R. Glatter y S. Hord, *Le Rôle des chefs d'établissement dans l'amélioration du fonctionnement de l'école*, París, Economica, 1988.

mente esta transformación, también se anuncia tanto en el nivel de la escuela elemental como en el de la universidad. Desde luego, la nueva mitología todavía está lejos de las realidades y los hombres en la práctica. Gran número de directores de establecimiento son como mínimo escépticos con respecto al nuevo curso impuesto por la alta administración, sobre todo si su papel se traduce en nuevas «responsabilidades» que la cumbre se empeña en traspasarles.

¿DEMOCRACIA O BUROCRACIA?

Los falsos pretextos que caracterizan la situación francesa conducen a preguntarse si la reforma empresarial de la escuela cumple el objetivo que le asignó hace veinte años la izquierda en el poder, a saber, la reducción de la hipertrofia administrativa y la delegación del poder a la base. La descentralización de las responsabilidades y los controles, la mayor autonomía concedida al establecimiento con relación al centro y la transferencia hacia la periferia de mayor poder se presentaron como progresos democráticos realizados para acercar al ciudadano a los lugares de la toma de decisiones. Tras las palabras altisonantes, siempre hay que prestar atención a los verdaderos objetivos de poder, a las estructuras y creencias políticas, y a las estrategias de los «actores», en especial de la alta administración.

La descentralización y la desconcentración no aumentaron de ninguna manera la democracia, que sigue siendo una palabra a menudo desconocida en «la práctica». Más bien tendieron a disolverla en los engranajes complicados y opacos de la «gobernancia» en que los niveles de poder se confunden.[7] Si, como acabamos de ver, la evolución reciente conduce, por un lado, a una deconstrucción de la acción pública concreta, a

---

7. Véase François Castaing, *op. cit.*

su fragmentación y a desigualdades crecientes en el territorio nacional, por otro lado se presenta como una culminación auténtica del proyecto burocrático. En efecto, la descentralización permite al Estado conservar el poder de decisión estratégica remitiéndose a sus niveles intermedios o a las agencias externas para conseguir que se ejecuten mejor las directivas y las instrucciones cuya realización no puede controlar bien o ya no puede controlar.[8] El control por el vértice sigue siendo la regla, y el mercado y la competencia sólo se aceptan a condición de que no pongan radicalmente en duda el poder de la alta administración.

El objetivo político consiste, en efecto, en convertir la escuela en una máquina eficaz al servicio de la competitividad económica. Lo que importa primordialmente ya no es la vigilancia moral y política sobre los profesores y los maestros. Si es necesario incrementar las vigilancias pormenorizadas e imponer un poder de proximidad es, sobre todo, para aumentar el «rendimiento» de los docentes y ponerlos al servicio de los nuevos objetivos económicos y sociales de la escuela. El criterio de evaluación, dicen, no es la conformidad con las normas intelectuales, morales o simplemente administrativas, como en la escuela antigua, sino más bien la «productividad» pedagógica que responde a una evaluación supuestamente objetiva del «valor añadido» por el establecimiento escolar. En otros términos, la administración escolar, en su prurito de estimular la racionalización de la enseñanza, toma prestada de la gestión empresarial privada remedios y retórica pretendiendo, así, adaptar mejor la escuela a la «demanda social». Mientras afirma responder a la aspiración a una mayor libertad de los «actores», extiende su derecho de fiscalización y sus prescipciones al ámbito pedagógico, y pretende desarrollar los «métodos de movilización» del personal con una voluntad de efi-

---

8. Michel Soussan, «L'émergence d'une politique de l'encadrement», *Administration et éducation*, n° 45, págs. 16-17.

cacia.[9] Si esta eficacia social y económica procede en gran parte de la pedagogía, la administración entera debe reorganizarse con el fin de poder modificar y controlar las prácticas profesionales más de cerca, y si fuera posible en las clases mismas. Sobre todo, en la enseñanza secundaria, se considera que las jerarquías intermedias, más «responsabilizadas», deben retomar el control de los docentes juzgados demasiado autónomos, demasiado solitarios, demasiado arcaicos. Al mismo tiempo, mediante la *centralización* del cuerpo de directores de establecimiento y la *concentración* de la contratación, la formación y la gestión de los directivos, la alta administración quiere disponer de un cuerpo compuesto por «funcionarios de autoridad de proximidad», fieles ejecutantes de las órdenes centrales. Parece como si, para la administración central, lo fundamental consistiera en disponer de un relevo más eficaz y, sobre todo, más «leal» en el control de la base docente con el fin de llevar a cabo las transformaciones del modelo educativo decididas desde arriba. La nueva organización permite establecer vínculos de dependencia más estrechos y más directos entre la dirección central, los rectores y los establecimientos. Lejos de ser «moderna», esta reforma, que refuerza el escalón intermediario de la administración al integrarlo mejor en una cadena de mando única y racionalizada, está en disposición de reforzar el conformismo y la obediencia esperados de los funcionarios de ejecución más que de incitarlos a confiar en las iniciativas de «su personal» docente.

FILOSOFÍA DE LA GESTIÓN EMPRESARIAL EDUCATIVA

La reorganización del poder recurre oficialmente a «formas suaves» de gestión empresarial, a veces calificada de coopera-

---

9. De forma muy sintomática, algunos representantes de los administradores intermedios se quejan de no poder introducirse en la «caja negra» de las aulas.

tiva, participativa e, incluso, educativa.[10] En la idea de esta nueva gestión empresarial difundida a partir de la década de 1980 en el sector privado, se trata de liberar las iniciativas personales para poner al servicio de la productividad y el rendimiento toda la energía física, intelectual y afectiva de que es capaz el individuo «liberado», mientras instaura, para impedir cualquier desarreglo atípico de las individualidades desbridadas, un nuevo modo de sujeción fundado en la aceptación de una cultura de empresa, el otorgamiento de un «contrato» y la definición de objetivos evaluados *ex post*. A la preeminencia de la unidad periférica y local se añade la valorización de lo individual.[11] Se trata de poner al servicio de la organización los deseos de autonomía y de resolver de ese modo la crisis de la contratación y los problemas planteados por la «motivación».[12]

Las nuevas corrientes de la «gestión empresarial pública» retomaron con creces esta «filosofía». ¿Cómo dirigir de otro modo si ya no hay que contentarse con aplicar las consignas que vienen de arriba, sino dejar que los actores de base encuentren soluciones *ad hoc*? ¿Y cómo adaptar las recetas de lo privado en un marco educativo que no es totalmente asimilable a una producción mercantil? Las numerosas reflexiones contenidas en una literatura destinada a la edificación de los nuevos directivos intentaron delimitar mejor la naturaleza del nuevo director del que tendrá necesidad el establecimiento autónomo: a la vez gestor empresarial, pero también «algo más», puesto que es conveniente hacer justicia a la especificidad de la enseñanza. Una ambiciosa «filosofía de la gestión

---

10. Véase Francis Bégyn, Yves Dutercq y Jean-Louis Derouet, en *L'Évolution des métiers de l'encadrement de l'éducation, des savoirs académiques aux compétences stratégiques*, MEN, universidad de verano, 28-31 de octubre de 2000, pág. 23.
11. Véase, sobre este punto, Luc Boltanski y Ève Chiapello, *op. cit.*, 1999.
12. Véase el dossier «La logique managériale en question», *Nouveaux Regards*, nº 18, verano de 2002, y en especial el artículo de Daniel Rallet, «Management éducatif et management d'entreprise».

empresarial educativa» [sic] se debe pues a un trabajo de compromiso.

En esta literatura de la «gestión empresarial educativa», normalmente es de rigor una ampulosa retórica, como si fuera necesario aportar un poco de sublimidad al triste vocabulario de la gestión. La gestión empresarial es, todo junto, la libertad reconquistada, la ética recobrada, la justicia realizada, la democracia consumada y, en una palabra, el final del viejo mundo.[13] Los gestores al frente de la modernidad proclaman, casi dos siglos después de la fundación de la religión industrial por Saint-Simon, y en los mismos términos del gran profeta, que la gestión empresarial acabará con el «principio de autoridad» e introducirá la escuela en la era del *intercambio generalizado*: «La filosofía de la gestión empresarial se asienta en los valores del contrato, de la negociación, de la concertación y del proyecto. No deja de estar, en ningún momento, en perfecta coherencia con los objetivos educativos y la necesidad de organizar la vida eminentemente compleja de las "comunidades" escolares. Es a través de este rodeo como la noción de autoridad puede recobrar todo su sentido y su legitimación. Eso es también lo que constituye la superioridad metodológica de la gestión empresarial: es a la vez coherente, más cálida y más eficaz. [...] *La gestión empresarial es la perspectiva consumada de la educación* [la cursiva es nuestra]».[14] En la misma onda, Guy Delaire observa que «el director de establecimiento practica una forma de gestión empresarial indisociable del acto pedagógico en la medida en que la meta propuesta es la revelación del individuo a sí mismo, a través del descubrimiento y luego la mejora de sus potencialidades».[15]

13. Este discurso pondera por doquier la felicidad en el trabajo, tema eminentemente político, muy alejado de las constantes realistas establecidas por los sociólogos y los psicólogos del trabajo.
14. Christian Vitali, «La vie scolaire et le management», *Conseiller d'éducation*, nº 102, octubre de 1990.
15. Guy Delaire, *Le Chef d'établissement*, París, Berger-Levrault, 1993, pág. 259. Véase también Guy Delaire, «Diriger, est-ce commander?», *Éducation et management*, nº 3, enero de 1990.

La clave de la «desburocratización» a la que se invita a los administradores se basa en el buen uso de las herramientas de la «gestión empresarial participativa» cuyo fundamento es el *proyecto*.[16] Cada establecimiento, en función de sus características locales, de sus necesidades y de los medios sociales de los que proceden sus alumnos debe elaborar un documento que defina su política específica, la cual, una vez avalada por las instancias rectorales, le servirá de «brújula». Introducido a título primeramente experimental, la «dirección por proyecto» se convirtió en una obligación de los establecimientos en la ley de 1989. Defendido de entrada por las preocupaciones democráticas del ministerio Savary, fundándose progresivamente en una masa de referencias cada vez más heteróclitas, el proyecto se convirtió, a finales de la década de 1980, en la panacea supuestamente capaz de introducir el cambio radical del que tendría necesidad el sistema educativo.[17] Tema central de la nueva concepción, principal herramienta del nuevo poder, se considera que el proyecto puede combatir el centralismo de los programas y los métodos en materia pedagógica, satanizado como la fuente de todos los males. Sus virtudes son múltiples: adaptación local, descubrimiento de soluciones originales por los equipos pedagógicos y, sobre todo, establecimiento de un consenso al que deben adherirse los «asociados» del establecimiento. Además, presenta la ventaja de poder vincular la gestión administrativa general del establecimiento y lo que se desarrolla en la «caja negra» de la clase.

En cualquier caso, en la «gestión empresarial participativa» ya no hay decretos. Los directores son animadores. Sus-

---

16. Luc Boltanski y Ève Chiapello convierten el *proyecto* en el corazón del «nuevo espíritu del capitalismo». En la Educación Nacional, es una noción encajada que permite articular diferentes planos sin ningún respeto por su autonomía: proyecto de establecimiento, proyecto personal docente, proyecto del alumno, pero también proyecto del Estado, de la región, del departamento, del municipio...

17. Para un estudio de los proyectos y cartas de empresas, véase Jean-Pierre Le Goff, *op. cit.*, pág. 82.

citan y dinamizan la confianza, movilizan los afectos («un proyecto debe escribirse con palabras que resuenen en el corazón de aquellos a quienes concierne»).[18] En este universo, el eufemismo es el rey. En adelante, el poder es un «pilotaje», el mando es una «movilización» y la autoridad es una «ayuda»: «actualmente, dirigir ya no es dar órdenes, sino motivar; ya no es vigilar, sino ayudar; ya no es imponer, sino convencer; ya no es perderse en la complejidad, sino delegar».[19] Dirigir es «garantizar un liderazgo», es «administrar», es «animar» y, sobre todo, es «educar». Este nuevo estilo de dominación fundado en el «entrenamiento» y el *coaching* proclama que ha llegado la hora del «fin de la autoridad»: «Vivimos una época histórica de descondicionamiento a la autoridad», dicen los reformadores modernistas. Esta denegación del poder tuvo como virtud primordial la recuperación de la protesta libertaria de los años precedentes y el descubrimiento de la neutralidad benevolente de las corrientes ex autogestionarias (SGEN, grupos de renovación pedagógica, sociólogos tourainianos, etc.). Sin embargo, la neogestión empresarial escamotea la verdadera cuestión política, la única cuestión perturbadora: ¿qué lugar ocupa la democracia a la escala de los establecimientos, de las disciplinas y de las instituciones en general?

Para justificarla mejor, se confundió la gestión empresarial participativa y la democracia. Ahora bien, estas dos formas de poder tienen poco en común. La dominación, la subordinación, el mando e incluso la autoridad se vuelven palabras tabús: se trata, enmascarando el poder exterior, de obtener del asalariado una adhesión a un poder invisible y conseguir que se discipline, se motive, se sancione a sí mismo y ya no

---

18. Christian Beullac y Bernard Malcor, «Un projet pour l'entreprise», *Politique industrielle*, nº 1, otoño de 1985.
19. Según la expresión de Maurice Berrard, es «más fácil de decir que de hacer», *Éducation et management*, nº 3, enero de 1990, pág. 3.

oculte nada de lo que hace.[20] Estos métodos de poder están destinados no a desempeñar mediante una libre deliberación una política plena o parcialmente autónoma, sino a movilizar los recursos individuales para aumentar la eficacia del trabajo ofreciendo las apariencias de una «consulta» y de una «participación» de los subordinados. Al permitir «hacer pasar» las reformas,[21] apuntan a la interiorización de los objetivos y las exigencias de la empresa, y no a una puesta en juego del conflicto o a un desarrollo de las capacidades de autoorganización colectiva en torno a una ética compartida. Lo que se impone es el punto de vista de la eficacia y de la movilización por la empresa, y no el de los fecundos y reglamentados conflictos de la democracia. Al contrario, estos conflictos se niegan en cuanto tales, y se interpretan generalmente como desacuerdos superficiales, disfunciones o manipulaciones de los sindicatos «exteriores». Por lo demás, en el modelo de la gestión empresarial, no hay verdaderamente lugar para las organizaciones profesionales, que arrastran consigo, al menos potencialmente, debates contradictorios y divergencias reales de intereses. Si nos atenemos a los servicios públicos, y especialmente a la educación, después de 1968 no se ha producido ningún progreso democrático en el terreno de la consulta, de la representación y del poder de deliberación de los docentes.

---

20. Según los autores de un pequeño manual práctico del proyecto, éste aspira a «la transparencia de los actos de cada actor». Marc-Henry Broch y Françoise Cros, «Comment faire un projet d'établissement», *Chronique sociales*, mayo de 1989, pág. 154.

21. Véanse las observaciones de Jean-Pierre Obin, «Le Chef d'établissement et ses responsabilités pédagogiques», *L'évolution des métiers de l'encadrement de l'éducation, des savoirs académiques aux compétences stratégiques*, MEN, universidad de verano, 28-31 de octubre de 2000, pág. 39.

UNA GESTIÓN EMPRESARIAL RETRÓGRADA

El consenso que se estableció en las altas esferas queda resumido en la sentencia: «Hay que administrar los servicios públicos como se gestiona una empresa».[22] Pero ¿de qué empresa se trata? ¿Qué modelo de gestión empresarial hay que importar a los servicios públicos?

La estrategia de la gestión empresarial intenta pasar de una definición todavía «artesanal» o «liberal» de los oficios a una concepción racionalizada de las tareas. En efecto, se considera que esta definición tradicional de los oficios y las profesiones es por esencia ineficaz. Pero las actuaciones propuestas pueden parecer contradictorios, divididas entre una vía neotaylorista y una vía postaylorista. La primera se traduce en el incremento de controles, la prescripción acrecentada de las tareas, la estandarización de los procedimientos, la centralización de la información, el aumento del tiempo exigido, una vigilancia más estricta y un peso creciente de los expertos externos. La segunda se manifiesta por la gestión empresarial participativa de la que hemos hablado anteriormente. Lise Demailly y Olivier Dembinski[23] muestran que esta contradicción en los procesos de racionalización se encuentra en la mayoría de los servicios públicos y hablan muy pertinentemente de «desarrollo contradictorio» de las organizaciones. La escuela se encuentra atravesada por esta tensión entre los dos modelos. A pesar de las invocaciones a la gestión empresarial participativa, el taylorismo progresó notablemente. Por ejemplo, al importar los referenciales de la formación permanente, los detentadores del poder pedagógico se encontraron cada vez más lejos en la dirección de la normalización de los tiempos y de

---

22. Véase Viriato-Manuel Santo y Pierre Éric Verrier, *Le Management public*, París, PUF, col. «Que sais-je?», 1997.
23. Lise Demailly y Olivier Dembinski, «La réorganisation managériale à l'École et à l'Hôpital», *Éducation et sociétés*, De Boeck Université, nº 6, 2000/2.

los gestos profesionales fundamentales. Los comportamientos esperados de los docentes se definieron mucho mejor, las tareas y los objetivos se formalizaron como para lograr una previsibilidad mucho más avanzada de los resultados y un control más estricto del trabajo ejecutado. La fabricación de los programas se caracteriza cada vez más por la prescripción de las tareas, la determinación sutil de las nociones y conceptos —con el riesgo de fragmentación de los contenidos—, la definición de los tiempos de enseñanza para cada secuencia e incluso la preconización del itinerario pedagógico que seguir, hasta el plan del curso que debe respetarse. La «profesionalización» de la formación en las IUFM (escuelas francesas de prácticas para la formación de profesores) lleva su huella, igualmente, cuando valora las técnicas pedagógicas *ready made* y de las NTIC que se juzgan capaces de reducir las diferencias individuales de práctica. En muchos aspectos, se reforzó el poder de los expertos, al transformar la enseñanza en una ciencia aplicada. Los docentes fueron «invitados» a poner en práctica las «innovaciones» calibradas y cada vez más son evaluados en su obediencia a las consignas innovadoras. Con la subordinación, la infantilización es el resultado garantizado del movimiento.

EL CONTRASENTIDO NEOTAYLORISTA

Esta transformación no sólo va a contracorriente del discurso de la neogestión empresarial sobre la necesaria autonomía de los agentes, sino que constituye un verdadero contrasentido sobre la naturaleza misma del oficio de enseñante. Los estudios referidos a este oficio, por incompletos que sean, mostraron todas las similitudes entre el arte de enseñar y el arte de curar: los docentes son «profesionales» altamente cualificados, comparables a los médicos. Lo que se percibe como individualismo, conservadurismo, corporativismo —y que se estigmatizan por eso profusamente en los artículos de la prensa—

depende en buena parte de las necesidades organizativas y profesionales. Los docentes deben poseer el dominio práctico de su oficio para conseguir combinar e integrar múltiples factores y acontecimientos no planificables y alcanzar así los resultados que la institución espera de ellos. La calidad de la enseñanza es el resultado del dominio de los conocimientos, pero también de una capacidad de improvisación, de invención y de iniciativa que exige una autonomía profesional bastante desarrollada.[24]

Basta por lo demás con tomarse en serio a uno de los «papas» de la reflexión sobre las organizaciones para entender esta particularidad. Si seguimos el análisis de Henry Mintzberg, a pesar de sus limitaciones, comprobaremos que el aparato de la Educación Nacional se parece mucho a eso que este especialista de las organizaciones llama una «burocracia mecanicista». Pero sólo lo es en parte. En efecto, sería un error creer que un modelo teórico se encuentra en estado puro en la realidad.[25] Este aparato se corresponde con el modelo de la burocracia clásica por las reglas generales que se aplican al contenido de la enseñanza, a las formas pedagógicas, a los estatutos, a los procedimientos de contratación y a los caracteres de los docentes y otros personales. Asimismo se corresponde con él en parte por la división de tareas entre niveles jerárquicos y, sobre todo, entre funciones especializadas (enseñanza, intendencia, administración, etc.). Pero no es totalmente conforme con este tipo ideal de burocracia si se atiende a la práctica concreta del oficio de enseñante. Por el igualitarismo que reina entre quienes desempeñan el mismo oficio, por la doble naturaleza del trabajo de concepción y de aplicación, y por el débil

---

24. François-Régis Guillaume, «Les rôles anciens et nouveaux des chefs d'établissements», *Recherche et formation*, nº 14, octubre de 1993, pág. 21.
25. «Burocracia» es un término técnico que designa, en H. Mintzberg, el modo de coordinación entre los agentes o el modo de integración entre las unidades que componen una organización.

control de la jerarquía, que se ve obligada a causa de la naturaleza compleja del trabajo a conceder mucha autonomía a los docentes, estamos más bien ante una «burocracia profesional», modelo común al hospital y a la escuela. La enseñanza, en razón de la tarea que tiene que realizar, contrata profesionales de alto nivel y les deja una «libertad considerable en el control de su propio trabajo».[26] Si actúa de forma independiente de sus colegas, el profesional sigue estando cerca de las personas con las que tiene que ver. La estandarización de los actos profesionales la realizan el saber, la cualificación y la formación. Esto también significa que, en este tipo de organización, la autoridad no está tan fundada en la posición jerárquica como en el dominio de la práctica del oficio, ya que los criterios con frecuencia son elaborados no por la dirección, sino por asociaciones profesionales ampliamente autoadministradas.[27] El «centro operativo» (en el lenguaje de Henry Mintzberg, este término designa el trabajo o la función que constituye la razón de ser misma de la organización) es la parte clave de la burocracia profesional. La sustancia del trabajo reclama una participación activa y organizada de los profesionales, porque educar o curar implica un trabajo propio de formación, de elaboración y de definición. Estos campos conservaron algo de específico que es la relación necesariamente «interpersonal» entre el profesional y los individuos con los que tiene trato. La importancia del centro operativo, del «corazón del oficio», impulsa a una organización relativamente democrática en la que los profesionales controlan su propio trabajo e intentan controlar las medidas administrativas que les afectan. Normalmente, la jerarquía es débil, dependiente más o menos del centro operativo. La única parte distinta de la organización que se haya desarrollado completamente en este modelo está compuesta por las funciones de soporte logístico del centro

---

26. *Ibid.*, pág. 310.
27. *Ibid.*, pág. 312.

operativo.[28] En esta organización, característica de los servicios personales, el trabajo es relativamente estable, y las innovaciones tecnológicas pueden inscribirse en ella, pero sin alterar la relación central entre un médico y los enfermos, o entre un enseñante y los alumnos.

En consecuencia, se hace evidente el contrasentido que consiste en querer debilitar el «centro operativo» reforzando la parte administrativa de la organización educativa, confiriéndole un papel de intervención directa en el corazón del oficio en nombre de la aplicación «eficaz» de las reformas y de la innovación. Reforzar la línea jerárquica, procurar que las funciones logísticas dominen y controlen las funciones profesionales, es una estrategia que es necesario llamar justamente aberrante desde el punto de vista mismo de la gestión empresarial. El contrasentido sobre el acto pedagógico, negado en su complejidad, no puede desembocar más que en una pérdida de eficacia. Por ello, se hace evidente, asimismo, que el diagnóstico emitido por la alta administración sobre los defectos del sistema es globalmente falso y que este error engendra una estrategia de reforma calamitosa.

En la enseñanza francesa, la debilidad del reconocimiento institucional de esta lógica profesional es patente. Los «defectos» que son inherentes a una burocracia profesional —corporativismo, rutina, dificultad de autocorrección— se refuerzan con la ausencia de organización de sus miembros. En efecto, el «corazón del oficio» no ha encontrado todavía, ni en las disciplinas ni en los establecimientos, las formas institucionales que podrían devolverle toda su importancia: de ahí una serie de carencias personales o colectivas debidas a la insuficiencia de la socialización profesional, a la ausencia de colectivos de trabajo y a la débil implicación de muchos docentes tanto en la vida de las disciplinas como en las relaciones sociales concretas de los establecimientos. En lugar de reforzar esta

---

28. *Ibid.*, pág. 314.

lógica profesional e incluso, más sencillamente, de concederle su importancia mediante una institucionalización democrática, la tendencia seguida actualmente empuja a la expansión de la burocracia de tipo clásico. Ningún estándar, ningún control han producido un «profesional» competente. Al contrario de los efectos esperados, se corre el riego de perjudicar a los docentes, de entorpecer su trabajo y de debilitar el vínculo entre el profesor y los alumnos. Pero además, como dice Mintzberg, «el único efecto de los controles tecnocráticos consiste en rebajar la conciencia profesional».[29] Sin duda, este análisis, que sigue demasiado lastrado por la preocupación de la coordinación técnica y organizativa, pasa demasiado apresuradamente sobre esta dimensión de la ética profesional. Sin duda, el análisis debería insistir más en la importancia de los valores interiorizados, en el papel de la «conciencia colectiva» y en la función movilizadora para los docentes del objetivo social y político. Mintzberg tiende a olvidar lo que se podría llamar la «estandarización por los valores», por los valores del medio que constituyen un capital simbólico precioso al que habría que proporcionar una forma institucional sobre bases democráticas.

En verdad, la estrategia escogida está fundada en un miedo, típico de la burocracia francesa, hacia toda forma de autoorganización de los profesionales, y ello a pesar de las invocaciones gratuitas al «trabajo en equipo». Se pretendió organizar una coordinación mediante la constitución de una «cultura común de la dirección» que consolidara a los directores de establecimiento y a los inspectores de las diferentes disciplinas y los diferentes servicios. Numerosos cursillos, grandes campañas de inspecciones coordinadas de los establecimientos y una formación común instauraron paulatinamente una «estandarización por el control burocrático». Esta estrategia de la gestión empresarial tuvo como efecto perverso, desde el punto de vis-

---

29. *Ibid.*, pág. 334.

ta de los resultados esperados, el acentuar la diferencia entre «ellos» y «nosotros», entre el mundo de los directores, de los «patronos» que se toman por tales, y los «otros». La pretensión de producir simbólicamente un universo de «patronos» equivale también en cierto modo a crear un personal que se encuentra en la posición de «proletario», al menos a causa del sentimiento de no ser reconocido por lo que hace.

LA AUTONOMÍA DOCENTE Y LAS JERARQUÍAS INTERMEDIAS

Si se tienen en cuenta las transformaciones que afectan a las funciones de dirección de los centros de secundaria, se observa que lo fundamental de este movimiento que moviliza el peritaje sociológico, la prensa, el mundo de los negocios y el universo político se propone el reforzamiento del poder de los directores de establecimiento, estrategia que se presentó estos últimos años como la manifestación más luminosa del liberalismo burocrático de proximidad. *L'Expansion*, a propósito de las reformas de Tony Blair en la educación, pretendía así retener tres ideas para Francia: «Los padres tratados como consumidores; sanciones eficaces contra los malos profesores que pueden llegar hasta el despido; directores de instituto considerados como el elemento clave del éxito de un establecimiento».[30] En otra revista, de idéntica orientación ideológica, Roger Fauroux defendía que se les concediera un poder acrecentado en materia de calificación en el ámbito pedagógico.[31] Una comisión de investigación senatorial, en un informe sobre este tema en 1998, concluía también que era necesario el reforzamiento del poder de los directores de establecimiento en materia pedagógica, lamentando incluso que no pudieran

---

30. *L'Expansion*, del 19 de marzo al 1 de abril de 1998.

31. «Pour réformer le système, il faut y aller au bulldozer», *Capital*, nº 73, octubre de 1997.

intervenir en el proceso de destinación de los docentes. La literatura gris de las esferas oficiales no oculta de ninguna manera, por lo demás, el sentido de la estrategia que persigue la alta administración francesa y que es una adaptación nacional de las grandes orientaciones liberales preconizadas por organismos como la OCDE o la Comisión Europea. Algunos textos particularmente edificantes dan prueba de ello, como el informe del rector Blanchet que consagra en la educación la emergencia de una relación de poder entre un director y los subordinados enteramente calcada del mundo de la empresa y fundada en una división jerárquica nítidamente asentada. El uso inmoderado de la jerga que define al gestor empresarial como «un *piloto* que debe suscitar la adhesión a un *proyecto*» oculta torpemente una realidad más simple, por ejemplo cuando el rector Blanchet se lamenta del hecho de que «el piloto cuyo papel eminente reconoce todo el mundo sigue siendo en ciertos aspectos un *primus inter pares*».[32] En efecto, el «piloto» debe ser un verdadero jefe.

Las jerarquías intermedias se consideran el nivel clave de la reforma del Estado. En el marco de la Educación Nacional, se juzga el establecimiento como la instancia determinante del sistema escolar y su director se ha convertido en el personaje decisivo, garante del cambio y de la innovación.[33] La delegación de responsabilidad al escalón local y al plan operativo, es decir, al centro escolar, no es sin embargo algo enteramente nuevo: los colegios provinciales gozaban a comienzos del siglo XIX de una independencia que la administración central les discutirá,

---

32. René Blanchet y otros, *La Revalorisation du rôle des chefs d'établissement de l'enseignement secondaire*, MEN, 1999, pág. 36.
33. Yves Grellier señala justamente que «la transformación institucional ofrece a los directores de establecimiento un marco común mejor definido que antes y que los distingue con más claridad del otro personal. [...] En este zócalo institucional se desarrolla un sentimiento colectivo de pertenencia a un grupo profesional que se expresa en parte por el ascenso de un sindicato mayoritario: el SNPDEN» (Yves Grellier, «Profession: chef d'établissement», *Éducation et management*, n° 18, abril de 1997).

sin dejar de aprovechar los intereses locales. La reforma de los institutos de 1902 daba ya libertades de maniobra a sus directores en materia de intendencia, de organización pedagógica y de presupuesto. Pero, sobre todo desde la década de 1980, los centros de secundaria se vieron dotados con una autonomía administrativa, presupuestaria y pedagógica más amplia, mientras dejaba a la administración central el control sobre la acción educativa y mantenía un poder jerárquico sobre el personal. Michel Crozier, el inspirador principal de la reforma administrativa en Francia como lo es de la neogestión empresarial en el sector privado, marcaba el tono: «Nuestro estilo de administración en el cual el director de establecimiento detenta pocos poderes reales, en el cual el conjunto está centralizado y las reglas son enormemente coercitivas, crea una oscilación entre el corporativismo profesoral y la burocracia central. De esto resulta un sistema que dirige la pedagogía, se haga lo que se haga: no hay manera de escapar de él. No se cambiará la pedagogía, las relaciones enseñantes-enseñados, los programas ni la relación con el entorno mientras que no se haya cambiado este sistema de administración. Para esto, será necesario conceder mucho más peso, responsabilidades y también dificultades a los administradores de la base, aquellos sobre quienes recae la responsabilidad de un establecimiento».[34]

Algunos observadores, como Claude Carré, dan prueba de una rebuscada lucidez: «El director de establecimiento es el verdadero patrón».[35] En efecto, según el «principio del jefe», en una tradición muy francesa, se pretendió crear «un personaje todopoderoso, una especie de presidente-director general»,

---

34. Coloquio de la AFAE, febrero de 1979, en *Administration et éducation*, n° 3, pág. 16.

35. *Les Conseillers principaux d'éducation*, encuesta de imagen, Inspection générale de l'Éducation nationale (octubre de 1992). Jacky Simon resume el objetivo que se debe alcanzar del siguiente modo: «Dar al director de establecimiento la responsabilidad real del establecimiento bajo todos sus aspectos» (Conferencia «Administration et éducation», Actas del XIVe Colloque, vol. 55, n° 3, 1992).

y se deseó instalar al frente de los centros de secundaria a una especie de hombre-orquesta que concentrase todos los poderes, que presidiese todas las comisiones, desde el consejo de administración hasta el consejo escolar, y que representase al Estado sin dejar de pretenderse el órgano ejecutivo de una política de establecimientos supuestamente autónoma. Robert Ballion propuso para designar al nuevo dirigente el término de «director de empresa educativa». Jacky Simon, antiguo director de la Dirección de Personal de Inspección y de Dirección, llegó a decir que los directores de establecimiento eran, en la nueva configuración, «los únicos nuevos responsables».[36] Bernard Toulemonde, por su parte, señala que el director de establecimiento se ha convertido en «la llave maestra o la clave de bóveda» del sistema educativo.[37] Bajo los argumentos de la reorganización administrativa en nombre de la eficacia y la proximidad, tras las intenciones oficiales de desburocratización, lo que se ha iniciado es, al contrario, una verdadera centralización burocrática. La dualidad de los órdenes pedagógico y administrativo, que era, en cierta medida, una garantía de autonomía del oficio docente, cada vez se pone más en cuestión. La tradición centralista francesa, desde Napoleón, había instaurado efectivamente una determinada separación, a menudo formal, es cierto, de la función pedagógica con respecto a las funciones de administración, de intendencia y de policía. En efecto, en la tradición de la Ilustración, la intervención directa en materia intelectual y pedagógica se equiparaba al despotismo religioso. Sin embargo, esta autonomía relativa de lo espiritual con respecto a lo temporal encontró el contrapeso del despotismo burocrático y pedagógico de la universidad. El monopolio del que disfrutó tenía así como efecto centralizar

---

36. Véase Jacky Simon, «Les nouveaux responsables», *Éducation et management*, marzo de 1993.
37. Bernard Toulemonde, «Responsable parce que pédagogue», *Administration et éducation*, nº 76, 1997, pág. 7.

en sumo grado la función de control ideológico de los establecimientos en detrimento de la Iglesia, de los poderes locales y de sus medios sociales. Lo cual quiere decir que, a partir de los decretos napoleónicos de comienzos del siglo XIX, el docente disponía, al menos teóricamente, de bastante gran libertad frente a los poderes religiosos y nobiliarios a causa de su pertenencia a la universidad. Miembro de un cuerpo especial del Estado, no podía recibir amonestaciones ni órdenes en el orden pedagógico más que de su inspector general. Como la universidad a la que pertenecía jurídica y espiritualmente, gozaba de exenciones que le protegían de la influencia política directa. La escuela republicana seguirá esta tradición simbólica en nombre del privilegio de lo universal.

La dicotomía entre lo administrativo y lo pedagógico está en la base de la antigua organización, que se puede describir como una estructura en «tubos de órgano». La rama propiamente administrativa partía de los directores de la administración y descendía hacia los rectores, los inspectores de academia y, finalmente, los directores de establecimiento. La otra rama, la pedagógica, partía de la Inspección General y terminaba en los docentes. La primera se ocupaba oficialmente de intendencia, aunque desde de Napoleón tenía asimismo una función de policía espiritual y de las costumbres. Esta separación no se afianzó inmediatamente en la práctica y sólo se mantuvo gracias a luchas permanentes.[38] La diferenciación de los controles sólo se estableció progresivamente y la autonomía pedagógica de los docentes nunca fue más que relativa, fruto de las relaciones de fuerza. La resistencia se apoyaba en una ética de la vocación del cuerpo docente que constituía, como en todos los grupos profesionales de «fuerte conciencia colectiva», a la vez los cimientos de su autonomía y los principios de su conformidad con la tradición. La masificación de la enseñanza después de la Segunda Guerra Mundial, la extensión

---

38. Yves Grellier, *Profession, chef d'établissement*, París, ESF, 1998.

de las reglas burocráticas en la enorme máquina administrativa, la contratación de un número considerable de docentes fueron otras tantas pesadas tendencias que limitaron mucho el poder de control y de vigilancia de los directores de establecimiento reduciéndolos cada vez más a una función estrictamente gerencial.

En la actualidad, asistimos a la impugnación de esta separación entre las dos líneas de control paralelas, pedagógica y administrativa, en beneficio de una estructura centralizada de tipo piramidal. A causa de la desconcentración y de la descentralización, el orden administrativo tiende a poner bajo su subordinación a las instancias de control pedagógico. La inspección general y los inspectores pedagógicos regionales vieron cómo se reducían su poder, su prestigio y su independencia: cada vez son más dependientes de los rectores y se ven obligados a aplicar sin gran margen de maniobra una política definida a nivel central. Por otro lado, los directores de establecimiento, tan dependientes de las mismas autoridades e igualmente obligados a aplicar las políticas, siempre reclamaron más poder, especialmente en el plano pedagógico.[39] Los recientes informes sobre la evaluación de los educadores (informe Monteil) y sobre la revalorización de la situación de los directores de establecimiento (informe Blanchet) están dirigidos a un reforzamiento del control sobre los educadores, que parece como si tuvieran que integrarse progresivamente en una línea única de mando, equiparados a simples subordinados. El objetivo de esta recentralización consiste en «racionalizar la gestión de los recursos humanos» a semejanza de las prácticas de la empresa, para «suscitar la innovación y el espíritu de equipo», según los términos oficiales. Los directores de establecimiento, en su nuevo estatuto, definido a finales de 2001, deben recibir así una

---

39. Bernard Toulemonde señala que «la dimensión pedagógica de las funciones de los administradores tiende a dilatarse y a prevalecer sobre las otras», en «Responsable parce que pédagogue», *op. cit.*, págs. 9 y 10.

«carta de misión» de su rector, que concretará la política de «obligación de resultados» sobre los cuales habrán de ser evaluados por su superior jerárquico. Mediante lo cual, tendrán que «hacer pasar» a sus subordinados las disposiciones locales que permitirán alcanzarlos. La autonomía de los establecimientos equivale entonces a poner en práctica los imperativos superiores. Lejos de abolir el centralismo, la desconcentración parece una forma de centralismo más sofisticada, que permite un control más estrecho y más eficaz sobre los niveles inferiores afianzando la cadena de mando.

También en este punto, tanto los ministros de la derecha como los de la izquierda siguen la misma política. Así Luc Ferry y Xavier Darcos inscribieron en la actualidad «una nueva cultura de la dirección, que ya no podrá basarse en las compartimentaciones tradicionales como las que oponían la dirección administrativa y la dirección pedagógica».[40] A partir del momento en el que ya no son la clase y la disciplina enseñada, sino el establecimiento y la colectividad local los que constituyen los espacios profesionales pertinentes de los educadores, éstos corren el riesgo de perder la relativa autonomía profesional individual de que disponían, fundada en los valores incorporados de su misión y en un oficio definido por el triángulo del saber, el profesor y el alumno.

UNA NUEVA IDENTIDAD

Las ventajas profesionales, simbólicas y materiales negociadas y obtenidas por el sindicato ultramayoritario de los directores de establecimiento (SNPDEN) corroboran el hecho de que la alta administración pretende pagar el precio para atraerse la

---

[40]. «Remettre l'école sur le chemin du progrès», Conferencia de prensa de Luc Ferry, ministro de la Juventud, de la Educación Nacional y de la Investigación, y de Xavier Darcos, ministro delegado en la Enseñanza Escolar, del 2 de septiembre de 2002.

lealtad de los directivos intermedios a la política llamada de «modernización».[41] La modificación de las relaciones entre el personal de dirección y los docentes se manifestó en los cambios de estatutos y la organización como un cuerpo separado de los directores de establecimiento.[42] El nuevo estatuto del personal de dirección de 1988 creó dos cuerpos distintos que disponen cada uno de una comisión paritaria nacional y de criterios de contratación, formación y ascenso específicos. La creación de este nuevo estatuto, la orientación cada vez más estrictamente «gestionaria» de la formación, la inculcación del modelo de la empresa privada culminaron una transformación iniciada en la década de 1960 que condujo a una «conversión de identidad profesional» de los directores de establecimiento.[43] Las elecciones políticas de la ley de orientación de 1989, que definieron las nuevas responsabilidades del director de establecimiento, al igual que, más recientemente, las que aumentan el campo de su poder, traducen la voluntad de confirmar esta nueva identidad profesional dando prueba del «peso del modelo centralizador y autoritario heredado de dos siglos de historia».[44]

El asentamiento de esta identidad profesional llevó su tiempo. Los historiadores del sistema escolar nos informan de que

---

41. El protocolo del 16 de noviembre de 2000 aportó una revalorización importante de los tratamientos de los directores de establecimiento a partir de la reapertura del curso escolar de 2001 y, sobre todo, el reconocimiento de un poder incrementado. Luc Bronner, «Une cagnotte de 160 millions de francs pour les chefs d'établissements», *Le Monde de l'éducation*, diciembre de 2000.

42. Michèle Alten describió la evolución de la función y del estatuto administrativo en «Le chef d'établissement: deux siècles d'histoire», *Recherche et formation*, nº 14, octubre de 1993, INRP. Véase asimismo la tesis de René Sazerat, *Les Proviseurs et leurs lycées, 1944-1980*, Universidad de Lille I, 1986.

43. Véase Agnès Pélage, *Devenir proviseur: de la transformation du modèle professionnel aux logiques d'accès à la fonction de direction*, tesis doctoral de sociología, Universidad de Versailles-Saint-Quentin-en-Yvellines, 1996.

44. Véase Michèle Alten, «Le chef d'établissement: deux siècles d'histoire», *op. cit.*

la voluntad de tener una autoridad preeminente ya era perceptible en el siglo XIX. La volvemos a encontrar operante en la década de 1960 como prueba un número premonitorio de los *Cahiers pédagogiques* en el que los directores de establecimiento reclamaban, según una fórmula a partir de entonces clásica, ser los «únicos amos a bordo».[45] En un período más reciente, arguyendo la primacía de la función gestionaria en el marco de la autonomía concedida a los centros, los directores de establecimiento supieron reforzar un espíritu colectivo, distinto del de los docentes, fundado en los valores de eficacia que parecían prevalecer sobre los valores culturales, característicos de un humanismo desacreditado. A partir de la década de 1980, el discurso de la gestión empresarial se difundió por mediación de las organizaciones y revistas profesionales, proponiendo una verdadera «concepción del mundo» a imitación de la empresa privada.

Esta valoración de la gestión desempeñó un papel de cimiento de la nueva profesión también por razones sociológicas.[46] En efecto, la antigua legitimidad académica fundada en los títulos y, muy especialmente, en la agregación ya no podía satisfacer las condiciones de contratación de directores de establecimiento a partir de la década de 1960, en la época en que se construía «un CES (colegio de enseñanza secundaria) al día». Además, la sistematización de la enseñanza secundaria aproximó los niveles y los sectores técnicos, profesionales y generales antes separados. Procedentes de horizontes diversos, habiendo ejercido en diferentes disciplinas y llamados a administrar establecimientos de nivel y de importancia variables, los direc-

---

45. Agnès Pélage, *op. cit.*, pág. 57. Véase «L'administration des établissements», *Les Cahiers pédagogiques*, n° 42, mayo de 1963.
46. Es evidente que esta ideología sólo es compartida de modo desigual por los directores de establecimiento y que una parte de ellos la rechaza. Sin embargo, no deja de servir de cimiento a una profesión en construcción tanto más necesaria cuanto que tiende a enmascarar la enorme disparidad de situaciones, carreras y ganancias de sus miembros.

tores de establecimiento se sintieron tanto más agrupados por esta «conciencia común» en la misma medida en que encontraban poco apoyo simbólico común en los títulos académicos o las funciones profesionales anteriores. La redefinición de la escuela como empresa al servicio de los usuarios, en la cual el valor central lo constituye la eficacia social y económica, valora al administrativo en detrimento del docente.[47] Esta valoración parece venir acompañada en ocasiones por un cierto sentimiento de condescendencia, cuando no se trata de hostilidad, en relación con esos educadores que encarnan al «hombre viejo» de la función pública y de la cultura escolar. Lo que parece favorecerse especialmente en el curso de la formación de los futuros gestores empresariales es llevar lo más lejos posible la separación y el desarraigo con respecto al cuerpo profesoral y, en primer lugar, con los valores profesionales e intelectuales de éste. Este trabajo de ruptura es muy especialmente necesario para quienes, antiguos docentes, todavía mantendrían algunos vínculos con su cuerpo de origen. En efecto, se trata de «profesionalizarlos» dotándoles de una «fuerte identidad», es decir, opuesta a la de los docentes bajo múltiples aspectos. Por lo demás, la constitución de un cuerpo unificado y homogéneo —lo que todavía está lejos de ser el caso— amenaza con crear conflictos muy graves, por lo menos mientras los docentes consigan mantener su propia identidad colectiva. Aparte de esta ideología, la multiplicación de las colaboraciones, la importancia de las negociaciones con las empresas locales y con las diferentes colectividades locales, son factores que empujan al director de establecimiento a tomar sus distancias con la lógica de la actividad educativa, la transmisión de conocimientos, y a tomarse por un «verdadero patrón».

Como escribe François-Régis Guillaume, «los directores de establecimiento adoptaron masivamente este lenguaje de la mo-

---

47. Yves Grellier, *Les Chef d'établissement scolaires à la recherche d'une professionnalité*, París-VIII, enero de 1997.

dernidad (la comunidad educativa, el equipo de dirección, la apertura, los proyectos, etc.) que conlleva el incremento de su papel y los pone así en consonancia con la sociedad. Comparativamente, los docentes, en su conjunto y a través de sus representantes, parecen rezagados. Son sospechosos de oponer resistencia a una transformación necesaria. El incremento del poder de los directores de establecimiento y de la influencia de los colaboradores locales parece ser la solución evidente».[48] Más allá de las descripciones técnicas de la organización de estos cuerpos separados, lo importante reside en la *transformación* de los nuevos directores de establecimiento, que deben comprender, sobre todo, que *ya no son* docentes. Desde comienzos de la década de 1970, la orientación hacia la empresa se vuelve explícita en los programas de formación de los directivos de la educación. La circular del 10 de diciembre de 1973 referida a la formación indica que, por los contactos con el mundo económico, se trata «de convencer a los cursillistas y obtener de ellos que efectúen una mutación profunda [...]. Enseñar es una cosa; y dirigir un establecimiento, un asunto que se asemeja a la gestión de una empresa».[49] Todas las orientaciones de esta formación, desde hace ya treinta años, han ido en el mismo sentido.

La formación de los nuevos personales de dirección incorporados después de 1988 concede una importancia todavía mayor a las prácticas en una empresa. No sólo se trata de modificar el estilo de dirección mediante la importación en la formación de algunas nociones estratégicas (participación, gestión empresarial, objetivo, competencias, proyecto, balance de situación, evaluación, etc.), sino también de enseñar a leer los problemas que se plantean en el sistema educativo a través de las lentes de la empresa privada.[50] Agnès Pélage subraya así la im-

---

48. François-Régis Guillaume, «Les rôles anciens et nouveaux des chefs d'établissements», *Recherche et formation*, nº 14, octubre de 1993, pág. 10.
49. Agnès Pélage, *op. cit.*, pág. 67.
50. *Ibid.*, págs. 148 y sigs.

portancia, al menos simbólica, del «acto fundador» que constituyó en 1988, en Lille, el cursillo de formación en «gestión empresarial estratégica y estructuras participativas», que se volvió luego una referencia en el medio. Según este autor, este cursillo articuló un nuevo tipo de formación y una redefinición empresarial de la función. El desarrollo del cursillo y de las visitas a la empresa adoptado por la formación de Lille tuvo a la vez como objetivo y como resultado el procurar un aire perfectamente inocente en el plano ideológico a las herramientas de la gestión empresarial. Como informaba Jacques Decobert, principal responsable de la MAFPEN (Misión Académica de Formación del Personal de la Educación Nacional) de Lille en la época, «uno de los descubrimientos más importantes realizados por los cursillistas a lo largo de su formación es que la metodología es ideológicamente neutra, que es sólo una herramienta, pero que no se puede hacer trampas con el rigor de su aplicación. A este precio, lejos de esclavizar, libera».[51] Michel Crozier, que también participó en el cursillo de Lille, resume así el objetivo de la formación: «Los nuevos principios de la gestión empresarial postindustrial son transferibles al sistema escolar».[52] Este tipo de formación permite la introducción de métodos de definición y resolución de problemas directamente extraídos de los imperativos de eficacia y productividad de las empresas en situación de competencia. La supuesta «neutralidad» se declina así en los diferentes registros de la flexibilidad, de la «calidad total», de la innovación permanente y de la comunicación. Privados de medios teóricos de análisis —en especial en materia económica y sociológica— y, por tanto, de perspectiva crítica, se coloca a los cursillistas en un universo que les fascina, les domina simbólicamente y les presenta las especificidades de la educación como insuficiencias en relación con el modelo idealizado al

---

51. Declaraciones citadas por Agnès Pélage, *op. cit.*, pág. 154.
52. Michel Crozier, *op. cit.*

que han sido confrontados por la formación. El efecto de este tipo de cursillos de formación consiste fundamentalmente en construir una analogía sistemática entre la empresa y la escuela, en convertir la lógica educativa en lógica mercantil (el alumno se equipara con un cliente y el educador con un «colaborador») y, en definitiva, en hacer de la empresa la norma ideal a la que debe plegarse la escuela.

EL DIRECTOR DE ESTABLECIMIENTO PEDAGOGO

Si, por un lado, el director de establecimiento reivindica una función radicalmente separada de la de los docentes y si esta función de gestor empresarial prima sobre los antiguos valores culturales y políticos, también es un «generalista» que debe supervisar el «campo educativo y pedagógico», noción sin duda vaga, pero que permite incrementar su espacio de intervención y su campo de visión en nombre de una evaluación global de los resultados de la organización que administra. Convertido a la «pedagogía innovadora», debe utilizar su influencia para inclinar a los docentes a las «buenas prácticas». Este nuevo papel fue definido escalonadamente. Con la masificación progresiva de la enseñanza secundaria, las prerrogativas del director de establecimiento en materia de orientación se fueron ampliando constantemente hasta el punto de convertirse en el principal responsable de la «gestión de los flujos», de la selección de los alumnos y de la elección en las diferentes ramas. La reforma Haby de 1975 le asignó un mayor margen de maniobra para constituir los repartos de alumnos en clases y grupos. Asimismo, se vio dotado de un contingente de horas suplementarias que distribuir entre los docentes y recibió la posibilidad de organizar las actividades facultativas y de contribuir a la animación escolar. La ley de orientación de 1989, que sitúa «al alumno en el centro del sistema educativo», le otorgó todavía mayor legitimidad para coordinar los proyectos de establecimiento y las actividades pedagógicas. Además, esta ley que concede un lugar importante a la lógica muy individualizante del «proyecto personal del alumno», e incluso del «contrato personal», aboca al director de establecimiento a desempeñar el papel de representante de la «comunidad educativa». La ampliación de su campo de competencia le permite presentarse no ya como la autoridad suprema del establecimiento con respecto al alumno, sino como el mediador que eventualmente asume su defensa contra los juicios profesorales considerados demasiado autoritarios o demasiado «indiferentes a las diferencias». Los directores de establecimiento pueden en adelante adoptar decisiones soberanas de orientación tras una entrevista con los padres sin informar a los consejos de evaluación. Los textos reglamentarios de 1990 le dan la última palabra en lo que se refiere a la orientación de los alumnos, incluso contra una decisión del consejo de evaluación, con el fin de mejorar la realización de los objetivos académicos y nacionales de «democratización» y de «adaptación a la demanda social».

A la vez diferente de los docentes y considerado como el «gran movilizador de las energías», el director de establecimiento se pretende un «gestor empresarial pedagogo» e, incluso, el «principal pedagogo del establecimiento», según una fórmula que afirma a la vez el poder jerárquico, la pretensión de intervención activa en el ámbito pedagógico y la contribución a la definición de las nuevas identidades profesorales.[53] La Carta Condorcet (1992), que determinó los grandes ejes de la formación de los cuadros directivos, hizo de este papel pedagógico y educativo un aspecto primordial de la función. Por lo demás, esta reivindicación apenas es coherente con la apertura de la contratación de los directores de establecimiento a personal no perteneciente al mundo educativo y que no

---

53. Véase, en especial, *Le Livre bleu des personnels de direction* (1994) y *Le Nouveau Chef d'établissement* (1995).

tiene ninguna experiencia pedagógica efectiva.[54] Según una encuesta de la Dirección de Evaluación y de Prospectiva (DEP) de 1992, más del 80 % de los directores de establecimiento consideran su deber la transformación de los métodos de trabajo y la pedagogía de los docentes.[55] Esta nueva definición refuerza la confusión entre la «gestión» y la educación, y tiende a reinterpretar la educación misma según criterios administrativos. Según esta nueva representación, el director de establecimiento se encuentra en adelante al frente de una «empresa de formación», responsable en todos los planos de la «producción del servicio educativo» cuyas competencias administrativas, empresariales y pedagógicas lo colocan en una posición de experto en pedagogía.[56] Mediante esta transferencia terminológica, puede entonces considerarse como un diseñador y un animador de «proyectos» al modo de los directores de empresa del sector privado. En el transcurso de las décadas de 1980 y 1990, esta representación fue favorecida por el acercamiento, efectuado a lo largo de numerosos cursillos, coloquios, comisiones y números de revistas, entre el mundo de los administradores y algunos especialistas de las ciencias de la educación y de la sociología de la enseñanza participantes en la fabricación del nuevo modelo.

El alejamiento real y la distancia simbólica con el oficio de docente, al igual que de los saberes disciplinarios del que este último es portador, hacen que los directores de establecimiento redefinan con bastante naturalidad el cometido de la escuela como un aprendizaje de competencias transversales y de

---

54. Esta apertura de la función de director de establecimiento a los dirigentes de la función pública se hizo efectiva «experimentalmente» mediante el protocolo de acuerdo firmado entre el ministerio y el SNPDEN, el 16 de noviembre de 2000. En la intención de los firmantes, no es más que una etapa hacia una circulación interadministrativa generalizada de los dirigentes A de la función pública.

55. F. R. Guillaume y B. Maresca, «Les chefs d'établissement et l'autonomie», *Éducation et formation*, n° 35, 1993.

56. Robert Ballion, *Le Lycée une cité à construire*, op. cit., pág. 228.

generalidades metodológicas o comportamentales («enseñar a aprender»), y opongan de manera a veces polémica los conocimientos técnicos y el saber estar de naturaleza social o «transdisciplinar» a los saberes científicos y las disciplinas. Los directores de establecimiento comparten así con numerosos expertos una definición especialmente formal de la pedagogía, desvinculada tanto de los contenidos de saber como también de las múltiples dimensiones de la vida de una clase. De ahí, la insistencia sobre lo que se exterioriza, se mide y se evalúa (abundancia de controles, progresiones cifradas y, en la medida de lo posible, plasmadas en gráficos, puntuaciones informatizadas, etc.). La promoción de actividades llamativas fuera de las aulas, la organización de jornadas consagradas a temas específicos (racismo, salud, empleo, etc.), la aplicación de reglas disciplinarias comunes, etc., son otras tantas ocasiones para evaluar esta redefinición de la función de administrador como «líder pedagógico».

La cuestión consiste en saber en qué sentido se dirige este reivindicado poder pedagógico. La innovación se presenta como la línea conductora de su acción dirigida a aumentar la eficacia.[57] Los directores de establecimiento deberían ser los protagonistas del cambio pedagógico más y mejor que los docentes considerados arcaicos en su fidelidad a la cultura y a los saberes.

Sin duda, había que referir el uso intensivo de este léxico de la innovación al papel otorgado a los directores de establecimiento en la puesta en marcha de la «gestión de los flujos» que caracterizó la masificación. Se les invitó, en los es-

---

57. Algunos autores como Robert Ballion insistieron en ver en el «efecto-establecimiento» un «efecto-director de establecimiento» y por este motivo legitimaron, en nombre de la eficacia, el incremento de los poderes de los administradores hasta en el ámbito pedagógico. Véase Robert Ballion, *op. cit.* Tal investigación, que excluye a los alumnos y a los educadores, vuelve a encontrar al final lo que puso al principio porque únicamente retiene, desde el comienzo, el «estilo de dirección del director de instituto» como variable pertinente.

tablecimientos llamados sensibles, a cambiar el rumbo de las prácticas pedagógicas hacia actividades menos «disciplinarias», juzgadas molestas y selectivas, y a fomentar una mayor «flexibilidad» en los docentes y una «mejor adaptación a los nuevos públicos de la escuela», según las fórmulas consagradas. No es raro encontrar una prevención antiintelectualista e incluso a veces una cierta postura populista, entre aquellos que han interiorizado mejor el papel de «pedagogo democrático», respecto a los profesores, considerados como «apuntalados en sus exigencias disciplinarias» y «psicorrígidas».[58]

Sin duda, es ésta una de las paradojas de la situación francesa: si, con su discurso sobre la «revolución empresarial» en la escuela, la alta administración proclama lisa y llanamente su hostilidad a la vieja cultura burocrática francesa, la tendencia real es la contraria: la promoción de los ideales de la empresa y del mercado, las aparentes conversiones a la democracia se mezclan con una reactivación de las prácticas burocráticas en nombre de la «modernización».[59] Concretamente, la cuestión consiste en saber si la Educación Nacional tiene los medios para encontrar y formar en su seno a los «líderes carismáticos y visionarios» que responden a los ideales de la nueva gestión empresarial. ¿Cómo exigir una competencia universal, administrativa y pedagógica de los miembros de la jerarquía intermedia? ¿Cómo podrían asumir todas las responsabilidades a la vez? La magnitud de la tarea así definida no deja de tener que ver, evidentemente, con la actual crisis de contratación de di-

---

58. Véanse, por ejemplo, las declaraciones formuladas por algunos directores de colegio citados por Agnès van Zanten, *L'École de la périphérie*, París, PUF, 2001, pág. 202.

59. Como observa pertinentemente Agnès Pélage, «la política escolar llevada a cabo por Jean Pierre Chevènement aspira a reestablecer un funcionamiento jerárquico y autoritario para permitir al Estado un dominio de la acción educativa mientras se desprende de la imagen del funcionario irresponsable demasiado bien protegido» (Agnès Pélage, *op. cit.*, pág. 78).

rectores de establecimiento.[60] La naturaleza imaginaria de esta figura idealizada no ofrece duda: el director que lo sabe hacer todo, que se da cuenta de todo, que es el principal pedagogo, la personalidad local, el animador, el director de proyecto y el gran comunicador, está obviamente fuera del alcance de los administradores «reales», por muy talentosos que sean. Por otra parte, la constitución de un cuerpo especializado de administradores, aislado de las disciplinas culturales y que corre el riesgo siempre de transformarse en una casta hostil, alimenta los conflictos, los resentimientos y las frustraciones.[61] El mundo de los administradores posee sus disidentes y sus resistentes que nunca han capitulado ante la ideología de la gestión empresarial. Las entrevistas que el investigador puede recoger muestran que un número no desdeñable de directores de establecimiento y de inspectores son los «nuevos marranos» de la modernización. Si delante de sus superiores, en el curso de su formación y en los lugares de socialización profesionales, se vieron obligados a silenciar su apego a los valores tradicionales de la enseñanza, no dejan de mantener en su fuero interno una fidelidad a sus primeros vínculos culturales, sindicales o políticos. Al contrario, algunos administradores, cuando se confían al investigador, manifiestan una inquietante incomprensión del oficio de educador y a veces incluso confiesan una fuerte hostilidad, que reprocha al docente al mismo tiempo su individualismo, su irresponsabilidad, su desprecio de la eficacia, su indiferencia hacia los padres y los alumnos, su ignorancia de las realidades económicas y, sobre todo, su rechazo al cambio.

La ideología de la gestión empresarial no se hizo para ayudar a éstos a comprender cuál es la misión fundamental de la

---

60. Véase Yves Grellier, *Profession, chef d'établissement*, *op. cit.*, pág. 32. Pierre Dasté, el antiguo presidente de los tribunales de concursos de contratación para personal de dirección, destacó que la situación actual de la contratación «es portadora de riesgos para el futuro de la educación». Pierre Dasté, «Recrute-t-on des patrons par concours?», *Administration et éducation*, n° 4, 1997, pág. 87.

61. Yves Grellier, *op. cit.*, págs. 78 y sigs.

escuela. Más bien, incluso les conduciría a repudiar la razón de ser de la administración, que consiste en ponerse *al servicio* de quienes, en el centro escolar, desempeñan la función principal.[62] Los propios directores de establecimiento perciben a veces la trampa en la que han caído cuando se niegan a cargar con las elevadas responsabilidades en lo civil e, incluso, en lo penal, y se quejan de la aplastante gravedad de su tarea.[63] Sobre el terreno, muchos comenzaron a percibir mejor a qué les exponía su nueva «estatura» en el marco de la descentralización (presiones locales, gravedad de las tareas, exposición a pleitos). Muchos de ellos prefieren no llevar demasiado lejos la lógica de enfrentamiento cultural y de control burocrático con la que les comprometió su poderosa organización sindical y la administración central a cambio de una revalorización de estatuto. Algunos, por su historia personal, conservan una fibra progresista y están sensibilizados a las corrientes de opinión que impugnan el liberalismo económico. De tal modo que la «lealtad» y la «adhesión» de los directores de establecimiento, *condición política* básica de la revolución de la gestión empresarial, siguen siendo frágiles a pesar de las mejoras materiales y simbólicas obtenidas. La estrategia seguida plantea un problema de fondo a la alta administración: ¿cómo puede mantener la administración escolar un mínimo de legitimidad si los valores de que hace gala ya no son los de la cultura, sino los del mercado y la empresa? El distanciamiento todavía muy parcial con respecto a esta política del que dan testimonio algunas declaraciones recientes de responsables políticos de la derecha y de la izquierda, pero también los indicios todavía tímidos de autocrítica por parte de la alta administración, la forma en la que desde ahora se

---

62. Yves Grellier, *op. cit.*, pág. 50.
63. Véase, a propósito de las quejas jerárquicas locales, René Blanchet y otros, *La Revalorisation du rôle des chefs d'établissement de l'enseignement secondaire*, MEN, abril de 1999.

habla del «saber en el centro de la escuela», de la «autoridad del maestro» y del «profesor como intelectual», todo esto indica, si no un fracaso, al menos una tregua en la retórica de la gestión empresarial de las décadas de 1980 y 1990.

CAPÍTULO 12

LAS CONTRADICCIONES DE LA ESCUELA NEOLIBERAL

Reconstruir la trama del nuevo modelo de la escuela podría producir la falsa impresión de una coherencia conseguida. Y esto equivaldría a confundir cosas diferentes. El consenso político alrededor de los grandes principios del liberalismo económico, la omnipresencia de la interpretación utilitarista de la educación en los organismos internacionales, pedagógicos y profesionales que hemos verificado a lo largo de todo el libro, no significan que el nuevo orden educativo liberal ya se encuentre plenamente instalado, ni que sea perfectamente viable. Desde este punto de vista, la escuela neoliberal es un proceso que, en función de sus progresos, secreta contradicciones de diferentes órdenes. Para entender su lógica, es preciso ponerlas en relación.

Se presentan dos grandes tipos de contradicciones: uno que se podría llamar propiamente económico y otro que afecta a la cultura y a los valores que fundamentan la institución escolar.

Pretender convertir la escuela en una organización eficaz al servicio de la economía implica que se acepte la necesidad y la importancia de las inversiones educativas y que no se las confunda con los gastos improductivos. Si, simultáneamente, por una aplicación dogmática del liberalismo, se consideran todos los gastos estatales como improductivos y si la prioridad de las prioridades consiste en disminuir la acción pública para privilegiar el gasto y el consumo privados, la lógica del «capital humano» que justificaba a la vez la expansión y la subordinación de los sistemas educativos carece ya de sentido. ¿Quién pagará la «economía del saber» si no son los contribuyentes? Las soluciones son diversas, pero cada una de ellas no está desprovista de nuevas contradicciones.

Se da una contradicción mayor a un nivel más profundo. La lógica del valor económico que preside el modelo liberal de la escuela es una lógica destructiva. Desde luego, el tono catastrofista de algunos discursos y panfletos que declaran que la escuela ha muerto y que la enseñanza actual se encuentra por entero abocada a la incultura da prueba de un estado de ánimo sombrío, comprensible, pero que, sin embargo, no ayuda a levantar acta de la situación actual. Es falso decir que el discurso dominante ha arrasado con todo y que la escuela se encuentra enteramente dispuesta al servicio de la economía capitalista. Basta con tener en cuenta el estado de las relaciones de fuerza y con examinar las luchas internas para comprobar, por ejemplo, que algunas reformas de la gestión empresarial, algunas «revoluciones» tecnológicas, pedagógicas o gestionarias todavía no han logrado su propósito.[1] El descentramiento hacia los valores de la competitividad y de mercado no son fácilmente aceptados por todos aquellos que sienten apego por las referencias éticas y políticas de la escuela centrada en la cultura, la transmisión de un patrimonio y las finalidades emancipadoras del conocimiento. Esta resistencia que agrupa alrededor de los docentes a numerosas categorías de la población resulta todavía en la actualidad uno de los mayores obstáculos

---

1. Incluso en Estados Unidos, el modelo de la escuela comercial mostró sus límites, sociales pero también financieros, como prueban las dificultades de algunas empresas del sector.

para la imposición general del neoliberalismo en Francia, y no únicamente en el orden educativo. En efecto, no basta con modificar el vocabulario e impartir órdenes para que las realidades se amolden a los dogmas. Toda la retórica fatalista del «cambio inevitable», en nombre de las mutaciones de la sociedad o de la mundialización, no es suficiente para convertir todas las mentalidades y abolir los obstáculos. La cuestión de los valores ocupa aquí una posición central. La escuela actual —lo que incluye a todos aquellos que participan en ella— está atravesada por contradicciones culturales que repercuten en todos los niveles y dan lugar a múltiples tensiones en la institución.

EL IMPERIO IMPOSIBLE

Digámoslo de entrada: las contradicciones que surgen de la puesta en marcha de la escuela neoliberal dan prueba de un callejón sin salida muy general. La lógica del capitalismo global que se apoya en la acumulación del capital tiende a ampliarse a todas las esferas de la existencia. Esta globalización transforma hasta cierto punto la sociedad en una «sociedad de mercado» fundada en la maximización universal del interés personal. El capitalismo global es, en primer lugar, una lógica irrazonable de dominio sobre todas las relaciones sociales y culturales, una lógica que está arraigada sin duda en una preocupación económica de rentabilidad, pero que se erige en un pensamiento dogmático, el cual inspira una política general que pretendería someter el mundo en su conjunto, tanto los diferentes ámbitos de la existencia como los múltiples territorios del planeta. Si este imperio de la lógica del interés, como es soñado por el ultraliberalismo, produce efectos reales en los comportamientos, si dirige políticas muy concretas y si no se trata de una simple ficción, todavía no ha llegado al término de su realización. Incluso cabe preguntarse si ésta es posible. El capitalismo, por muy imperioso e imperial que sea, es un sistema de producción e intercambio —ya inestable en el plano económico— que no puede apoderarse por completo del mundo cultural y social, que ni siquiera puede «gestionarlo» totalmente según sus propios imperativos sin engendrar un malestar, una resistencia y abundantes conflictos. Para poner en evidencia esta incapacidad, bastaría con considerar el crecimiento desde hace dos siglos de la burocracia, la extensión de las instituciones de socialización compensadora, la proliferación de normas jurídicas, técnicas y deontológicas, y, finalmente, la expansión de todos los modos de educación, de control y de «regulación» que acompañan el desarrollo del capitalismo, que corrigen sus dinámicas espontáneas y que ejercen «artificialmente» un contrapeso al hundimiento de las formas más antiguas de normatividad social. Sin duda, el gran secreto de lo «social» consiste en formar individuos cuya relación con el mundo, la sensibilidad y la moral (o la ausencia de moral) se adaptan a lo que el sistema espera de ellos. El determinismo sociológico pretendería entonces que lo que está «en el exterior», en las estructuras objetivas del mundo social, se encuentre asimismo «en el interior», en las estructuras mentales e intelectuales, gracias al conjunto de los aparatos de socialización y de inculcación de normas y valores. Esta concepción está ampliamente fundada, pero no del todo. En el fondo, es el negativo de las pretensiones imperiales sobre las que tratamos antes. Hay al menos una razón para esta «incompletud» del capitalismo, si se nos permite la expresión: todas las estructuras de socialización no están unificadas hasta el punto de integrarse en un conjunto homogéneo en el que las mismas normas, los mismos valores, los mismos ideales y las mismas razones de vivir se impondrían uniformemente a todos y al mismo tiempo. La pluralidad de las instituciones, de las esferas o de los campos produce individuos a la vez diferentes unos de otros, opuestos en muchos aspectos unos a otros, e incluso produce a cada uno como un ser compuesto, íntimamente dividido y opuesto a sí mismo.

Pero no se debe olvidar, en el otro sentido, que en las sociedades en las que vivimos, la esfera económica sigue siendo *dominante*, que impone ampliamente el ritmo y la forma de cambio a las otras esferas, que suministra su sustancia a las políticas, dicta sus exigencias a las instituciones e introduce su íntima lógica de acumulación, su «espíritu» como decía Max Weber, en todos los individuos, en un grado u otro. En suma, el capitalismo es global en potencia, pero en la realidad no es más que dominante.

Esta proposición tiene sus consecuencias sobre el análisis que se puede realizar de las mutaciones de la escuela. La transformación de la institución escolar en un aparato de socialización sometido al espíritu del capitalismo moderno y destinado precisamente a formar a las jóvenes generaciones en las maneras de ser, de pensar y de hacer que se requieren en la sociedad de mercado es una empresa como mínimo difícil. Incluso desde el punto de vista de los «responsables», la cosa parece más compleja de lo que su fría racionalidad parecía indicarles. La escuela, si pretendía ser «eficaz» e incluso si *verdaderamente* debía preparar a los jóvenes para la eficacia productiva, los prepararía a menudo mejor no preparándolos para ella directamente. Ésa era ya la paradójica conclusión que el sociólogo norteamericano William H. White Jr. extraía del destino de la escuela estadounidense: «Para mí, lo que debe procurar la educación en primer lugar al futuro miembro de la organización es la "armazón intelectual" de las disciplinas fundamentales». Y añadía que este individuo «no tiene necesidad de un sistema educativo "concebido para el hombre moderno". Las presiones a las que estará sometido por parte de la organización le enseñarán muy pronto cuáles son los criterios de valor del hombre moderno».[2] Lo que equivale a decir que la escuela es la única capaz de introducir en la cultura escrita y culta a la gran masa de los jóvenes. Pero la lógica imperiosa del capitalismo,

---

2. William H. White Jr., *L'Homme de l'organisation*, París, Plon, 1959, pág. 107.

su ideología totalizadora, parece que le impide renunciar a ordenar la institución escolar y, en consecuencia, a producir efectos particularmente negativos en el sistema de enseñanza y en la sociedad. En el fondo, toda la tragedia de la escuela norteamericana se repite y se extiende a todas las escuelas del mundo, con la ayuda especialmente nefasta de las organizaciones internacionales. Una de las mayores paradojas con la que ya nos hemos encontrado y sobre la cual los discursos oficiales se detienen muy raramente reside en el hecho de que no son tanto la autonomía, la competencia y las técnicas de gestión las que procuran el «éxito» como los valores culturales y las exigencias de transmisión del saber. De ahí, una diferencia importante: los medios, las representaciones y las reformas que caracterizan a la escuela neoliberal conducen a resultados totalmente distintos de los que se proponen y esperan. La escuela en Francia parece condenada actualmente a la oscilación: un día, el modernismo más mimético de las empresas y la entrada a la fuerza de las «pedagogías innovadoras»; al día siguiente, la restauración de los valores, la autoridad de los maestros e, incluso, el orden moral. Ya es hora de volver sobre las preguntas fundamentales: ¿para qué está hecha la escuela y qué puede hacer que no puedan las demás instituciones?

POLÍTICA DE AUSTERIDAD, REPLIEGUE EDUCATIVO Y CAPITAL HUMANO

De la «congelación del empleo público» de Claude Allègre a la reducción del número de vigilantes, la supresión de los empleos-jóvenes y el estancamiento previsto del número de docentes de Luc Ferry, de 1997 a 2002, la continuidad de las políticas de izquierda y de derecha en la cuestión de los gastos educativos es sorprendente, salvo quizás el paréntesis abierto por Jack Lang por razones electorales. Esta continuidad señala el primer nivel de contradicciones entre las políticas macroeconómicas de tipo monetarista y restrictivo en el plano presupuestario —muy ponderadas en Europa— y la estrategia del crecimiento fundada en la acumulación del capital humano. Los gobiernos europeos no han armonizado todavía las grandes declaraciones de Lisboa (2000) o de Barcelona (2002) sobre la «economía del saber» y la «sociedad de la información» y su obsesión por la inflación, la bajada de impuestos y el equilibrio presupuestario. La incapacidad efectiva para extraer consecuencias políticas de la lógica de la inversión humana, que implicaría considerar el gasto educativo no como un gasto de funcionamiento de hoy que debe ser financiado por deducciones sobre las ganancias de ayer, sino como una inversión actual que debe generar ganancias futuras, dice mucho sobre la inconsecuencia de los dirigentes europeos en lo que respecta a su propia doctrina educativa. Parecen olvidar muy rápido que «la inversión más importante que una nación pueda hacer es la educación de sus ciudadanos», según una reciente fórmula de Donald J. Johnston, secretario general de la OCDE. Pero ésta es una tensión mucho más general que se puede encontrar en el corazón mismo de los lugares donde se determina el pensamiento liberal mundial, en el FMI y en el Banco Mundial, por ejemplo.

La reducción de la acción educativa del Estado, consecutiva a la rebaja de los ingresos fiscales, si se confirmara, significaría entonces que nos internaríamos en la vía del agotamiento de los recursos de la educación pública, con las consecuencias que es fácil imaginar, en términos de segregación acrecentada y de desarrollo de la escuela privada. Las «soluciones» que soliciten las participaciones financieras de las familias o de los estudiantes acarrearían todas efectos negativos. Todos los ejemplos de que disponemos muestran que pretender obtener así una transferencia de las cargas de los contribuyentes hacia las familias se realiza en detrimento de los medios populares que no pueden asumir los gastos suplementarios de una «educación elegida» en un medio ambiente propicio a los estudios. Esta política liberal de repliegue financiero y de apelación a lo «cualitativo» ¿señala la reducción de las ambiciones culturales para los jóvenes de los medios populares e, incluso, el fin de la «escuela única», como pretenden algunos autores? Cada vez se plantea más la cuestión de saber si nos encontramos ante una regresión hacia una situación anterior o bien ante una mutación más compleja. La tesis de la regresión, defendida por Nico Hirtt, sostiene que, después de treinta años de aumento de los niveles de formación y de crecimiento del alumnado, tocamos techo a mediados de la década de 1990, techo que no solamente no será superado, sino que deberá rebajarse a causa de la imperativa reducción de los costes. Por lo demás, esta estabilización y, después, este retroceso están en conformidad con determinadas tendencias a la descualificación observables en el mercado del empleo. Nico Hirtt afirma en este sentido que «en adelante la dualización del mercado de trabajo ya no reclama una elevación general de los niveles de formación».[3] Samuel Johsua habla, por su parte, de «fin del compromiso histórico» entre las necesidades del empresariado y las aspiraciones populares en materia de escolarización, compromiso que el Plan Langevin-Wallon pudo encarnar durante cincuenta años.[4] Estas declaraciones no carecen de un fundamento serio. Sin duda, múltiples medidas y discursos parecen indicar que los objetivos de promoción escolar están en vías de ser abandonados. Además del crecimiento de la tasa de escolarización y de éxito en el bachillerato, el ministro Xavier Darcos juzga «irrealista» el «80 % de una clase de edad en el bachillerato»; la alternancia desde el colegio, el desarrollo acelerado del aprendizaje y la orientación precoz hacia la enseñanza profesional son fuertemente estimulados en el más alto

---

3. Nico Hirtt, *L'École prostituée: L'offensive des entreprises sur l'enseignement*, Labor/Espace de libertés, 2001, pág. 68.
4. Samuel Joshua, *L'École entre crise et refondation*, La Dispute, 1999, pág. 39.

nivel.[5] La política de colocación completa la estrategia con la rápida inserción en el empleo de los menos cualificados mediante medidas de aligeramiento de las cargas o el fin de los empleos-jóvenes. Tras la llamada ritual a valorar la enseñanza profesional, se asiste aparentemente a una tentativa de reducción del tiempo de estudios de los jóvenes en su mayor parte procedentes de la clase obrera, lo que permitiría reducir el gasto educativo «saliendo por abajo» de la anomia que hace estragos en algunos centros escolares. En este sentido, la reforma escolar propuesta por Silvio Berlusconi se anticipa al colocar, desde la edad de 14 años, a los alumnos pertenecientes a las categorías populares en la rama profesional. El retorno de los grandes temas ya muy manidos, la «diversidad de las formas de inteligencia» y la diferencia de las «aptitudes para lo abstracto», bastaría para mostrar que se desea empujar a un mayor número de jóvenes hacia los «estudios concretos» y las ramas cortas, y reintroducir así cuanto antes el principio de la división social. Esta política pretende partir de las dificultades de la educación de los jóvenes procedentes de una clase obrera en crisis, pero para deducir que hay que dirigirlos hacia las ramas de relegación de manera más firme y más directiva, incluso hacia el empleo según una lógica invertida: al no poder cualificarlos para insertarlos en el mundo laboral, convendría insertarlos para cualificarlos.[6] En el nivel superior, el aumento de licenciaturas profesionales, el progresivo alineamiento de los certificados con la norma anglosajona de diplomas más articulados con el mercado de trabajo y menos costosos (que define los tres niveles de licenciatura, máster y doctorado en tres, cinco y ocho años respectivamente), indican igualmente una voluntad de reducir los fracasos, pero también de disciplinar a la juventud estudiantil

---

5. Jean-Pierre Raffarin y Luc Ferry defienden así la instauración de «ramas de educación de los oficios» entre los 14 y los 22 años, siguiendo el modelo berlusconiano. Véase la entrevista con J.-P. Raffarin, *Le Monde*, 1-2 de diciembre de 2002.

6. Véase F. Delle y J. Bouvine, «Insérer pour former», *Éducation-Économie*, n° 20, octubre de 1993.

dirigiéndola hacia formaciones más «profesionalizantes». La regionalización de la educación amenaza con acentuar esta tendencia.

¿Quiere esto decir que esta política es racional, perfectamente conforme con una tendencia a la descualificación masiva de los empleos? Lo que equivale a preguntarse si el empresariado y las organizaciones internacionales como la OCDE o la Comisión Europea, que siguen haciendo un llamamiento a la elevación del nivel de formación, se equivocan sobre las transformaciones futuras del mercado de trabajo. El retroceso del esfuerzo educativo puede afectar a esos «niños manifiestamente rebeldes a la adquisición de conocimientos abstractos», de los que hablaba el informe Fauroux y que muchos prefieren ver en la fábrica antes que en un aula:[7] la política seguida no es menos contradictoria. La contradicción reside en el hecho de que esta política preconizada desde hace unos cuantos años, si por un lado está de acuerdo con la dualización del mercado de trabajo y con el incremento de las desigualdades, es, por otro lado, contraria a la ambición de elevar el nivel cultural de la mano de obra en conformidad con las previsiones de los desplazamientos de empleo hacia un nivel más alto de cualificación. Ahora bien, esta ambición es la que sigue presidiendo hoy día los discursos de los dirigentes políticos y de los responsables económicos. La estrategia europea establecida en Lisboa (2000) solicita, por ejemplo, un aumento anual sustancial de la inversión por habitante en la formación. Por otra parte, los análisis prospectivos más corrientes de la evolución del empleo no prevén de ningún modo una rebaja masiva del nivel de cualificación.[8] Desde luego, estamos lejos de las pro-

---

7. Roger Fauroux, *Pour l'école*, París, Calmann-Lévy, 1996, pág. 23. Citado por S. Johsua, *op. cit.*, pág. 39.

8. Véanse, sobre este punto, los análisis prospectivos presentados por el Haut Comité Éducation-Économie-Emploi, *La Transition professionnelle des jeunes sortant de l'enseignement secondaire*, actas, París, La Documentation française, 2001-2002, págs. 87 y sigs.

mesas miríficas de una supresión general de los puestos no cualificados. Según el INSEE (instituto nacional de estadística francés), todavía representan más de una quinta parte del volumen total del empleo, y si disminuyeron en la industria siguen siendo numerosos en el sector de servicios. Pero, en realidad, ya nadie sabe muy bien lo que significa la cualificación para un gran número de oficios. Una buena serie entre ellos, considerados no cualificados en los servicios, reclama cualificaciones, por ejemplo en el manejo monetario y en la resolución de múltiples problemas administrativos, que no son reconocidos mediante las denominaciones, los estatutos y las rentas correspondientes. Es el caso muy frecuente del trabajo de caja o de taquilla, cuyos empleos correspondientes son desempeñados por jóvenes titulares de diplomas relativamente elevados. Sucede lo mismo en numerosos servicios a los particulares y a las empresas (desde las ayudantes de guardería hasta el personal de mantenimiento de los equipamientos).

Si la transformación del sistema educativo se parece mucho a una *regresión*, debe también y sobre todo interpretarse como una *mutación*. La vía neoliberal no persigue en primer lugar el rebajamiento generalizado de los conocimientos y la descualificación masiva de la fuerza de trabajo. Aspira a la eficacia tanto en los medios de la escuela como en los fines, porque la escuela nunca es más que un medio de la competitividad. La idea dominante siempre es la de combatir las diversas formas de analfabetismo o los diferentes tipos de desescolarización, pero ante todo consiste en la transmisión de una *determinada* cultura, más útil, coincidente con las necesidades de las empresas, a individuos a los que se intenta preadaptar a los puestos que habrán de ocupar. Entre los contratistas y algunos responsables políticos entre los más retrógrados según el modelo berlusconiano existe naturalmente el malthusianismo, pero no constituye el eje central o, en todo caso, no el eje único. Los contratistas en su conjunto no están interesados en ver disminuir la cualificación de la mano de obra. Al contrario, tienen interés en contratar a jóvenes formados y diplomados, pero subremunerados en relación con los puestos a los que se les asigna, incluso si se les promete «promocionarlos» a lo largo de toda la vida... No se abandona el objetivo de elevar el nivel general del «capital humano», al contrario, pero pasa por una transformación del «paradigma» educativo: en este aspecto es en el que la escuela neoliberal constituye un modelo especial. Esta última no es tan sólo una escuela pública disminuida y empobrecida: sin duda lo es también, pero sobre todo es *diferente*, se piensa como diferente. Nada lo ilustra mejor que esta voluntad de repensar la educación como un proceso «a lo largo de toda la vida», que pasa por una dilatación y una flexibilización de la relación pedagógica, también ella en relación directa con las necesidades de las empresas en materia de tecnología y de organización. Es primordial la idea de que hay que dotar a todos los activos durante la formación inicial de un «kit cultural». Es la base de una empleabilidad que habrá de ser sin cesar regenerada por medio de los dispositivos de enriquecimiento del capital humano. Así, un buen número de alumnos y estudiantes —los que tienen más dificultades— podrán ser «invitados» a abandonar la formación inicial a partir del momento en que se considere que saben lo suficiente para los empleos a los cuales están destinados, y a adquirir una experiencia profesional, con la promesa de que un día podrán regresar para completar su bagaje escolar o validar sus adquisiciones profesionales ante una instancia de certificación pública o privada. La lógica del capital humano es evidentemente todo salvo igualitaria. La formación, cuando está determinada por la expectativa de un rendimiento, se dirige primero a quienes presentan las más «altas potencialidades» de evolución, a quienes poseen ya las más sólidas bases culturales o a aquellos cuya formación es más indispensable para la aplicación de los nuevos procedimientos o equipamientos. El carácter extremadamente desigualitario de la formación para adultos, que beneficia mayoritariamente a los directivos, a los más cualificados en general, a los hombres no demasiado mayores y de nacionalidad francesa, indica suficientemente las consecuencias en los trayectos escolares y los destinos sociales de la lógica del capital humano.[9] Tomar en serio esta mutación permite volver a situar en su contexto el esfuerzo de control de los costes que pretendería disminuir el gasto del Estado y trasladarlo a los beneficiarios directos de la inversión educativa. Es posible imaginar en adelante, como prolongación de las tendencias existentes, una transferencia de una parte mayor del gasto educativo de la formación inicial hacia la formación a lo largo de la vida, financiación sin duda organizada sobre una base regional que apela a las empresas, los asalariados y las familias. La escuela neoliberal gobernada por la eficacia podrá garantizar una base mínima de «competencias» con el fin de dotar a cada uno de una empleabilidad también mínima, pero de ninguna manera garantiza que más allá suministrará la posibilidad de adquirir una cultura más extensa al mayor número. Sólo aquellos que poseen los medios para ejercer una demanda solvente o que manifiestan un «alto potencial» son capaces de proseguir sus estudios. Si no persigue voluntariamente un rebajamiento del nivel cultural, la escuela neoliberal no constituye menos una orientación que aboca —en especial gracias a la libre elección de las familias— a un reforzamiento de la dualización escolar y representa un obstáculo para los progresos culturales en el futuro.

LOS NUEVOS VALORES DE LA ESCUELA

De forma general, en la escuela neoliberal, todas las contradicciones de tipo económico y social se consideran superables siempre y cuando se coloque en los puestos de mando, ya no

---

9. Véase Paul Santelmann, *La Formation professionnelle, un nouveau droit de l'homme?*, París, Gallimard, col. «Folio/actuel», 2001, pág. 110.

lo cuantitativo sino lo cualitativo, ya no el gasto sino la eficacia. Pero la imposición de esta lógica pone de manifiesto nuevas contradicciones de tipo ético y político porque no se da sin afectar a los valores fundamentales de la escuela. El sistema escolar se ve obligado a pasar del *reino de los valores culturales* a la *lógica del valor económico*.

La contradicción mayor de la escuela neoliberal se debe a que combate los valores que están instalados en el corazón del oficio del docente y que otorgan sentido a los aprendizajes. Ya, el «cada cual por su cuenta» —o su versión pánica: el «sálvese quien pueda»— no dispensa a los docentes. El sistema de valores salió muy debilitado de las transformaciones sociológicas e institucionales y encontró muchas dificultades para regenerarse en el clima ideológico glacial de estos últimos decenios.[10]

Uno de los aspectos más importantes de las transformaciones en curso, que no es el más manifiesto, se debe a los cambios insensibles de los comportamientos y de los valores a los que empuja la introducción de las lógicas competitivas. La política educativa liberal, que es en primer lugar una política de *laisser faire*, introduce, entre las familias pero también entre los profesionales de la enseñanza, conflictos entre los valores colectivos y el interés privado que no carecen de consecuencias.[11] La lucha de todos contra todos en el mundo escolar, a la que conduce la rivalidad entre los establecimientos, separa *de facto* a los padres, los alumnos y los profesores en ganadores y perdedores. Cada cual, sean cuales sean sus convicciones y sus compromisos, se ve impelido a participar y a hacer valer su interés personal por encima del interés general. Por otra parte,

---

10. Véase, sobre este punto, Bertrand Geay, *Profession: instituteur: mémoire politique et action syndicale*, París, Seuil, 1999. El rechazo del principio del colegio único expresado por una mayoría de educadores se inscribe en este contexto.

11. Stephen Ball y Agnès van Zanten, «Logiques de marché et éthiques contextualisées dans les systèmes français et britannique», *Éducation et sociétés, revue internationales de sociologie de l'éducation*, De Boeck Université, nº 1, 1998.

tal es la fuerza del liberalismo que sólo funciona con el sentido del interés que cada ser social o cada entidad en rivalidad con otras acepta introducir en el juego por su propia cuenta. Algunos profesionales de la enseñanza entran, a títulos diversos, en la lógica de competencia, y aceptan, de buena o mala gana, participar en un «juego» que permite a los mejores establecimientos incorporar a los mejores alumnos (y a menudo a aquellos que poseen mayores «cualidades sociales»), mientras que los establecimientos peor situados en el mercado tienen muchas dificultades para conservar a los «primeros de la clase». Padres progresistas y favorables a la igualdad en la escuela recurren a estratagemas para colocar a sus hijos en los mejores establecimientos. La obsesión por la imagen de la escuela, la preocupación por los resultados calculados por las estadísticas de éxito en los exámenes y los test, y el intento de satisfacer a los padres en materia de compañías, ambiente, actividades y horarios, tienden a transformar la manera de concebir la escuela: «Habría que crear un acontecimiento para mejorar nuestra imagen», se dice en algunos establecimientos. Escuelas, colegios, institutos y universidades publican lujosos folletos, cuidan la recepción y utilizan un lenguaje «comercializado» que da relevancia a las apariencias y los oropeles. En determinados sectores del mercado de la enseñanza (en especial el «posbachillerato»), los centros escolares públicos se ven llevados a «vender sus productos» y a «venderse» a sí mismos, como dan prueba desde hace algunos años los Salones del Estudiante o los Salones de la Educación, que, en muchos aspectos, cada vez se asemejan más a grandes ferias comerciales cuyos costosos emplazamientos, al igual que el lujo de la recepción en los pabellones, ponen de manifiesto las relaciones de poder y de prestigio de las instituciones y empresas de educación.

Si en Francia la aversión hacia estas lógicas demasiado abiertamente comerciales es todavía grande, los establecimientos en cambio se ven obligados, a causa de la nueva regla competitiva, a participar en el juego para no ser perjudicados por aquellos que practican más sistemática y cínicamente esta competición. Esta tendencia no deja de tener sus consecuencias sobre la propia enseñanza. El «culto del rendimiento» se impone en detrimento de otras concepciones de la educación: planea la tentación de desembarazarse de los alumnos menos brillantes, aquellos que exigirían el mayor esfuerzo pedagógico. La pretensión de ostentar los mejores resultados en los exámenes o las oposiciones para atraer a los mejores alumnos y el propósito de transmitir una cultura más amplia, más fundamental o más variada pero que no resulta inmediatamente rentable para el examen, no requieren el mismo tipo de pedagogía. La educación llega así a no ser ya considerada como un bien común precisamente por aquellos que tendrían todas las de ganar al defender el antiguo ideal del conocimiento para todos. Los alumnos no son los últimos en verse afectados por la introducción de esta lógica competitiva, y en primer lugar en el plano de los valores: el mercantilismo desacredita todo el discurso sobre los valores desinteresados de la cultura, sobre las virtudes y la dignidad humana, sobre la igualdad de todos ante la herencia cultural o las oportunidades de inserción profesional. Como señalan Agnès van Zanten y Stephen Ball, «los valores del mercado constituyen un nuevo *currículo* oculto al que están expuestos los alumnos». Estos últimos tienden incluso a ser percibidos «más como objetos que como personas a las que se atribuyen estimaciones diferenciales».[12]

---

12. Stephen Ball y Agnès van Zanten, *op. cit.*, págs. 68-69. Véase, sobre este mismo punto, Sharon Gewirtz, Stephen J. Ball y Richard Bowe, *op. cit.*, págs. 176 y sigs.

LAS CONTRADICCIONES DE LA GESTIÓN EMPRESARIAL PÚBLICA A LA FRANCESA

Uno de los hechos importantes que señalan los sociólogos, en la tradición de las investigaciones inglesas sobre el tema, es la expansión del *doble código* que hace coexistir la lengua oficial del gestionarismo empresarial y el marketing utilizada para la comunicación externa y un discurso educativo y cultural reservado para hablar entre colegas, como si los valores humanistas de la formación intelectual no tuvieran valor en el mundo social. Esta *guerra de los discursos* en el interior de la institución entre los docentes, en su mayoría apegados a la lengua de los saberes y las obras, y numerosos administradores y expertos, adeptos de la modernidad y fascinados por el modelo de lo privado, contribuye asimismo al debilitamiento de la ética cultural de los docentes. En Inglaterra, los responsables de los establecimientos locales tuvieron que aprender a hablar el *new public management* en la misma medida en que el rechazo a hablar esta nueva lengua, prueba de su no adhesión al nuevo esquema de pensamiento, los habría conducido a automarginarse en un campo atravesado por una intensa lucha por las plazas y a veces por el prestigio de su establecimiento.[13] Una especie de «bilingüismo» se difundió entre ellos puesto que tuvieron que mantener, para dirigirse a los docentes y a algunos padres, el antiguo discurso humanista fundado en los valores culturales.[14] La situación es bastante comparable en Francia. El lenguaje de la gestión empresarial proporcionó a los dirigentes una identidad que les permitió distinguirse un poco más de los docentes, pero éstos permanecieron apegados a la «vieja lengua» de la cultura, los saberes y las disciplinas. Y, a pesar de las tentativas para transformar las mentalidades de los jóvenes

---

13. Sharon Gewirtz, Stephen J. Ball y Richard Bowe, *op. cit.*, págs. 98-99.
14. Algunos lo rechazaron y resistieron algunas veces a costa de la relegación en su carrera.

neófitos en las IUFM (escuelas de prácticas para la formación de profesores), hasta ahora el rechazo a hablar la lengua de los expertos y los gestores prevalece con creces sobre los fenómenos de conversión. La necesidad funcional de encontrar un terreno de comunicación, una *lingua franca* entre las personas del establecimiento ha conducido, de momento, al fracaso del monolingüismo de la gestión empresarial. Ésa es sin duda una de las razones del retorno en Francia del viejo código republicano, que se mezcla de manera bastante curiosa con la nueva lengua.

Sin embargo, la lógica de la gestión empresarial tuvo y todavía tiene efectos nocivos cuando tiende a negar la importancia del «alma del oficio», es decir, el acceso a la cultura escrita y científica, en provecho de técnicas de evaluación, de innovaciones, de proyectos y de colaboraciones cuyos intereses pedagógicos reales nunca son pensados. Esta lógica conduce a incoherencias profesionales y a conflictos culturales. La principal contradicción con que se encuentra la «revolución de la gestión empresarial» se debe al hecho de que introduce una línea jerárquica de tipo taylorista en una actividad profesional que no puede realizarse sin autonomía, en una profesión que reclama una ética profundamente interiorizada incompatible con una prescripción y un control estrecho de su tarea. La acción pedagógica implica una convicción «pegada al cuerpo» en el valor del oficio que se realiza y en su importancia social. Debilitar esta convicción al *banalizar* el oficio de educador, al pretender convertir al docente en un directivo o en un técnico, equivale paradójicamente a disminuir la eficacia global del sistema educativo (si se entiende por ello la transmisión de conocimientos). Aun peor, combatir las identidades profesionales arraigadas en la ética del conocimiento y del servicio público, como hace la nueva gestión empresarial, posee efectos fragilizantes e incluso destructivos sobre las personas y las expone mucho más a lo que se denomina el «sufrimiento en el trabajo». Los educadores sólo pueden estar desconcertados por la pérdida de significación de la enseñanza.[15] Al partir del principio de que sólo la maximización del interés personal hace actuar a los individuos «racionales», las reformas neoliberales no resultan el mejor acicate para movilizar colectivamente a los docentes.

El «sentido de la misión» no tiene demasiada significación en la «empresa educativa» fundada en el «sentido del interés» y el remedo de la empresa. La nueva ideología de la gestión empresarial conduce a una desestabilización de las referencias profesionales, que comienza a menudo por el trueque de las palabras con las que se dice la experiencia del trabajo.[16] No sólo socava el «discurso fuerte» de la escuela centrada en los valores culturales, sino que considera a los docentes, todavía más que en el antiguo sistema administrativo centralizado, como agentes marginales y subalternos, privados de todo poder efectivo en el establecimiento. Un alto funcionario, André Hussenet, señalaba con razón que la descentralización y la autonomía tan artificial de los establecimientos se hicieron servir como pretexto para impedir una real autonomía organizativa y de decisión de los docentes, cada vez más «invisibles» en la nueva configuración. André Hussenet afirmaba lo siguiente: «Personalmente, me sentí perplejo por la falta de una verdadera responsabilidad otorgada a los profesores. Me asombró observar que, en el consejo de administración de un establecimiento, la palabra de un profesor no se distinguía necesariamente de la palabra de un padre, es decir, que no se reconocía la palabra de "un profesional de la enseñanza". [...] Me parece que no se ha concedido al profesor la importancia que se me-

---

15. J. Ozga, «Deskilling a Profession: Professionalism, Deprofessionalism and the New Managerialism», en H. Busher y H. Saran (comps.), *Managing Teachers as Professionals in Schools*, London Kogan Page, 1995. Véase también Terri Seddon, «La reconfiguration néo-libérale de l'éducation et de ses professionnels: continuité ou changement», *Éducation et sociétés*, De Boeck Université, n° 6, 2000/2.

16. Véase el dossier «Valeur du travail», *Nouveaux Regards*, n° 9, primavera de 2000.

rece, que no se le ha reconocido, en el sistema, la responsabilidad que sin embargo es la suya».[17]

La cuestión no es sólo técnica, organizativa, sino esencialmente política. La apuesta por la «inteligencia colectiva» del personal de un establecimiento no reclama sólo procedimientos de documentación, de concertación o incluso de negociación, como se supone en las «instrucciones de uso» de fabricación de los proyectos, sino la aceptación de un *conocimiento* producido por los docentes, de una evaluación surgida de una deliberación colectiva capaz de abarcar todos los parámetros de la acción, y por tanto más rica y más pertinente que la evaluación de los expertos. Todo esto supone un cambio profundo de las *relaciones de poder* en el seno de la institución. El cerrojo obedece tal vez a ese miedo vetusto de la administración francesa de origen monárquico: ¡es necesario un jefe para precaverse contra la anarquía siempre amenazante![18]

CONTRADICCIONES PEDAGÓGICAS

Una de las dimensiones relevantes del nuevo modelo liberal reside en la recuperación de los grandes temas de la nueva pedagogía, durante mucho tiempo sostenida por la izquierda e incluso por la extrema izquierda. Los saberes y las obras no deberían ya constituir el centro de la nueva escuela según la «pedagogía innovadora» tal como la conciben los grandes organismos que definen y defienden el nuevo orden educativo mundial. Se considera que estos saberes, juzgados marginales y antidemocráticos, son profundamente inútiles y fastidiosos. Ya no se trata de establecer la posibilidad de que los alumnos

    17. Entrevista con André Hussenet, declaraciones recogidas por François-Régis Guillaume, en *Recherche et formation*, n° 14, octubre de 1993, pág. 120.
    18. Véanse, sobre este punto, los trabajos de Pierre Legendre, *Histoire de l'administration: De 1750 à nos jours*, París, PUF, 1968, y, sobre todo, *Jouir du pouvoir: Traité de la bureaucratie patriote*, París, Éditions de Minuit, 1976.

accedan a ellos, sino que es necesario más bien partir de lo que les interesa en función de sus medios, de sus condiciones de vida, de sus deseos y de sus destinos profesionales. De ahí, la preponderancia de los «proyectos», las «actividades» y los «temas transversales» articulados con el entorno inmediato del centro escolar, dado que el saber se construiría por «integración de los conocimientos procedentes del medio». El docente es el guía discreto y disponible de los estudiantes, el acompañante y el entrenador, el «facilitador de una construcción» del saber, incluso de una reinvención tanto de la ciencia como de la lengua, hasta «del tiempo y del espacio», según la utopía del niño que, espontáneamente, rehace todos los saberes del mundo. A la noción de «necesidad» del alumno corresponde el concepto corolario de «servicio» que se debe aportar a cada alumno para responder a su necesidad específica. Este esquema, adecuado al marco económico liberal, convierte la escolaridad en una especie de *self service* en el que el alumno presenta una «demanda» personal a la que el educador responde con una «oferta» adaptada. Esta concepción del acceso al saber se encuentra en la mayoría de los textos y los informes oficiales. Sus características son la primacía de la demanda sobre la oferta de educación, el valor práctico de los conocimientos, la crítica de la educación a través de los libros (que «convierte al alumno en un recipiente para las ideas ajenas en lugar de hacer de él un investigador activo de hechos e ideas»,[19] como ya decía Spencer), la adaptación a las funciones profesionales, la definición de un ideal humano centrado en el trabajo y el interés personal. Aquí, la democratización no se entiende como la necesidad de introducir a los hijos del pueblo en las formas simbólicas, en el universo de los saberes socialmente construidos y de las grandes obras maestras de la humanidad.

19. Herbert Spencer, *De l'éducation intellectuelle, morale et physique* (1861), reedición Marabout Université, 1974, pág. 38. Véase Christian Laval, «L'école saisie par l'utilitarisme», *Cités*, nº 10, París, PUF, 2002.

Significa que hay que dotarlos de competencias operativas adecuadas a su desarrollo cognitivo, a sus necesidades particulares, a sus intereses y a sus proyectos profesionales, y que les permitirán tanto integrarse en el mundo del empleo como responder a sus «necesidades vitales». En realidad, la pedagogía funcional de las necesidades, los intereses y los medios conjuga el imaginario individualista de la espontaneidad creadora, el utilitarismo que no quiere ver en la cultura más que un conjunto de herramientas y de respuestas a cuestiones prácticas y el diferencialismo social que fetichiza los gustos y las necesidades y que, por este motivo, legitima demasiado a menudo la segregación *de facto* de los jóvenes.

Sin embargo, esta pedagogía conforme con la ideología liberal no responde a la eficacia que se espera del sistema escolar. Hace tiempo que la escuela norteamericana se ha encontrado en este atolladero. Tiende a funcionar como un «centro comercial» en el que la educación secundaria es «otra experiencia de consumo en una sociedad de abundancia».[20] En lugar de hacerse cargo de los alumnos según criterios académicos exigentes, la escuela media norteamericana está fundada en una lógica de la demanda según la cual cada alumno debe poder encontrar la materia, el tema y el curso que le conviene más. La diversidad se erige así como dogma en el interior mismo del itinerario escolar. En algunas escuelas de secundaria, el número de cursos puede alcanzar varios centenares entre los cuales los alumnos y las familias tienen las mayores dificultades para efectuar una elección. En la escuela-supermercado, el alumno es quien tiende a fabricar su propio programa. En realidad, aquellos que poseen las capacidades sociales y culturales para desarrollar una estrategia que los predisponga a estudios a largo plazo se distinguen de quienes guían sus elecciones por

---

20. Véase Arthur Powell, Eleanor Parra y David K. Cohen, *The Shopping Mall High School, Winners and Losers in the Educational Marketplace*, Boston, Houghton Mifflin Company, 1985, pág. 8.

la facilidad o la oportunidad cuando carecen de los medios para anticipar suficientemente las consecuencias de estas elecciones.[21] Los que están menos preparados se dejan captar por los «efectos de escaparate» de los cursos o la teatralización de la pedagogía. La puesta en marcha de tal escuela orientada a la satisfacción del consumidor fue objeto de severas críticas provenientes de los medios académicos. Numerosos intelectuales denunciaron la falsa democratización que priva a la escuela de su sustancia cultural y de sus objetivos formadores. Al olvidar su finalidad primera, que consistía en formar intelectualmente a todos los niños por medio de las disciplinas escolares, la escuela norteamericana los ha escolarizado, pero no los ha instruido suficientemente. De ahí, la insistencia de las exhortaciones para regresar a los saberes fundamentales y a centrar la escuela en los valores culturales.

Se hace más patente con esto que la escuela «modernizada» fluctúa permanentemente entre dos referentes que, aun perteneciendo a la misma constelación de sentido, no están menos situados en polos opuestos. Por un lado, la escuela debería parecerse a una empresa: el imaginario es entonces el de la *producción*, el trabajo y el rendimiento. Hay que preparar al trabajador eficaz. Pero, por otro lado, debería considerarse como un «centro comercial». El imaginario es aquí el del *consumo*, con sus valores de elección y de satisfacción hedonista. La entrada de la publicidad, del marketing y del patrocinio se inscribe perfectamente en la socialización del joven consumidor. Ahora bien, el acuerdo entre estas dos facetas de la representación económica de la sociedad no es simple.

En uno y otro caso, la función cultural de la escuela está en entredicho. Esto se debe al fundamento mismo de la ideología utilitarista, que rechaza cualquier forma de cultura que no esté regida por la utilidad, el rendimiento, la eficacia y una aplicación calculable. Ahora bien, la relación instrumental con el sa-

---

21. *Ibid.*, pág. 42.

ber es precisamente lo que obstaculiza la adquisición de conocimientos y esto bajo dos ángulos perfectamente complementarios. Si hacemos caso de los investigadores que se interrogan sobre el sentido de las actividades escolares para los alumnos, nos daremos cuenta de que con frecuencia los alumnos no consiguen involucrarse en las actividades escolares propuestas en función de un itinerario autónomo del pensamiento por el solo hecho de que se representan el saber como una suma de herramientas, de competencias o de reglas que permiten responder a una cuestión o resolver un problema aislado.[22] Por lo que respecta a los docentes, a menudo desarrollan una actitud fatalista, que, bajo pretexto de adaptación a los públicos desfavorecidos, los conduce a proponer actividades pobres en contenidos intelectuales y poco ambiciosas en términos de progresión pedagógica. El efecto más seguro de esta interpretación consiste en impedir la toma de perspectiva y la objetivación de los saberes en tanto que tales a la vez para los alumnos y para los docentes, y en perturbar gravemente la concepción del sentido del aprendizaje y del papel de la escuela. Desde ese momento, hay que concluir que la pedagogía más «natural», es decir, la más conforme con el imaginario liberal, no es más eficaz en términos de adquisición de conocimientos razonados. Expresa y normativiza una relación social con el saber: los jóvenes de los medios populares, que sitúan con mayor frecuencia la significación de la escuela más en el acceso al empleo y a un «buen porvenir» que en el acceso al universo intelectual mismo, se hallan menos dispuestos a reconocer la significación propia de las actividades escolares. Toda la ideología de la profesionalización encuentra aquí sus consecuencias más negativas: al amoldarse a las lecturas más espontáneas de la función escolar por parte de numerosos jóvenes de las clases populares, los responsables de la política educativa, al igual que muchos docentes, refuer-

---

22. Véase, en especial, Bernard Charlot, Élisabeth Bautier y Jean-Yves Rochex, *École et savoir dans les banlieues... et ailleurs*, París, Armand Colin, 1996.

zan cada vez más el vínculo entre la escuela y el empleo para «motivar» a los alumnos, especialmente aquellos que tienen «dificultades» con el saber, apelando a su interés personal para que se involucren en «la formación de competencias» y el «descubrimiento de los oficios». Por consiguiente, les impiden comprender que el saber constituye un universo simbólico relativamente separado de las prácticas sociales y productivas, y que esta separación misma es una condición de inteligibilidad y de transformación del mundo real. En otros términos, se puede sin contradicción a la vez reintroducir la «autoridad del saber» por sí misma y reinyectar precozmente la referencia profesional bajo pretexto de suministrar un «horizonte de sentido» a los alumnos, a menos que se pretenda disociar todavía más radicalmente los destinos escolares y sociales. La democratización de la escuela no significa, por tanto, rebajamiento utilitarista de los fines y los contenidos de la enseñanza, sino que se encuentra en las antípodas de una pedagogía de las competencias de la que hemos visto qué vínculos mantiene con la ideología de la adaptación a las necesidades de las empresas. Tal rebajamiento de las ambiciones sólo puede conducir a un retorno pendular hacia una concepción socialmente ultraelitista e intelectualmente conservadora.

La escuela neoliberal niega profundamente la función cultural de la escuela. Éste es el sentido en el que Gilles Deleuze podía enunciar que la escuela se encuentra en vías de liquidación a causa de las reformas emprendidas. No sólo la imposición de los valores de utilidad y eficacia es *destructiva* del modelo escolar antiguo, sino que también lo es de la función antropológica e histórica de la escuela. Jean-Pierre Terrail lo ha demostrado en una obra fundamental, al recordar que la escuela se constituyó para introducir al niño en «una relación metacognitiva con el lenguaje y los saberes», a su vez condicionada por un ingreso en la escritura.[23] Se traiciona pues a sí misma

---

23. Jean-Pierre Terrail, *De l'inégalité scolaire*, París, La Dispute, 2002.

cuando obedece a consignas y a modas que, en lugar de acompañar y sostener esta acción específica, la desvían de su eje principal.

EL MALESTAR EN LA INSTITUCIÓN ESCOLAR

Si la nueva ideología escolar pierde de vista la finalidad cultural de la escuela, pierde igualmente de vista la función propia de la institución escolar como forma social que permite esta introducción en el pensamiento reflexivo y, por ello, el papel antropológico de la institución en general. ¿Qué es lo que nos enseña la tradición sociológica? La institución, como construcción siempre en proceso, es la base de toda existencia, de toda identidad y de toda acción. En primer lugar, no es acción, no es tan sólo «programa», sino que es la condición de la vida y de la acción, y es al mismo tiempo su fruto. Para imponerse e imponerla a los individuos, transmite valores y representaciones. Una institución no sólo brinda bienes, no sólo produce servicios, sino que es portadora de valores que en un momento dado de la historia vuelven presente y sensible una determinada idea del Bien. Cosa que no quiere decir que no haya más que un sistema de valores. Por ejemplo, la escuela está atravesada desde hace tiempo por oposiciones relativas a los valores de referencia. Ni los católicos, ni los republicanos laicos, ni los socialistas, ni los comunistas, ni los revolucionarios de la *Escuela emancipada*, tienen exactamente los mismos valores, pero en cambio todos tienen en común la referencia de su acción a valores que consideran fundadores de la institución. «Los intercambios entre los seres humanos en las instituciones introducen la definición de bienes colectivos que presiden los deseos individuales, la transmisión intergeneracional, los actos de poder público, un vínculo con lo sagrado, el lugar simbólico de la muerte, los ritos iniciáticos y los valores.»[24] Ninguna acción educativa puede darse únicamente con «competencias», «técnicas» y «métodos», si estos últimos no se refieren a una dimensión fundadora de la institución que sustenta simbólicamente el intercambio y constituye el horizonte común de los educadores y los educados. A falta de esta mediación que conlleva y sostiene el discurso de la institución, se cae en el adiestramiento puro y simple, en la relación de fuerza brutal.

Ahora bien, la escuela está transformándose de una *institución* en una *organización*.[25] De ello da prueba el discurso sobre la «modernización de las políticas públicas», que se presenta como la única alternativa a la privatización de los servicios públicos y que olvida la especificidad de la escuela, que no podría identificarse ni con una empresa privada, ni siquiera con un servicio público como EDF o Correos. Así, cuando Philippe Joutard y Claude Thélot señalan hasta qué punto es tan natural que un cliente juzgue la calidad del alojamiento y las comidas servidas en un hotel como, para un usuario, juzgar la calidad de un servicio público como la escuela, muestran con ello en qué medida una determinada ideología oficial no es capaz de comprender lo que es una *institución*.[26] Por otra parte, el imperativo de productividad se impone a partir del momento en que la escuela ha comenzado a ser concebida como una organización productora de servicios útiles y tasables en términos de «valor añadido», de «competencias» y, en última instancia, de cotización en el mercado del trabajo. Una institución fundadora de la identidad, formadora del espíritu, condición de la emancipación, es decir, una institución a la vez «instituyente» e «ins-

---

24. Lise Demailly y Olivier Dembinski, «La réorganisation managériale à l'École et à l'Hôpital», *op. cit.*

25. Para un análisis de la «decadencia del programa institucional», véase François Dubet, *Le Déclin de l'institution*, París, Seuil, 2002. La oposición entre *institución* y *organización* fue desarrollada y discutida por Lise Demailly, «Enjeux de l'évaluation et régulation des systèmes scolaires», *op.cit.*

26. Philippe Joutard y Claude Thélot, *op. cit.*, págs. 127-128.

titutriz», no podría depender de tal lógica de la productividad, y no por la ignorancia de los «húsares negros» o por la inconsecuencia de los viejos universitarios idealistas, sino sencillamente porque a nadie se le ocurriría intentar calcular como un «valor añadido» lo que, *por principio*, deriva esencialmente de la conformidad a un modelo o de la referencia a un valor fundador.

La nueva escuela ya no pretende juzgar según un modelo de *excelencia* o según un ideal de liberación, sino que evalúa según un código del *rendimiento*. En adelante, ya no juzga el mérito o la insuficiencia ontológica de una persona cuyo nivel de conocimientos y los trabajos le permiten ser, o no, investida con un título entregado por una institución, sino que evalúa más bien las actividades, las capacidades para alcanzar objetivos y las competencias aplicadas para realizar un proyecto, según la lógica de la producción. La *organización moderna* es económica y técnica: las normas de acción no están grabadas en el mármol de lo sagrado, sino que se definen por su «operatividad», por lo que permiten hacer. La organización ya no espera una conformidad de los actos con los valores, sino que produce servicios que tienen una utilidad y una eficacia para la sociedad que es su beneficiaria. Lo que es susceptible de una *evaluación* son sus efectos medibles, es la eficacia que manifiesta, es la satisfacción generada en relación con una demanda. Ya no se pregunta en primer lugar si se ha obedecido la regla, si se han mantenido y honrado los valores, sino si se ha alcanzado el objetivo programado.

Esta gran mutación de la escuela no es un producto de la racionalidad de los expertos ni siquiera el fruto de una exigencia democrática de transparencia. Encuentra su principal razón de ser en los imperativos de productividad impuestos de forma cada vez más apremiante a una *organización* productora de capital humano. Desde este punto de vista, los valores rivales que juntos fundaban el sentido social de la cultura y de la escuela ya no tienen lugar. Sólo el *valor* de los productos de la organización escolar tiene en adelante una significación, desde el punto de vista de la instancia suprema que es el mercado. Entendámonos. La escuela se define cada vez más como una *organización*, pero de hecho sigue siendo una *institución*, aunque una institución que ya no se reconoce como tal, que se habría vaciado de su sustancia, cuyos valores de antaño se habrían ausentado. En este mundo desencantado, en la escuela desertada, los fríos cálculos de la econometría tienden a sustituir la guerra de los ideales. Pero ¿a qué precio? La escuela ha perdido sus propias señas, sus referencias que condicionaban la justeza y la legitimidad de sus juicios. ¿Qué influencia tiene la escuela sobre la «eficacia económica» de un diploma? La escuela, en las condiciones históricas actuales, está dividida entre el retorno nostálgico hacia un sentido que la «modernización» arruinó y la fuga hacia delante que la transforma cada vez más en una gran máquina de formación de competencias para la economía y de «producción» de diplomas cuyo valor social depende de la oferta y la demanda. ¿Cómo extrañarse entonces de la «pérdida de referencias» no sólo de los alumnos, sino también de los docentes? ¿Cómo no habría de instalarse el malestar en la escuela?

Aunque la transformación neoliberal de la escuela pública está muy avanzada, no ha concluido ni es por lo demás inevitable. Existen resistencias y fuerzas de revocación. Los responsables políticos y administrativos, por muy imbuidos que estén de las certezas «modernas», no pueden no darse cuenta de los efectos desestructurantes, desmotivadores y desmovilizadores de la impugnación de los valores de la escuela. Esta orientación autodestructiva conduce a tales consecuencias que estos responsables se han puesto a entonar estos últimos años el gran canto de la «república», de la «ciudadanía», del «civismo», etc. La escuela francesa ya no estaría ante todo al servicio de las empresas, sino que se habría vuelto de nuevo laica, republicana y humanista. Los gestores empresariales de ayer se han puesto el gorro frigio. Y hasta el patronímico del ministro, se supone que la simbólica debe diseñar una escuela en la que sería necesario recuperar el sentido de la autoridad, del trabajo, de los saberes, de la cortesía, etc. Todo esto debe entenderse naturalmente como la expresión de las contradicciones y las resistencias de las que hemos hablado. Más precisamente, estos ropajes republicanos son el resultado de una determinada relación de fuerza que ha obligado a los «modernistas» a replegarse y a contemporizar. También se puede observar en ellos, frente a las resistencias, una cierta flexibilidad táctica. Desde ahora, formas más amables envuelven políticas siempre tan duras en los objetivos propuestos. La OCDE, tras el «capital humano», descubre el «capital social». El Banco Mundial pone más que nunca al servicio de los pobres sus préstamos «generosos». La Comisión Europea descubre al «hombre integral» y jura por lo más sagrado que busca antes que nada la realización completa del ser humano. Los dirigentes de la OMC aseguran que la educación pública no tiene nada que temer del Acuerdo General sobre el Comercio de los Servicios (AGCS) y que los «antimundialización» se espantan ellos solos. En Francia, caricias verbales en dirección a los docentes y solemnes apelaciones a la «autoridad del saber» se mezclan con la evocación de una «nueva gobernancia de la escuela» en la amable mezcolanza del «humanismo moderno».[27]

Sin embargo, estas palinodias enmascaran lo esencial: la globalización económica desestabiliza el antiguo sistema político y normativo, en el que la escuela tenía una importancia central, especialmente en Francia. El horizonte y la meta privilegiados de la institución escolar eran el valor emancipatorio de la cultura y la formación del ciudadano activo. ¿De qué sir-

---

27. Luc Ferry afirmaba así, en el mes de septiembre de 2002, que «hay que rehabilitar primero la autoridad del saber escolar para conseguir corroborar la de la escuela y los maestros, y por eso la obligación más urgente de la Educación Nacional consiste en volver a centrarse en sus cometidos fundamentales: la transmisión de saberes, de valores y, en una palabra, de una cultura».

ven estas referencias, si el gran relato de la ciudadanía se desmorona en la sociedad de mercado? Los conflictos que se dirimen en la escuela no son pues más que una parte de una crisis más general de la política y de la ciudadanía en el capitalismo global. Las oscilaciones irregulares de los discursos oficiales no son más que los movimientos de superficie de una conmoción mucho más importante. La contradicción de la escuela neoliberal se debe a que ninguna sociedad puede funcionar si el vínculo social se resume en las «aguas glaciales del cálculo egoísta». La pérdida de sentido de la escuela y del saber no es más que un aspecto de la crisis política, cultural y moral de las sociedades capitalistas, en las que la lógica predominante lleva consigo la destrucción del vínculo social en general y del vínculo educativo en particular.

CONCLUSIÓN

En numerosos países y regiones del mundo, de África a Rusia pasando por Nueva Zelanda y ahora Italia, la transformación neoliberal de la enseñanza es un proceso más desarrollado que en Francia. Sin embargo, el nuevo orden educativo tiende a imponerse igualmente en ella aunque por vías nacionales originales. Si es erróneo pensar que la escuela pública está de aquí en adelante completamente sometida a la demanda de las empresas y de los consumidores, hay que señalar asimismo que, en múltiples aspectos, esta escuela tiende a disolverse en la lógica mercantil y tecnocrática, no sólo a causa de las presiones consumeristas externas o de la reescritura de los cometidos de la escuela por la OCDE y la Comisión Europea, sino también a causa de la construcción de nuevas «evidencias» mentales ampliamente compartidas por las clases superiores y las élites políticas. Porque si quizá nunca había sido tan fuerte la expectativa en relación con la escuela en todas las capas de la sociedad, del mismo modo nunca los cometidos de la escuela, sus contenidos y la naturaleza de las relaciones pedagógicas habían experimentado cambios tan importantes, que tienden a transformar esta institución en una agencia de servicios que responde a «necesidades» o «intereses» de individuos atomizados que procuran maximizar su ventaja personal. Son estas «evidencias» lo que intentamos exponer aquí para calcular su alcance y someterlas a un examen de conjunto.

La observación de las transformaciones muestra que, en Francia, nos hemos introducido en la vía de un liberalismo mimético, totalmente antitético de una política vigorosa a favor de la igualdad. Desde luego, esto no significa que el antiguo reino de la burocracia haya sido una edad de oro, sino que si la uniformidad llamada republicana, la famosa «indiferencia a las diferencias» criticada en los escritos de Pierre Bourdieu, estaba lejos de garantizar la igualdad de oportunidades, ciertamente no basta con proponer la diversificación, la adaptación a la demanda ni, todavía menos, la descentralización para conseguirla. En lugar de haber defendido el principio de igualdad y de haber comprendido la función de la escuela, la izquierda, a pesar de sus buenas intenciones de partida, favoreció más bien el desarrollo de desigualdades geográficas y sociales, y puso en peligro la autonomía cultural y política de los lugares de producción y de transmisión de los conocimientos. La derecha, más coherente consigo misma, lleva más lejos la desregulación de la escuela.

Se multiplican los síntomas de crisis y las contradicciones que no han dejado de agravar las reformas inspiradas por los creadores del pensamiento liberal a escala mundial. Esta misma crisis de la escuela, fruto de múltiples factores conjugados y, al mismo tiempo, expresión de la disgregación social engendrada por el *capitalismo global*, requiere un movimiento de refundación de la institución.[1] Las desigualdades y los fenómenos anómalos pusieron en evidencia la escasez de medios materiales y humanos para hacerle frente, pero también las múltiples fracturas de una sociedad «enferma de liberalismo». Las políticas de empobrecimiento del Estado y la puesta en cuestión de los servicios públicos debilitaron los sistemas edu-

---

1. En este sentido, véanse las propuestas de Samuel Johsua, *op. cit.*

cativos en el mismo momento en que escolarizaban a los jóvenes de los medios populares. La contradicción es cada vez más flagrante entre un discurso triunfalista sobre la «sociedad del conocimiento» y la insuficiencia, e incluso en algunos casos el retroceso, de los gastos educativos en el PIB en los países de la OCDE y en muchos países del Sur. Más globalmente, la crisis de la escuela pone de manifiesto una contradicción cada vez más patente entre el acceso a la cultura que se dice necesario para los jóvenes procedentes de familias campesinas y obreras y el conjunto de las exigencias materiales, sociales, simbólicas y culturales que les impiden acceder a ella o los desvían de ese objetivo. La «gestión desregulada de los flujos» en una masificación barata, lejos de enmascarar esta contradicción mediante la distribución masiva de «asignaciones» escolares a los jóvenes de las clases populares, agravó los síntomas de la crisis educativa.

Pero esta crisis, a la vez económica y social, es más profunda y sólo podrá ser superada con medios a la altura de las necesidades. La crisis de la educación es una crisis de legitimidad de la cultura cuando ésta tiende a reducirse a los imperativos de utilidad social y de rentabilidad económica. Desde este punto de vista, esta crisis no puede comprenderse mediante las explicaciones sumarias que imputan al «pensamiento del 68» todo el origen del mal. Hannah Arendt se mostraba más inspirada cuando, a finales de la década de 1950, remitía este fenómeno a los dinamismos de sociedades a la vez individualistas y productivistas en las que la transmisión de los conocimientos, las normas y los valores no tenía ya nada de evidente. Estados Unidos ofreció de forma anticipada el espectáculo de una escuela dominada durante mucho tiempo por el «espíritu del capitalismo». Todas las tendencias de fondo de la civilización utilitarista y todos sus efectos se exacerbaron con las orientaciones neoliberales actuales. La ola actual de cambio de los sistemas educativos debe por tanto comprenderse en la perspectiva de una larga duración y como el producto de una acentuación de la mutación capitalista de las sociedades. En cualquier caso, esta ola acentúa la crisis del vínculo humano, que es tan grande en la civilización utilitarista. Por tanto, lo que es necesario combatir son los preceptos y las prácticas del neoliberalismo, y son también los propios fundamentos de esta forma de sociedad los que han de ser examinados de nuevo para definir y proponer el tipo de políticas, instituciones, normas y saberes capaces de compensar estas largas tendencias.

Es fácil de entender que la fuerza de impulsión material del capitalismo, pero también la mutación de las mentalidades, empujen a la homogeneización y a la captura de una escuela que parece todavía vivir en su propio mundo, según una temporalidad que no es la de la innovación tecnológica, de los medios de comunicación y de la incertidumbre de las cotizaciones bursátiles. «Aproximar la Escuela y la Economía», «poner la escuela al día»,[2] es decir, meterla en cintura, tal es la voluntad histórica de los modernizadores de la actualidad. Modificar las prioridades y las finalidades de la educación pública, utilizar sistemáticamente el argumento del empleo para imponer mejor los imperativos de la competición, manejar el tema de la democratización para transformar los estudios universitarios según una concepción instrumental del saber, convertir al «cuerpo directivo» a los nuevos valores de la gestión empresarial con el pretexto de la «inevitabilidad» de los cambios, servirse de los jóvenes sumisos a la socialización mercantil *contra* la escuela («aburrida», «apartada de la verdadera vida», etc.) para introducir las reformas, ésos fueron algunos de los incentivos utilizados durante estos dos últimos decenios. A estos medios, se podrían añadir los efectos deletéreos de la adhesión de la izquierda a la orientación neoliberal en el ámbito escolar como en muchos otros. Y es necesario recordar la presión simbólica y política ejercida a escala mundial por las grandes

---

2. Daniel Bloch, informe del Alto Comité Economía-Educación, *Pour une stratégie convergente du système éducatif et des entreprises, op. cit.*, pág. 10.

organizaciones liberales como la OCDE, el Banco Mundial, la OMC o la Comisión Europea, que no sólo unifican las reglas del comercio y la producción, sino que cuadran igualmente las políticas educativas y las mentalidades de los responsables en nombre de la «mundialización» o de la «construcción europea». Es comprensible el abatimiento de todos aquellos que, en el desconcierto al que conduce este despliegue, se ven llevados a pensar que «la escuela ha sido asesinada». En realidad, si la presión neoliberal es poderosa, todavía no ha triunfado en la escuela pública, que hoy día es más un campo de batalla que el campo en ruinas que a veces se pretende describir. Y, a la vista de los nuevos proyectos que aspiran a la regionalización de la educación y a la relegación precoz de los alumnos menos eficientes, se puede pensar que ante nosotros se presentan otros conflictos.

¿Cuál es la alternativa al neoliberalismo en la escuela? Ha quedado claro que este libro no tiene la pretensión de proponer un programa en materia educativa, que sólo puede ser una obra colectiva que reúna a ciudadanos, investigadores y sindicalistas, y que, actualmente, debe alcanzar una dimensión mundial.[3] Esta nueva política democrática aplicada a la escuela no puede ser tan sólo una política de *compensación* de las desigualdades crecientes en las sociedades de mercado. No es que ahora no se pueda hacer nada en la escuela, sino que lo que debe hacerse es inseparable de una política global de igualación de las condiciones. Las contradicciones mismas que atraviesan el sistema educativo exigen la reafirmación de los principios de esta *política diferente*. Tanto la libertad de pensamiento y de investigación como el rigor de los saberes deben ser protegidos frente a la influencia administrativa. La igualdad debe volver a ser el principio rector; la educación debe ser reconocida como

---

3. En octubre de 2001 tuvo lugar en Porto Alegre el primer Fórum Mundial de la Educación, que exigía una «mundialización diferente» de los sistemas educativos fundada en los valores de solidaridad y de reparto. Véase *Nouveaux Regards*, nº 16.

un derecho para todos. Se necesitan dinero y recursos humanos allí donde las necesidades son más acuciantes, lo que implica acabar con la política liberal seguida en los últimos años por la izquierda («congelación del empleo público») y luego por la derecha («retroceso del empleo público», salvo en la policía...). El dinero, nervio esencial, no será suficiente. Parece de la más extrema urgencia la reconstrucción en las representaciones sociales y los programas políticos de una concepción de la educación como *bien público* y como *bien común*.[4] Para impedir que la educación se convierta cada vez más en una mercancía, es necesario imponer un repliegue de los intereses privados y de la ideología de la gestión empresarial que actualmente colonizan la escuela. Para ello, no será suficiente con palabras vagas o reglamentos burocráticos, sino que se necesitará una política que aspire a la mayor igualdad de las *condiciones concretas de enseñanza* para todos los alumnos. Y no sólo la igualdad de las condiciones, sino también la igualdad de los *objetivos intelectuales fundamentales*. Este principio es en muchos aspectos ambicioso si se piensa en sus repercusiones prácticas, que no se detienen en el miserabilista «dar más a los que tienen menos». Pero no partimos de nada. Muchos autores ya enunciaron las propuestas de refundación del bien común educativo. Redefinición de un cuerpo de saberes que constituyen la «cultura común»; transformaciones de las prácticas pedagógicas en el sentido de una mayor actividad intelectual de los alumnos y de un acceso más universal al dominio de la cultura escrita; reconocimiento del papel de los educadores en el marco de nuevas instancias democráticas; reafirmación y mantenimiento de las finalidades culturales, éticas y políticas de la escuela por parte de los representantes del pueblo; establecimiento de un reparto mundial de los bienes comunes del conocimiento.

---

4. Véanse Riccardo Petrella, *Le Bien commun: Éloge de la solidarité*, Bruselas, Labor, 1997 (trad. cast.: *El bien común*, Madrid, Debate, 1997), y Larry Cuban y Dorothy Shipps, *Reconstructing the Common Good*, Palo Alto, Stanford University Press, 2001.

Sin duda, la educación es un «hecho social total», para retomar la expresión de Marcel Mauss, pero la transmisión de los saberes es su eje. La educación se encuentra en el corazón de la lógica del don y de la contradonación entre generaciones. Sus objetos son los saberes, por supuesto, pero también las normas y los valores. Ésta es la lógica que funda la institución, que le da su cimiento antropológico. El mayor peligro, junto a la desigualdad, reside en la mutilación de las existencias causada por una concepción reductora de la cultura y de la educación concebida como una formación de competencias con propósitos profesionales. Sucede como si hubiéramos pasado de una escuela demasiado dependiente de un estrecho nacionalismo cultural a una escuela roída por el egoísmo utilitarista. Esta concepción de la educación dominante en la actualidad forma parte de la visión de una humanidad compuesta por soldaditos de la guerra económica mundial. Por eso debe ser combatida.